客家研究
Hakka
Studies

叢書主編：蕭新煌 教授

本書為科技部領袖學者助攻方案—沙克爾頓計畫（輔導規劃型）
（MOST 108－2638－H－008－002－MY2）研究成果的一部分

The Global Diversification of the Hakka Imaginations: Emergence and Transformation

客家想像的全球多樣化：浮現與蛻變

張容嘉 著

巨流圖書公司印行

國家圖書館出版品預行編目（CIP）資料

客家想像的全球多樣化：浮現與蛻變／張容嘉 著.
-- 初版 . -- 高雄市：巨流圖書股份有限公司，
2022.01
　　面；　　公分
ISBN 978-957-732-637-9　（平裝）
1.CST: 客家　2.CST: 民族文化　3.CST: 文化研究

536.211　　　　　　　　　　　　　　110018009

客家想像的全球多樣化：

浮現與蛻變

作　　　者	張容嘉
編　　　輯	沈志翰
封 面 設 計	毛湘萍
發 行 人	楊曉華
總 編 輯	蔡國彬
出 版 者	巨流圖書股份有限公司
	802019 高雄市苓雅區五福一路 57 號 2 樓之 2
	電話：07-2265267
	傳真：07-2233073
	e-mail: chuliu@liwen.com.tw
	網址：http://www.liwen.com.tw
編 輯 部	100003 臺北市中正區重慶南路一段 57 號 10 樓之 12
	電話：02-29222396
	傳真：02-29220464
劃 撥 帳 號	01002323　巨流圖書股份有限公司
購 書 專 線	07-2265267 轉 236
法 律 顧 問	林廷隆律師
	電話：02-29658212
出 版 登 記 證	局版台業字第 1045 號

ISBN／978-957-732-637-9（平裝）
初版一刷·2022 年 1 月

定價：400 元

致謝

本書承蒙蕭新煌教授主持的科技部沙克爾頓計畫補助出版，以及客家委員會學術研究獎助，於此特致謝忱。

特別感謝指導教授張維安老師，口試委員蕭新煌、王甫昌、張翰璧、陳瑞樺教授們，承蒙您們一路以來溫暖地指引著我前行探索與討論，並提供豐富建議。

感謝家人們在我漫長的學術旅途過程中無條件的陪伴與支持，尤其是易澄，謝謝你多年來陪伴走訪新加坡、馬來西亞與香港，既是生活上的重要支持夥伴也是學術上互相討論切磋的盟友。感謝在人生道路上相逢相伴的朋友們，謝謝你們的陪伴鼓勵，讓我能夠有勇氣堅持下去。

代序

「應許之地」在何方？

蕭新煌

臺灣亞洲交流基金會董事長
國立中央大學客家學院講座教授
總統府資政

　　我主持的科技部領袖學者助攻方案──沙克爾頓計畫（輔導規劃型）（MOST108-2638-H-008-002-MY2），旨在帶領和協助中央大學客家學院六位新、中生代客家研究學者一齊以區域化、國際化策略聚焦和呈現他們已有的研究長項，以提升其學術知名度和聲望。另一附帶功能，即是提攜輔導更年輕的客家研究學者（如博士後），以出版優良著作作為途徑，讓他們盡早進入客家學術研究的殿堂。

　　張容嘉博士這本由博士論文改寫的新書，就是本計畫推廣並補助出版的對象。這本以「客家想像的全球多樣化：浮現與蛻變」為題的好書，論述分析的是從中國原鄉遷移出去他鄉的諸多不同客家族群社團如何透過有效的網路途徑去建構他們身為「全球客家」一分子的想像。其實這就是將他鄉客家的族群意識動員和集結起來的一個全球化集體行為，也就是將「社會的想像」做為基礎的跨國界客家運動。

　　環顧海外華人移民（ethnic Chinese diaspora or Chinese overseas）也只有客家人特別這麼好而急於將彼此鏈結在一起。積極的說辭是為了維繫客家精神或擴大客家影響力，消極的說法可能可以追溯在原鄉時代開始客家的少數（弱勢）族群關係處境，藉此以求自保的反應。

此一族群關係的少數或者被排擠和衝突的情境，讓客家更重視以團結做為防衛自保的途徑。對我來說，後者的此一解釋，恐是比較真實的論述，可以對各種不同的客家族群的自我想像做比較一貫性的解讀。1930年代在中國原鄉的羅香林「言必稱中原漢人論」應是如此；香港和南洋韓客商資支助並擴大羅香林理論，其原始動機是如此；之後再各自發展出「海外客屬意識和網絡」也是如此（如胡文虎）；「世界客屬想像和網絡」（黃石華）想必更是如此。

接著在台灣文化本土化和政治民主化衝擊下，又發展出不同於原先無法或不知如何與原鄉割捨的「世界客屬想像」，而創議出另一種從台灣新故鄉出發的「全球客家想像」。

它是另一種最新的變形，它的出現一方面與台灣客家的在地化和台灣化有直接關係，企圖與原鄉客家區隔，自成一個新客家典範。另一方面則與 1990 年以來兩岸開始的外交戰，以爭奪廣大海外客家人認同的宗主國也有關。中國盡全力爭奪此一祖國權，要海外客家「認祖歸宗」。台灣則另闢蹊徑，讓台灣走出去與其他海外客家大家共同建構一個政治開放和文化多元化的「全球客家網絡」。其意涵是台灣雖不是祖先的老家，但會是未來客家子孫文化認同的樞紐和中心。我認同此一國際文化策略。

以上是我讀了容嘉這本新書最重要的讀後感和整理。這本書以「走向應許之地」（a promised land）做為結語，有點悲壯，又有點淒涼。但它直指此一應許之地早已不在中國原鄉，而在許許多多值得去建立安身立命的新故鄉和新國度，則是善哉斯言。

序

張維安

國立陽明交通大學榮譽教授

關於海外華人，客家族群的全球分布是有名的，幾乎是有華人的地方都有客家人。在我們比較熟悉的東南亞半島和海島，包括婆羅洲島有許多客家。最近變得熱門的加勒比海地區有客家，比較知名的地方有古巴、牙買加、蘇利南、法屬圭亞那等國。南美洲有客家，近年巴西、秘魯、阿根廷等國客家的故事漸漸增多。此外，客家也是大洋中的珍珠，法屬玻里尼西亞、新克里多尼亞島，模里西斯、留尼旺，以及夏威夷等海洋中的島嶼，有著許多 19 世紀從中國客家原鄉移出的經濟移民和政治移民。美加、歐陸和日本，還有南半球的澳洲也有許多客家移民，這些國家除了早期移民外，也有許多當代的客家移民，而當代客家移民中有許多是台灣客家，和一些從海外客家移居地「再次移民」的現象。

這些資料所顯示的全球的客家，從 19 世紀較具規模的移民開始，甚至更早在上一世紀漸漸分布於全球各地。現今我們對這些早期移民習以為常的稱呼其為「客家」，回到歷史中卻不是這麼的理所當然。理由之一是當今許多海外客家移民，在其移出時期，原鄉的客家意識尚未誕生，換句話說這些移民尚無客家族群的認同。早期客家移民在中國原鄉如其他人群一樣，以縣名為自稱，例如蕉嶺人、五華人或豐順人。海外的社團、會館

也顯示其地區性認同，如嘉應會館、增城會館、惠州會館，或更跨區域的廣惠肇公會等等。處於贛閩粵交界「客家中心區」的客家意識，或說其客家身分認同的誕生，並非「自古以來」就是這樣。今日的客家並不是直接來自於華北的一個客庄或一個客家地區。施添福、林正慧、簡宏逸、劉鎮發、李毓中諸多學者已有專著分析此事。

這群原無客家認同的海外客家，如何在全球各地轉化為有客家族群意識的「客家人」？閱讀本書可獲得一個學術的說理。

今日全球的客家，由於在中國的原鄉之間本來存有不同的地方習俗、語言腔調，甚至地方性的信仰，例如慚愧祖師、東峰公太、民主公王、譚公先聖，並不如關公、觀世音等信仰廣為許多客家所接受，當西方宗教來到客家地區之後，許多客家基督徒在原鄉時已經和周邊的客家人信仰有所不同。某種程度上，我們可以說原鄉客家（或海外客家的原鄉），並不是單一且同質的社區。具有異質性的原鄉客家，其移民海外的理由、時機、移入地的政治、地理環境，又經常有所出入。有些是羅漢腳「賣豬仔」的方式移民，有些是基督福音「家庭式」移民，有些是礦工移民如坤甸的蘭芳公司，有些是蔗糖工人如夏威夷客家。移入地周邊的原住民族也不相同，所處的政治經濟環境也不一樣，即使是來自於同一個家族，日久變化多，常被其他文化所同化。例如，有些客家移入區，周邊只有少量的其他華人，客語仍為地方通行語，如山口洋、大溪地、模里西斯、沙巴等。有些客家移入區，則受周邊較強勢的其他華人文化所影響，許多人改用當地強勢語言，如吉隆坡客家華人從使用使用客語到使用廣府話、台灣客家習慣開口說華語或鶴老話。

總之，世界各地的客家，可能因原鄉文化本來不同而不同，可能因移入地文化環境不同而更加相異。依此邏輯，世界各地的客家應該越來越不同。因此，全球客家想像的浮現如何可能？這個反事實思維

（counterfactual）的發展是怎樣發生的？容嘉在這本書裡做了細緻的梳理，足以滿足讀者的好奇。

　　不論你是不是客家人。只要是對客家好奇、對全球客家好奇、對族群議題好奇的朋友。本書值得細細品賞。

2021 年 10 月 24 日

目錄

第 **1** 章

導論

一、客家作為一種人群分類的想像

日正德，曰利用，曰厚生，三事孔修，猶喜今人存古道。

同語言，同文字，同種族，一堂歡樂，不知何處是他鄉。

——香港崇正會館楹聯 興國謝遠涵撰并書

軒轅胤胄，華夏宗風，合萬姓如一家，丕成世界大同之盛。

曲江令儀，瓊山正學，景前賢為後法，斯即人文蔚起所基。

——香港崇正會館楹聯 原籍嘉應翰林院編修賀縣林世燾拜撰并書

這是 1929 年香港崇正總會會館落成啟用時，懸掛在崇正會館左右楹柱的長聯題字。值得注意的是，題字人的落款均標誌著祖籍來源地，象

徵著客家從著重祖籍認同為主的地域性團體，共同成立一個強調華夏宗風、萬姓一家的跨越祖籍地緣之聯合性客屬組織。將近 100 年後的此時，全球各地客家網站上常常可以看見「海水所到之處，就有華僑，有華僑就有客家人」、「客家客家，世界一家，世界到處，都有客家」等俗諺及口號，這些網站裡有專門頁面定義客家、概述客家人的歷史淵源，甚至提供當代客家人分佈世界各地的整體圖像，例如香港世界客家總會網頁即列出客家人在海外的分佈概況與推算的人口數字：

> 客家方言在海外的分佈可分為亞洲、非洲、歐洲、美洲、大洋洲五個地區。其中亞洲講客家方言的共有 350 萬人，主要分佈在印度尼西亞、越南、緬甸、馬來西亞、泰國、新加坡等國家。非洲的客屬華僑華人共有 5.4 萬人，分佈在毛里求斯、留尼旺、南非等 12 個國家。在美洲約有 46 萬人講客家方言，分佈在秘魯、美國等 21 個國家和地區。歐洲、大洋洲的客屬華僑華人有 16 萬和 4.4 萬人[1]。

台灣的「客家世界網」，更直指網站的建置目的在於：

> 將全世界的客家人、客家事、客家文化『網』羅在這個網站裡面，成為通往全世界客家的主要窗口，透過網際網路的連繫，將全世界的客

---

[1] 世界客家總會的網站，在〈關於我們〉項下附有幾個欄目，分別介紹〈世界客家總會〉、〈客家人是什麼意思〉、〈客屬是什麼意思〉。在〈客家人是什麼意思〉一欄則將客家加以定義，並提供客家人口數估算。必須補充的是，以說客語作為界定客家的方式，只是其中之一，當代逐漸興起有客家認同，但不會說客語的客家人在這樣的分類計算方式中人口數則會被低估。http://www.worldhakka.com/profile.asp?id=42，取用日期 2020 年 5 月 1 日。

家人凝聚在一起。[2]

　　自 1850 年代以來，伴隨著資本主義世界市場的擴張，提供客家人遷移海外的重要契機，越來越多客家人或為了追求新生活、或因為戰亂因素而選擇離鄉打拼。這些分散在世界各地的客家人，原先可能來自不同祖籍地，彼此間互不相識，甚至語言腔調略有差異的人們，他們是在什麼樣的基礎上形成所謂的「客家想像」？ Jessica Leo（2016：20）在《全球客家》專書中更進一步追問：「為什麼是客家而不是其他方言群體如此焦慮地必須相互『連結』成為一體？」（why are the Hakka and not the other speech groups so anxious to be 'connected' to each other?）（重點是加上的）。她認為答案在於「客家精神」──為了維繫客家精神，於是人們彼此相互連結。然而，這裏卻也衍伸進一步的問題：所謂客家精神所指涉的是什麼？人們為什麼必須維繫客家精神不滅？為什麼這些原先幾乎「不成一群」的人，願意宣稱自己是客家人，強調「客家精神」，甚至在當代跨越民族國家的國界尋求彼此串連？要回答上述這些問題，我們需要理解客家想像的形成脈絡與想像內涵，客家想像並非具體且固著的概念，在不同歷史階段中推動客家想像的主要行動者與組織，他們各自有著不同的參與目的，隨著時間、空間，外在情境政治經濟結構的差異以及客家學術研究發展，都將影響客家想像的論述內涵，甚至促成客家想像論述典範的轉移。本文將透過長時段歷史發展的考察，從文獻歷史素材脈絡出發探析客家想像內涵的變化，並解釋當代客家人超越國界彼此串連的現象。

2　台灣「客家世界網」站主與夥伴自 2000 年開始構想，直至 2002 年建置完成。網站介紹 http://www.hakkaworld.com.tw/t1.asp，取用日期 2020 年 5 月 1 日。

二、人群分類與集體情感

> 所謂分類，是指人們把事物、事件以及有關世界的事實劃分成類和種，
> 使之各有歸屬，並確定它們的包含關係或排斥關係的過程。
> ——Emile Durkheim 和 Marcel Mauss《原始分類》

　　人們會對事物進行分類，將它們安排在各個相互有別的群體中，各個群體雖然有著明確的區分界線，但彼此之間並不是孤立的個體，而是共同組成單一的整體，且在分類中形成一套等級秩序。涂爾幹認為人類這種分類圖式的概念並不是與生俱來的自發產物，應該是由各項外來因素共同組成的歷史發展結果，但是分類的等級秩序與概念從何而來？則是涂爾幹與牟斯所好奇尋求的解答，因而在《原始分類》，他們藉由考察原初社會最粗略的分類體系，以嘗試瞭解分類的構成要素。

　　從澳洲的部落中，涂爾幹與牟斯發現最原初簡單的分類法則：每個部落都包含著兩個基本的胞族（phratrie），每個胞族都由一定數量具有相同圖騰的氏族所組成的群體，圖騰之間並不重複，除了氏族之外，胞族也分為兩個姻族，作為規範彼此連結的準則，通過這種分類，所有的部落成員都被劃分到彼此封閉但確定的範疇內，從胞族到姻族的分類，包含了等級的概念，同時伴隨範疇而來的，是一套人們必須遵循的按照這些原則的行動與邏輯秩序（涂爾幹與牟斯 2000：11）。涂爾幹與牟斯指出這套事物分類再現的就是人的分類，分類體系所反映的正是社會本身，最初的邏輯範疇就是社會範疇，而事物則是伴隨著這種分類被整合起來。當人們被分成各個群體，並且用群體的形式來思考自身時，它們同時也在觀念中對其他事物進行分門別類的處理，他們在社會中的位置同時也決定了他們在自然中的位置（涂爾幹與牟斯 2000：89）。涂爾幹與牟斯將人群的分類視為

社會自我意識組織結構的反映，只有當構成社會的人與事物都被分類，並且按其相互關係予以區分、安排在一定的地位時，社會活動才能順利進行。

　　然而涂爾幹與牟斯（2000：92-93）卻指出，看似客觀安排、區分人與事物的社會分類法則所依據的既不是概念，也不是理智，決定事物分類方式的差異性和相似性，更大程度是取決於情感，觀念的情感價值決定觀念（idea）聯繫或分離的方式，甚至在分類過程中扮演著支配的角色。社會作為一個具有道德意含的社群，社會的組織方式影響著人們對於週遭事物的理解方式，這些分類範疇組構了具有社會意含的道德連結。因此透過分類系統，觀察概念如何建構與分類、分類所具有的社會道德性意涵，兩人主張是集體情感決定了社會事物與人群的分類位置與劃界，人們認同自己屬於那個氏族，認同來自氏族的圖騰力量，認識自我與他族的區別，並且決定了人們的行動方式與規範。尤其是宗教情感，賦予了事物構成本質最重要的屬性，透過神聖與凡俗、純潔或污染、朋友或敵人的區分，每個區域與特定的宗教情感相聯結的同時，也形成各個區域民族獨具一格的品性，對許多族群而言，區域之間存在著深刻的差別，正是來自於成員對於每個區域自身的情感價值。

　　《原始分類》裡的澳洲部落、祖尼人、蘇人對於宇宙世界的認識，對照於他們內部氏族或簡單或繁複的分類方式與安排，皆存在著密切的對應關係，人群分類看似外在客觀社會組織結構的反映，而社會亦透過將各領域的劃分，分別將人群與事物安排在社會不同位置，社會活動才得以順利進行。這種對於人群分類的看法，相當近似族群本質論的主張，但在《原始分類》的最後結語部分，兩人指出了決定分類法則的伏筆來自於集體情感，人們共同決定了那些文化特徵是他們所共同分享的特質，並且用以與其它團體作區分等分類界線的確定與操作，決定社會事物與人群分類位置

與劃界的支配角色，促發群體概念的形成。

　　然而涂爾幹與牟斯無法解釋的問題在於，人群分類想像的出現並非是天馬行空、無中生有的結果，究竟是什麼因素讓人們「決定成為同一群人」？此時此刻為什麼浮現的是這種人群分類想像，而不是另外一種人群分類？影響新興人群分類想像的集體情感的來源動力又是來自那裡？放在客家想像形成的討論，問題就會是，這些來自於不同祖籍地，彼此間的語言腔調會隨著祖籍地域不同而難以互相溝通、飲食文化習慣或有差異的一群人，究竟是什麼因素讓他們想像彼此屬於同一個群體？在經歷長時段不同的政治社會結構，以及不同行動者與組織的介入與推動下，客家想像的論述會有什麼內涵上的差異？

三、從族群、族群想像到客家想像

　　在進入探究族群想像的形成與動員論述前，我們必須先介紹族群理論的歷史脈絡，讓問題討論更輕易地聚焦。

（一）西方族群概念的起源與考察

　　關於族群意識（Ethnicity）這個概念的使用，Glazer 與 Moynihan（1975: 1）嘗試從字典跟書籍裡查找 Ethnicity 最早出現的時間，牛津英文字典（Oxford English Dictionary）1933 年的版本尚未有 Ethnicity 一字，直到 1972 年增補版時始收入 Ethnicity，用以討論人群分類與團體間的關係（Eriksen 1993: 3）。第一個使用 Ethnicity 這個詞的人，是在 1953 年由一位美國社會學家 David Riesman 所提出，這種說法即為後續學者們所沿用（Eriksen 1993: 3、Gans 1996）。但事實上 Riesman 在 1953

年〈Some Observation On Intellectual Freedom〉的文章裡，儘管出現了 Ethnicity 字詞，卻僅只是將 Ethnicity 與農村、小城鎮的、教區等舊式團體並列[3]，表述舊式團體面對於上層、中產受教育階級團體感到受威脅，並沒有對於 Ethnicity 特別加以定義。Sollors（1986: 23）[4]更進一步往前追溯至 William Warner 在 1941 年出版的 Yankee City Series，Warner 文中曾多次談及 Ethnicity 的概念，認為 Ethnicity 並不是奠基於出生地，而是作為一種分析概念，並且常與宗教、年齡等名詞併用。Tokin、Mcdonald 與 Chapman 在〈History and Ethnicity〉文中則透過考察 Ethnicity 的歷史，反省 Ethnicity 作為社會科學分析概念的不足：

> Ethnicity 源自希臘語的 ethno，現代法語的 ethnie。……從荷馬時代開始，ethno 作為沒有區分的、大的群眾、動物或戰士的集合名詞，泛指不熟悉的事物。後來又用以形容希臘人之外的人群團體，如亞里斯多德使 ethno 來形容外國人或野蠻國家而與自身作為對照（Tokin, Mcdonald and Chapman 1989: 11-12）。

3　Riesman 英文原文如下：*There is a tendency for the older "class struggles," rooted in clear hierarchical antagonisms, to be replaced by a new sort of warfare: the groups who, by reason of rural or a small-town location, ethnicity, or other parochialism, feel threatened by the better educated upper-middle-class people(though often less wealthy and politically powerful) who follow or create the modern movements in science, art, literature, and opinion generally*（Riesman 1953：15）.

4　Sollors（1986：23）甚至提到 Riesman 本人在 1977 年時曾對於外界稱呼他「發明」（ethnicity）這個說法表示驚訝。但由於書中沒有相關引文註解，無從查考。

　　也就是說，ethno 的概念裡隱含著區分不熟悉的「他者」代稱，即被主流社群指稱為「非我族類」的族群，藉此區分我者與他者。英語世界繼續沿用這樣的概念，將 ethnic 用以形容一群分享共同特徵的「外來移民」。Tokin、McDonald 與 Chapman 甚至特別提醒：

在實際的使用上，並不是每個人都歸屬於族群團體（ethnic group），或有族群意識（Ethnicity），這類詞彙還是有**強烈的偏見指向「差異」與「他者」**（Tokin, McDonald and Chapman 1989：15，重點為筆者所加）。

　　在這樣的定義下，主流社群並不會視自己為族群，亦不一定形成所謂的族群意識。族群團體（ethnic group）所指涉的就是少數團體（minority of the population）。客家事實上也是在類似的脈絡下被當地主流群體所標誌出來的。黃宣衛（2010：118）指出不同學者使用 Ethnicity 時會有不同的意涵，所以有待進一步釐清分析其概念：「早期研究偏於由客觀角度探討文化與族群，因此傾向於將 Ethnicity 譯成『族群性』。但在強調由主觀角度探討文化與族群時，Ethnicity 有時亦被譯成『族群意識』」。正因為族群本身概念意涵的模糊性與變動性，從詞語的使用上即可反推研究者本身的位置，本文接下來統一以族群意識稱之。

　　1960 年代以來，族群運動的復甦連帶喚起現代社會對於移民議題的重視，以及多元文化主義論述興起，族群的意義漸漸轉為平等，儘管在日常生活語言使用上，族群的語義仍然著重在少數的議題（minority issues）與種族關係（race relations），但社會人類學更強調族群的關係面向，族群團體既用以指稱他們自己，也同時被他人所承認，作為文化上的特殊性（cultural distinctive），不僅是用以指稱弱勢，也同時指涉主流與非主流族群的平等中性概念，可以適用在多數與少數、移民與主流社群身上，不再

是充滿歧視性的字義（Eriksen 1993: 3-4）。Ethnicity 則跟隨著成為「族群團體」（ethnic group）的抽象名詞代稱。族群作為人群分類的概念，即伴隨著指稱他者的區分界線而來，ethnic 背後依舊隱含著劃分我們與他者、熟悉與陌生人的二元性，族群本身也成為相當多元性的概念。從多元論到建構論，族群凝聚與認同概念從族群團體的適應策略選擇，更強調「建構」本身的重要性，族群也成為需要被解釋的研究議題。

（二）族群理論取徑

　　一般談及族群研究，主要的理論取徑有，本質論／原生論（primordialism）、情境論（situationalism）／工具論（instrumentalism），以及建構論（constructivism）[5]。本質論者認為族群認同來自於個人原初的情感聯繫（primordial attachment），強調透過與生俱來的自然連結，例如語言、宗教、風俗習慣等客觀特質，將個人與該群體中的成員凝聚在一起，主張族群是個人無法抗拒、也非自我能夠選擇的既存原生的認同。相信即使是現代社會，這種來自個人自然本質的社會連結依舊有效，Geertz（1963）亦認為使用特定的語言、遵循某些慣例，這些血緣、言語與習俗的一致性本身，就是一種無可抗拒的、外在於個人強制性、本質性的社會連結。然而本質論的預設，卻也引起很多批評，像是採用靜態性的觀點說

5　一般而言，社會學界的族群研究，向來深受美國社會學所影響，因此王甫昌（2002：241-247）將美國族群理論轉折依時代分為 1960 年代之前的同化論（assimilation theories）、1960 到 1980 年代的多元論（pluralism）以及 1990 年代後的建構論（social construction of ethnicity）。人類學界對於族群研究的理論分類則主要環繞在原生論與情境論的論辯，儘管情境論與工具論間內部仍有差異，但可相對於原生論歸為一類（黃宣衛 2010：114）。

明族群現象，但欠缺解釋力，無法解釋社會變遷以及移民、異族通婚情形等認同問題。加上族群認同常與其他社會身分認同相重疊，個人會在不同場合改變其認同。社會生物學更是本質論的極致，他們訴諸生物解釋，卻無法解釋更大族群與國家間的結盟。

　　情境論者將族群看作適應特殊社會情境的產物，認同是族群團體間互動的結果，族群成員會隨著所處生活情境的變動，作出有利於生存的認同抉擇。Paden（1970: 268）在非洲的研究提出情境性的族群認同（situational ethnicity）概念，認為人們會在特定的處境脈絡下決定他的群體認同與忠誠。也就是說，情境性的族群認同是將社會情境（social situation）與族群性（ethnicity）兩個概念並列，強調行動者主觀的社會行為與表現面向（Okamura 1981）。Nash（1989: 10-14）將族群的核心要素分成幾個層次：首先是作為族群團體差異最基礎的結構，透過血緣、本質與儀式與其他團體作為區分 —— 親屬關係（kinship）、共生性（commensality），宗教性的儀式（religious cult）；其次是表面的層次—語言、衣服與身體特徵等，用來支撐第一層的結構，用以與其他團體做區分。但族群團體選擇強調某些特質，或是遺忘什麼特色，背後最重要的關鍵仍在於文化的建構。這其中即涉及到歷史面向—透過「傳統」定義這個族群團體的特質與文化傳承。更為重要的是，「傳統」同時也具有未來的面向—談論過去，是為了指向未來，透過共享過去傳統的光榮，將個人與團體的命運綁在一起，凝聚成員之間的情感，進而形塑共同面對現狀問題的能力。

　　Barth（1969: 10-13）批判傳統人類學對族群團體的定義，反對僅僅將族群團體視為文化傳承的群體。因為表現文化特徵的界線會與時俱變，族群與文化的差異並不是一對一的關係，所謂的族群文化特質其實是族群成員適應外在環境的結果。即使是承載著相同文化特質的族群移居到不同

的生態環境，也可能產生不同的生活形態與適應方式。Barth 看重的是文化作為象徵或連結族群團體的機制，族群團體之間區分差異作為劃界的工具，透過持續的二元區分我群與他者維持、確認族群間的界線。因此，要理解族群邊界的劃分，必須探究形成族群團體背後的社會關係，因為形塑團體成員區隔的其實是社會因素，譬如團體成員的共同處境。團體成員透過選擇性的強調某些外顯文化特徵，作為身分的判準，決定自己如何看待他人，同時也被他人評價，從而，自我歸屬才是最重要的族群特徵。劃分族群界限的是「社會邊界」，不一定是地理邊界（Barth 1969: 15-16）。

　　換言之，強調過去與傳統其實是為了面對現在以及未來。Nash 與 Barth 的看法相呼應，兩人都認為所謂文化標誌的差異其實是流動且與時俱變的，族群邊界（ethnic boundary）不是孤立靜止的現象，而是相互滲透、在互動中產生的界線。然而，以人類學家為首的情境論者較少處理到族群團體的政治性面向，族群團體成員可能平常並不受重視，但卻可能在某些需要的時候，召喚團結起來以爭取團體的資源（Rex 1991: 36-37）。

　　在現代化的過程裡，族群團體選擇重新去強調部分的傳統文化，乍看像是回復族群傳統，事實上卻是一種新興的國家現象—為了因應國家建立的需要而產生的團體。因此，應該將族群視為一種政治現象，族群的共生利益才是成其族群的原因，從而族群文化可能是政治競爭下的產物（Cohen 1969: 198-201）。Brass（1991: 18-20）認為族群意識不只是主觀的自我意識表達，更有欲求地位上的平等，被社會公眾所承認的意涵。亦即，族群間的不平等不必然會產生共同的抗爭意識、民族意識，這中間的過程仍然需要政治精英發動，以及牽涉到有無資源能夠提供族群動員。整體言之，工具論者將族群理解為是競逐社會、政治與文化資源等不同利益與地位的團體，一種觀點關注在菁英為了達到政治目的的資源競爭，另一種觀點則強調族群是個人經過理性抉擇的策略性偏好：為了維持財富、權

力、地位而選擇加入某個社群，族群認同具有多重性，並且會隨情勢變化。工具論的核心概念強調社會建構所發展出的族群特質，個人透過在族群多樣的特質與文化中剪裁混合（cut and mix）以形成他們個人或團體認同，藉由理性偏好的極大化，用以召喚集體性的熱情。工具論者同時也被批評過於強調剪裁過的族群特質，以及團體利益與理性計算，可能忽視成員對於族群的原生情感層面（Hutchinson and Smith 1996: 8-14）。

　　族群作為一種社會的創造物，當人們感知他們彼此是相似的，並且也被外部他人所認同，那麼他們就會構成一個族群，無論這種共同性是真實或是虛構的（Shibutani and Kwan 1965）。儘管建構論強調族群團體理性計算的一面，但「成為一個族群」的群體感知，依然有其形成的歷史脈絡，並非能夠憑空出現。許維德在建構論的基礎下將族群視為「被建構物」、一種「人群分類的方式」，即指出廣義的「社會」是族群的「建構力來源」，但他強調「建構」與「虛構」是不同的：

　　首先，「建構」並不等同於「虛構」，當我們要去「建構」一個「被建構物」時，通常我們無法完全地「無中生有」，我們必須立基於某些基礎上來進行我們的建構。第二，當「被建構物」完成以後，它通常就有了自己的生命，或者用比較學術性的語言來說，它會「具體化」（reification），開始變得跟「真」的一樣而產生其影響力（許維德2013：138）。

　　因此，族群性[6]「本身就是一種自我定義的過程，是某群人自己宣稱

6　本文討論 Ethnicity 使用族群意識稱之，林開世則譯做族群性，但因引用的是林文的討論，故沿用林的指稱。

或被外人認定為某種範疇的動態過程，重要的是在歷史過程中，族群性如何被塑造成為重要與可信的分類範疇（林開世 2014：226）」。在討論族群研究的建構論時，不能將族群化約為靜態的文化內容或權力關係，亦不可僅將其視為一種既存事實分析，而必須回到族群如何形成的歷史脈絡進行討論。

（三）韋伯學派族群論及其影響

韋伯收錄在《經濟與社會》討論族群團體（ethnic group）的專章，是社會學三大家裡唯一直接論及族群的文章。韋伯對於族群團體（ethnic group）的討論，有別於僅是將族群視為傳統血緣團體的概念，韋伯更強調族群團體政治社群的面向。韋伯沒有否定傳統族群團體的客觀定義，像是外觀體態的相似性、或是相同的習俗，但他更強調族群團體主觀信念的部分─團體成員擁有共同血緣、分享共同的遷移或殖民記憶，以及團體成員對其族群有著共同的榮耀感這些特質。韋伯強調族群團體的形成（formation）存乎於共同的信念（belief），而不在客觀血緣關係是否存在。要形成一個具有強烈種族歸屬感的共同體，必須要有某些促成因素，像是政治共同體的記憶，或是與古老祭祀共同體的持久聯繫，以及強化共同體關係的聯繫，否則即使有相近的血緣，也不見得就有種族歸屬感（韋伯 1999：323）。

也就是說，僅是主觀信念還是不夠的，韋伯認為「族群成員們擁有共同的族群特質，僅能促進團體的形成，並不能自動形成一個團體。必須先有政治社群出現──不論是多麼人為的建構，才能激發一個族群團體共同的信念（it is primarily the political community, no matter how artificially organized, that inspires the belief in common ethnicity）」（Weber 1978：

389，橫線為筆者所加）。必須先有政治行動（信念、社群），才讓人們認知彼此是休戚相關的命運共同體，產生共同的信念與榮耀感，受召成為族群團體之一員。在韋伯的詮釋定義裡，他將族群類比為一種地位團體（status group），是經過理性抉擇的政治社群。

　　Siniša Malešević（2004: 25）進一步將韋伯處理族群的核心概念分成四個：「1. 作為一種地位群體 (status group) 形式，2. 作為一種壟斷性或獨佔性的社會封閉機制，3. 社會組織裡的多元的族群形式，4. 族群意識和政治動員」。對於韋伯而言，無論信念如何強大，都不足以創造族群意識，族群團體的形構必須仰賴於具體的社會與政治行動。因此，族群團體首要也是最重要的創造必須透過社會與政治的行動，一但行動了，族群團體也時常如同地位團體的類型般作用（Malešević 2004: 25）。

　　特別值得注意的是，韋伯收錄在 1922 年德文版《經濟與社會》中討論族群（ethnic group）的文章，是在韋伯死後才由太太 Marianne Weber 整理出版的草稿之一，《經濟與社會》文集裡許多篇文章皆沒有標題，文章概念間甚或欠缺一致性與完整性而飽受外界批評。其次，韋伯《經濟與社會》英文版出現的時間點已是 1978 年，文中所討論的是族群團體（ethnic group），而非族群意識（ethnicity）[7]。從 1922 年德文原版到 1978 年英文版本的翻譯與出現，代表著族群的概念與意義在西方社會的重要轉換。整體來看，英語世界裡族群的概念出現得相當晚，1920 年以來，學界普遍將族群團體視為是非理性、前現代的血緣團體，推論族群團體終將隨著同化而逐漸消失。這種看法亦與 18 世紀以來民族國家興起，強調國家成員文化上同質性的歷史背景有關。Kymlicka（1995: 66-67）指出過

7　關於德文原文與英文翻譯版間的落差，然受限於語言限制，本文僅能就英文版本做討論。

往美國的自由主義者係在美國作為一個移民國家的脈絡下，為維持美國國家認同的穩定性，選擇長期忽視少數族群團體的文化權利，擔心承認少數群體的權利會造成美國認同的崩解。當時美國人相信大熔爐（melting pot）的族群關係，強調族群融合，將族群視為團體界線清楚的特殊社會團體，這種基於血緣或文化共同性而生的原生連帶，被視為前現代的非理性特質，同化論者認為這種前現代的團體組織原則應該被現代化、理性社會組織原則所取代，所有族群團體最終應該走向完全同化（王甫昌 2002：242-243）。

　　族群理論最重要的轉變是在 1960 年代後，由於族群現象在現代社會並沒有如同早期社會學者們所預測的應該完全融入民族國家的族群團體而消失，甚至重新開始強調追尋自身文化認同。1970 年代的移民浪潮進一步加深美國的族群問題，歐洲各國亦存在著以族群為基礎的政治運動（麥格 2007：6）。這些現象反映著同化政策的失敗，開啟一連串社會對於同化政策的爭辯與反省。許多研究者開始以「族群復甦」（ethnic resurgence）作為理論性的問題意識，重新概念化並試圖理解族群在現代社會的意涵。韋伯對於族群團體的討論顯然與 1920 年代的主流論述有別，他將族群團體的成員與血緣團體的成員做區分，並且強調族群團體的政治性與理性結盟。韋伯討論族群團體的概念，與 1970 年代伴隨著族群復甦（ethnic resurgence）探討現代社會裡的族群意涵無疑是較為相近的，這或許是英文翻譯版會在 1978 年出現的原因。韋伯這篇討論族群概念的文章，亦成為後世社會學家們討論族群時無法迴避追溯的經典，後繼論者們不斷在韋伯的理論基礎上加以擴充解釋與討論或是修正。例如 Hechter（1976: 1164）批判韋伯在解釋團體習俗的差異概念相對模糊，僅注意到團體間習俗的差異來自於不同社會團體分歧的經濟與政治處境，卻忽視了團體間存在勞動文化分工的現象；韋伯討論壟斷性封閉（monopolistic closure）的概念對於經濟組織團體的分析解釋勞動的文化分工則具有相當重要性。Banton（2007: 20-26）從德文原典考察韋伯原意，認為德文 *Ethnische Gemeinschaften* 應該譯為社群共同體的族群關係（ethnic relations of communities），不僅只是族群團體（ethnic group），還具備地理上的聚居現象。在這些概念基礎上，韋伯說明族群團體是一個奠基在信念上的社會建構，這種團體形成的動力來自於對權力與地位的壟斷，並且形成信念。僅管信念無法創造（create）團體，但卻是維持團體的重要因素，並且與結構相互生成強化。

　　整體而言，1970 年代後西方學者看待族群現象，著重於韋伯式的詮釋方法，儘管承認族群記憶、價值、象徵、神話與傳統的重要性，另一方面卻更強調族群作為一個政治社群，必須透過選擇性記憶與神話的建構，召喚所屬成員的自我歸屬感，彼此始能成為命運共同體。族群作為新的人群概念的分類以及族群認同與政治的討論，可謂族群研究 1970 年代以來所著重探討的重點，族群研究亦漸漸從過去將族群視為具有特定文化特徵的「文化團體」，過渡到有社會顛覆性、有政治目的、追求資源分享與平等之「政治團體」的分析概念，族群認同、族群意識概念的轉變即是一連串族群概念政治化的過程。這樣的研究方向帶出兩個重要的研究議題：重新理解「族群」在當代社會中的意義與社會功能，以及族群作為一種人群分類概念，並提出不同的理論與解釋架構來探討現代社會族群復甦現象。族群理論也包涵了不平等、優勢族群、族群偏見與歧視等分析性的概念，討論現代化過程裡族群衝突的關係（王甫昌 2008：503-505）。

　　那麼，族群要如何從概念範疇，轉為實體化的族群現象呢？韋伯認為先要有政治社群的存在，才能喚起共同的族群意識，形成族群團體。王甫昌強調族群意識是弱勢族群在不平等認知下出現的抵抗論述。林開世（2014：235-237）則認為族群群體間的對立與不平等關係、是否形成我

族或他族意識，都不構成使人群關係轉化成為族群關係的條件。以台灣客家族群認同建構的論述為例，雖然客家認同是因應當代政治需求所發明的斷裂認同或是在歷史原型上連續發展的概念，有連續論與斷裂論兩派之分[8]，但族群建構論所要強調的重點毋寧更在於族群政治。也就是說，族群性（ethnicity）只是一種看待社會的觀點。林開世直指，儘管系譜重建、語言等保存工作是肯定、產生與維持族群性的方式，但「族群政治」才是促成客家歷史重建工作的基礎。這也正是客家人回應來自於外界針對「客家非漢」的污名，並興起客家正名運動的歷史背景脈絡。許維德（2013）雖然不否認客家認同的原初存在，但強調 1987 年客家社會文化運動所帶來的影響，造成原初客家認同內涵的轉變——從素樸的文化認同轉向制度性的政治認同，反映著客家研究與族群政治之間的密切關連：「台灣的『客家研究』，就不折不扣是後解嚴時期之台灣客家社會文化運動的產物」（許維德 2013：407）。

（四）弱勢者的族群意識與競爭衝突

從上面的討論可以看出，韋伯將族群視為一種經過理性抉擇的政治社群。透過政治社群喚起共同的族群意識，進而形成族群團體。那麼又是什麼因素促使人們「決定成為一個政治社群」呢？

在王甫昌（2003：10-11）的族群定義裡，族群是「一群因為擁有

8　林開世（2014：236-237）指出歷史學者幾乎都採取連續論者，相信客家認同在歷史上已出現原型或雛型。斷裂論者則以楊長鎮（2007）、王甫昌（2003）與李文良（2011）為代表，認為客家認同是被政治需求所發明出來的。

共同的來源，或者共同的祖先、共同的文化或語言，而自認為、或者被其他人認為，構成一個獨特社群的一群人」。相對於其他團體的認同，「最獨特之處，在於它是以強調成員之間的『共同來源』或『共同祖先』（common descent），作為區分『我群』與『他群』的標準」。儘管共同血緣或語言文化的客觀性特質很重要，但更為重要的在於，這個群體相信他們自己是一個團體，並且透過區分我群與他群之間的差異來界定自己是誰。「共同來源或共同祖先」，只是作為族群團體間區分的標準，甚至「差異本身並不足以造成有重要社會意義的人群分類，競爭或衝突才是主要因素」（王甫昌 2003：35）。也就是說，競爭衝突關係才是決定人群分類的重要因素。因為人群之間的競爭衝突，讓人們決定成為一個有意識的政治社群，進一步挑選特定的「過去」為內涵（歷史事實及文化內容），並用以強調作為族群區分的差異界線。因此，族群區分界線就如同族群文化特質一般，並不是固定不變的實體，而是會隨著社會脈絡與成員的認同與需要與時俱變，族群團體即是逐漸被人們的想像一步步所界定出來。

但是王甫昌進一步強調，族群作為一種人群想像的意識型態，其實是相當晚近的發明，現代族群想像是「自認為構成弱勢族群的一群人，為了反抗優勢族群的不平等對待，以共同祖源作為區分我群與他群之基礎，所發展出來的論述」（王甫昌 2001：192）。亦即族群的集體認同其實是特定族群對自身處在不平等結構位置集體體認的政治意識或認同：「『族群意識』通常是社會中『弱勢者』的集體意識，社會中優勢族群通常不會有上述定義下的族群意識」（王甫昌 2013：63）。伴隨著族群不平等認知，行動者藉由集體行動，將個人的經驗整合起來，詮釋為整個族群受到的不公平待遇，或是被他族群壓迫的族群不公義，集體訴求改善弱勢族群團體所遭受的不平等處境。王甫昌（2003：88-89）針對現代族群分類想像的定義，除了文化指涉面向之外，更強調以民族國家為範疇的界限，強

調弱勢族群的公民權利，關注族群團體透過集體動員追求國家社會體系內部的政治權或經濟權，要求國家承認其多元文化差異的族群平等權利。因此王甫昌的族群分類想像，即包含三項主要內涵：族群區分、族群平等、國家對族群的義務。後兩項更強調承認多元文化差異的族群平等權。當代台灣「四大族群」概念下的「族群意識」即是來自於弱勢族群的族群動員結果，作為集體動員的基礎，要求改善弱勢族群團體所遭受的不平等處境（王甫昌 2013）。

四、跨國主義與離散

　　有別於人類學式強調文化同質群體的界定方式，社會學的觀點主要是將族群放在現代民族國家（nation-state）的脈絡下，強調團體成員間的理性結盟，從政治競爭結構出發追求族群團體身分的平等性。因此，族群團體間的互動關係與認同更是研究者所關切的議題。然而，既有的族群理論框架強調現代國家邊界內部的族群關係分析，顯然難以解釋當代跨越傳統國家的地理邊界，向外串連的全球客家現象。跨國主義（Transnationalism）即批判方法論的國族主義將研究對象限定於單一民族國家內部的研究方法，將國家界線視為研究界線，卻忽視國家疆界其實可能是流動的、可跨越的。導致當研究對象的社會生活超越民族國家界定的社會範疇時，即無從處理分析其經驗問題，因此跨國主義企圖挑戰、超越國家的疆界與概念，並重新檢視權力關係，看見跨國的流動性（王宏仁、郭佩宜 2009：2-17）。

　　Trans 意味著跨越、穿越，Transnational 則有跨越國家領土界線空間的意義。Waldinger（2013: 757-758）回顧跨國（Transnationalism）概念的使用，追溯至 1916 年 Randolph Bourne 發表《跨國美國》（Transnational America）的文章，認為美國可以透過接受多個民族的貢獻超越民族主義，呼籲建立一個能夠接納移民雙重忠誠以及持續與母國聯繫的世界性美國。儘管 Bourne 後來只被歷史學家所記得，但跨國現象從此吸引了學者的目光。1950 年代的法律學者 Phillip Jessup 首度定義跨國現象，並且解釋為什麼需要新概念。Jessup 建議將跨國（transnational）與國際（international）的概念區分，指出領土重要性的消失、國家主權限制，以及非國家行動者的角色等幾個重要面向，影響後續的政治學家與國際關係學者對於該領域的關注。早期學者對於跨國事務的興趣，多集中在國際政治經濟領域，跨國概念亦經常使用於同時在一個國家以上有主要財務操作與組織的跨國公司，以及以個人為分析單位的跨國移動現象。隨著跨國公司的成長，伴隨著人口重新在地化，跨國概念也延伸用以描述移民同時維持在兩個或更多社會的存在與關係。Ong（2006: 4）討論跨國與資本主義間的關係，認為當跨國帶來與新的國家及資本間的關係，也暗喻著伴隨國家與資本邏輯的改變，跨越空間的流動將帶來橫向的、交易的、翻譯的、甚至對於行為與想像方面的往返與變化，以及文化的相互連結。

　　冷戰期間的國際關係研究，國家中心論（state-centrism）是主流的典範，以國家作為主要的分析單位，隨著冷戰結束以及全球化發展的浪潮，新型態的跨國現象展現在各種來回超越國家地理疆界的限制，既挑戰傳統民族國家的主權，也開啟一系列對於國家中心跨國主義（state-centric transnationalism）與社會中心跨國主義（society-centric transnationalism）的討論。學者對於跨國主義的關心，集中在跨國合作經驗以及跨國行為者的角色，國家的角色在相關研究裡則逐漸淡化（楊昊 2012：69-74）。隨著對於跨國公司的關注，跨國概念也從法律和政治科學領域拓展至移民研究，跨國主義移民研究的興起與 1970 年代以來社會學對於移民的討論有關，早期美國社會學界關心如何將新來者製作為美國人的辯論（how to make Americans out of newcomers）。這場針對移民的辯論圍繞在對於同化政策以及涵化等不同的觀點上。當這些對話延續到 1990 年代，跨國移民研究指出有些移民儘管已經成為接納國的一員，但他們同時仍然持續地活躍於自己的母國，在參與家庭社會經濟宗教政治議題等過程中，延伸跨越了移民接收國的國家邊界（Levitt and Jaworsky 2007: 130）。隨著跨國移民發展並且維持兩方在家庭、經濟、社會、組織、宗教及政治等跨越邊界的多重層次的關係，跨國主義即嘗試處理移民跨越地理、文化與政治邊界，建立社會場域以連結母國與接收國的過程（Basch, Schiller and Blanc-Szanton 1992: ix; 1-2）。

　　當時，Basch，Schiller 與 Blanc-Szanton（1992: 5）提出六個討論跨國主義的概念：1. 既有的社會科學概念像是部落、族群團體、國家或是文化會限制研究者感知分析跨國主義的現象。2. 跨國移民經驗的發展不僅只與全球資本主義變動的狀態相連結，並且需要放在世界脈絡（world context）下分析。3. 跨國主義是根植於移民的日常生活、活動以及關係。4. 跨國移民複雜的存在方式亦強迫他們發展出不同的國家、族群與種族認同。5. 跨國移民流動且複雜的存在使我們重新概念化民族主義、族群與種族等理論工作，建立對於文化、階級與社會的重新理解。6. 跨國移民必須處理且面對的其實是來自全球與國家的霸權。這些霸權會影響跨國移民的意識，但同時跨國移民也會透過互動與抵抗而重新形塑這些霸權脈絡。從移民（immigrant）到跨國移民（transmigrants），即意味者移民不再僅是移民，而是開始嘗試跨越連結母國與其在地國間的關係。跨國主義所指涉的即是移民跨越地理、文化與政治邊界，建立社會場域以連結母國與其在地國的的過程。跨國移民發展並且維持兩方在家庭、經濟、社會、組織、宗教及政治等跨越邊界的多重層次的關係（Basch, Schiller and Blanc-Szanton 1992 ix; 1-2）。

　　然而跨國研究卻也有飽受外界批評的弱點。有人認為跨國定義的模糊，使得全球、國際與跨國之間的概念區分不易。也有人認為移民本來就會維持與原生母國的聯繫，此論並無新意。國家系統也不會因此在未來消逝（Levitt and Jaworsky 2007: 131）。對於歷史研究學者而言，移民本來就是存在已久的現象，Waldinger 與 Fitzgerald（2004: 1186-92）則指出儘管移民並非新的現象，卻是值得嚴肅討論的議題，移民與國家、市民社會之間的互動牽涉行動者在不同情境下的多重層次的結合，必須透過重新定義，才能掌握分析移民的社會組織與跨越國家的結果。當代討論跨國主義仍然有其特殊性，例如科技技術的改變降低了時間與空間旅行遠距離溝通的成本，從大熔爐到多元文化移民政策的更迭，讓移民表達母國忠誠度的表現合法化。儘管跨國主義所要探究的現象確實像是舊瓶裝新酒，卻是新的分析概念。例如將移民特質與國家之間關係作為歷史結構比較的兩個變項，觀察農夫移民與國家的關係，即可以發現農夫移民較容易跟本國鄰居或相近的鄰里產生叢聚效應，相對缺乏被整合入新興民族國家裡的趨勢。移民與國家之間的關係也會影響移民維繫對於國家雙重忠誠的能力（Waldinger and Fitzgerald 2004: 1189-1190）。因此，跨國移民在地主國以及母國會發展出流動且多層次的認同。有些移民會選擇較認同其中一個國家，但多數移民會同時維持多種認同以幫助他們在國家之間連結（Basch, Schiller and Blanc-Szanton 1992: 11）。整體而言，跨國移民研究嘗試系統性地觀察移民在跨越邊界時所涉及的治理、社會運動、宗教生活以及生計的改變，以及我們如何重新思考認同、歸屬與民主等回應（Levitt and Jaworsky 2007: 146）。

　　過去討論全球化與地方性，往往習於將全球（global）看作鉅觀的政治經濟的，而將地方視為文化的。全球資本主義力量的普同性（universalizing capitalist）與地方文化（local cultures）兩者間的相對性

產生了多層次的現代性（multiple modernities）。像是 Ajun Appadurai（1996）認為全球生產的地方性（global production of locality）來自於跨國人才、貨品以及知識的流動做為想像的資源，使得創造社群（community）與虛擬的社區（virtual neighborhoods）成為可能。但這種將全球看作鉅觀，而把地方視為文化的分析模式，沒有辦法捕捉當代在跨越空間（space）時的經濟、社會與文化的關係性過程，無法表現這些嵌入在不同政治形構下的權力。跨國主義（Transnationalism）的概念即是為了處理這種不足（Ong 2006: 4）。這些在全球範圍內移動的族群，如觀光客、移民、難民、流亡者等，構成了 Appadurai 所定義的流動人口所組成變動世界的族群空間（ethnoscape），形成流動的、跨國想像社群，因為人口的跨國流動與去疆域化的影響，也對民族國家的政治產生相當的衝擊（Nash 2004: 87-89）。

　　時隔多年後，跨國主義學者紛紛對跨國主義理論提出回顧反思。Portes，Guarnizo 與 Landolt（2017: 1486-87）回應 Dahinden 針對他們在 1999 年發表對於跨國主義的批評文章，並回顧跨國主義將近三十年的發展。1990 年代面對大量移民頻繁的跨國現象，跨國主義理論儼然代表一種理解全球化現象的新典範。但是，移民的跨國實踐像是匯款、往返母國以及打造密切的社會網絡連結，嚴格而言都不足以算是移民的新現象。Portes 等人觀察到跨國移民能藉由同時居住在兩個不同國家，參與兩個或以上的社群，建構出新社會經濟適應模式，繞過同化過程的現象，儘管當時還沒有足夠的證據。因此他們嘗試建立為跨國概念制定一些標準：「必須是包含大量參與者在生活日常裡的定期性活動（而非偶然性），並且尚未被其他概念所解釋」。但是在其後的經驗研究裡，研究者卻發現，儘管移民定期規律的經濟、政治與社會性的跨國活動確實存在，卻不是普遍現象，因為「並非所有的移民都是跨國的」。Waldinger 亦有類似的觀察，大

部分移民的跨國行動仍是以匯款、私人家庭領域的通訊聯繫為主，能夠經常參與跨國社團組織活動的人，通常是移民的少數精英階層（Waldinger 2010: 29）。雖然移民會努力與母國維繫某種連結，事實上移民很少能夠長期持續性的參與跨國活動，跨境聯繫最終會隨著移民落地生根而逐漸減少。移民的政治參與也會因為參與成本的考量，著重於移民接收國的在地參與，最終與母國政治脫節（Waldinger 2013: 765-767; 2012）。

　　儘管隨著科技發達，交通運輸與通訊成本的降低，增加了人們相互聯繫的可能性，但事實上，跨境移動的成本仍然很高昂，通常只有少數具備物質資源的人才有能力頻繁往返穿越國家邊界。Ong 在 2006 年針對中國企業家／商人菁英（entrepreneurs）進行的研究，即發現他們參與製造利潤的活動，必須要透過獲取象徵資本，才能在不同的地理位置上獲得經濟上協商與文化能力的位置。因此在跨國主義的脈絡下，這些 ethnic Chinese 藉由操作靈活的公民權（flexible citizenship）策略以尋求移民接收國更大的社會接納（social acceptances），這群有能力穿梭於不同國家的人往往以商人菁英階級為主（Ong 2016: 17-18）。1920 年代初期群起組織崇正總會，捍衛客家精神與客家群體權益的香港客家菁英們也正是這群商人菁英。

　　另一方面，儘管移民規律的跨國實踐屬於「例外」，但這些跨國實踐也可能對於原居地或所在國發揮特定影響力，這即促成了後續研究轉向，許多學者開始從研究跨國移民轉為研究移民所建立的組織與非政府組織等（Levitt 2001, Portes, Guarnizo and Landolt 2017: 1487）。周敏、劉宏（2013：3-4）觀察移民個體的行動通常侷限於家庭，許多更具影響的跨國活動主要是由移民組成的社團組織所推動。甚至，祖籍國家也成為積極參與跨國行動的重要行動者。儘管過去移民研究認為全球化限制了民族國家對於跨國流動的人群、資本、商品的控制權力，但另一方面祖籍國政府在

移民跨國流動中卻仍扮演著重要角色，例如透過政策干預幫助社團在祖籍國的發展，或協助海外移民融入當地社會等。

　　就如同許多批評者所指出的，1990 年代討論跨國主義的文章裡，民族國家角色缺席了，事實上在後續二十年，國家的角色卻越顯重要，不論是接收國或是移出國，都有更積極與移民社群互動的趨勢（Portes, Guarnizo and Landolt 2017: 1487-1488）。Schiller（2010: 113）反省跨國主義理論時，即一再重申國家角色的重要性，強調國家所提供的合法行政權力，能夠保障人民權利，以及提供政策與制度性結構的保障。當代民族國家的角色，透過管控邊界的力量，區分公民身分與非法移民的類別以強化民族歸屬感的論述，國家對於移民的態度與政策，都會影響移民的跨國行為與組織的建立（Schiller 2018: 203）。另外，當代跨國移民研究大多專注於空間性的分析，欠缺對於時間維度的掌握，為了建構更具生產力的分析架構，Schiller（2018）提出多重尺度聯合分析（multiscalar conjunctural analysis）架構，強調必須同時掌握對於跨國移民的空間與時間的維度，才能幫助學者與行動者更清楚掌握當代移民的處境，例如移民面臨新自由主義下，各地頻仍發生的戰爭以及政權合法性危機，人民面臨多種形式的流離失所、生活更不穩定所造成的跨境遷移，部分國家反移民言論的出現等，都遠遠超越過去跨國主義所討論的理論框架，因此跨國移民研究需要關注更多當代的議題。Portes, Guarnizo and Landolt（2017: 1489）甚至認為跨國主義不能算是理論型概念，是種用以凸顯過去所忽略的現實，喚起對於一般人跨越國界、尋求適應，為克服擴張資本主義經濟限制所進行各種活動，「自下而上的全球化」觀點，應該將其整合進入國家發展或是全球資本主義系統的理論裡一起討論。周敏、劉宏（2013）比較新加坡與美國的華人跨國主義，發現真正積極參與跨國活動的華人，其實只有少數人。美國第一代移民又比在美國出生的第二代華裔更可能參

與跨國活動，顯示跨國參與者有移民代間的差異。但是在新加坡土生土長的華裔則非常積極參與跨國活動。作者們進一步探究，在移民母國移民政策相同的狀況下，為什麼美國與新加坡華人的跨國參與呈現如此大的差異？最後發現，由於美國社會過去曾經發生排華運動以及限制移民政策，華人向來被視為美國社會裡的他者，華裔渴望被接納為道地的美國人，甚至與其他亞裔美國人聯合建構亞裔美國人的身分認同，強調忠誠美國人身分，以爭取亞裔群體的利益。對於移民在地國忠誠度的表態間接影響美國華人參與跨國活動的積極度，導致只有第一代移民會積極參與跨國事務，二代移民則會因為渴望被在地國接納而選擇疏離參與移民祖籍國的跨國活動。相反地，1980 年代以來，新加坡政府為促進發展國家經濟，鼓勵華人與祖籍國建立文化與經濟聯繫的政策，影響新加坡華人積極投入跨國行動。也就是說，海外華人的跨國活動與互動關係，會受到祖籍國以及移居國間的國家關係與地緣政治所影響。對於海外華人而言，參與跨國活動的目的在於追求更好的生活與就業機會，甚至提高社會地位，移居 / 接收國的社會情境更是影響移民進行跨國行動的重要因素。

　　針對跨國主義現象的討論，儘管各領域學者們有著不同的解釋觀點，但必須重新重視國家在跨國主義中所扮演的角色，無疑是學者們的共識。在跨國現象裡，接收國、移出國對於移民發揮著不同的影響力，隨著移民落地生根，接收國的政策與社會結構更成為影響移民進行跨國行動的關鍵。整體來說，過去以來跨國主義學者研究普遍認為，移民頻繁的跨界行動以及跨國公司與組織的跨國行為將衝擊傳統國家疆界，挑戰民族國家的行政主權；儘管學者們後續修正觀點，肯定國家在當代社會裡依舊扮演重要的角色，但是跨國主義論述仍然集中於分析跨國移民乃至移民團體所參與的跨國行動，而將國家視為影響移民跨國行動的背景。也就是說，儘管跨國主義學者普遍承認國家角色的重要性，對於國家的分析卻侷限於移民

接收國與移出國，缺少關注影響國家決策行動的國際情勢，以及國家之間的權力關係。此外，過去跨國主義學者們的研究，皆指出能夠頻繁參與跨國行動者往往集中於少部分的菁英階層，例如王愛華（2006）、周敏與劉宏（2013）研究海外華人的跨國主義，都是菁英階級（主要是華商）參與跨國實踐。本書強調國家角色的重要性，尤其是在 1970 年代之後，國家力量成為形塑影響客家想像的重要力量來源之一，伴隨著國家間的權力競爭，當「國家」角色介入當代以客家為名的論述競爭，國家的政策與資源配置則將影響著參與跨國實踐的行動者組成，客家人跨國聯繫場域從過去以政治經濟階層為主的聚會延伸到學界與文化界的交流，參與跨國聯繫的行動者，亦從傳統的客家商業政治菁英階級，擴展至文化菁英。這個部分我將於第四章、第五章、第六章進行詳細說明。

許多客家研究也常使用離散（diaspora）的概念，一般來說，離散的古典形式乃是關係到受迫性遷移、放逐和一種繼起的失落感，這種感覺來自於對歸返的無能為力。在傳統上，它也被應用於非洲人經由奴隸制度而移往美洲各地的大規模移動（Karla, Kaur and Hutnyk 2008: 16）。Diaspora 跟許多文化形式一樣主要是根植於內在的霸權與不平等的系統，這些與離散中國人（disporic Chinese）能動性有關的權力可以是強制的也可以顛覆現有的結構，取決於這些權力是否可以提升資本主義或是國家利益（Ong 1997: 324）。

Cohen（1997: 180）定義 diaspora 通常會具備下列數種特性，以下除了一跟二（驅散型與擴張型）之外，其他特徵幾乎是彼此交纏，用以強化離散之繩（diasporic rope）：

1. 從母國被迫驅散，通常是充滿創傷地（dispersal from an original homeland, often traumatically）。

2. 自願地，通常是從母國透過工作、貿易或帝國殖民擴張出去
   （擴張型）（Alternatively, the expansion from a homeland in search
   of work, in pursuit of trade or to further colonial ambitions. A
   collective memory and myth about the homeland）。

3. 理想化的祖先家鄉（An idealization of the supposed ancestral
   home）。

4. 回歸運動（A return movement）——想像的過去透過實際回去或
   是支持回去的運動以「完成」。

5. 維持很久的強烈族群群體意識（A strong ethnic group
   Consiousness sustained over a long time）。

6. 跟地主國有不愉快的關係（A troubled relationship with host
   countries）。

7. 跟其他國家的同族群成員有一種團結一致感（A sense of
   solidarity with co-ethnic members in other countries）。

8. 在地主國有一些創造性、豐富生命的可能性（The possibility of a
   distinctive creative, enriching life in tolerant host countries）——
   即使是亞美尼亞人或愛爾蘭也不得不承認他們在美國所獲得的機
   會，或非裔美人發展了爵士與藍調等等。

離散展現的是一種個人與社會，地方與全球之間的代溝（gap）。一
種失根感、失去聯繫、失去，甚或是疏遠。這是比較傳統認知的離散特
質，在當代難免會被質疑為何不擁抱創新的一面、擁抱「巴比倫」？面對
當代沒有國家只有「想像」的質疑，離散群體在當代所渴求的反而是一種
「群體權」（group rights）。甚至是，離散群體「最強盛有意見」的地方往
往是最沒有空間展示個人特殊族群認同的地方（Cohen 1997: 196）。換言

之，離散群體跟地主國的在地關係是影響其凝聚力的最主要原因，因為被排擠或者受到限制，所以更需要凝聚自己群體內部的認同，以團結對外爭取權利。

　　台灣也有許多研究使用離散概念描述客家族群，卻很少針對離散做定義。從離散希臘文「四處散開」的原意，用以指涉受迫性遷移、被放逐的猶太人，或是流亡古巴人，強調的都是無法任意回歸的受迫性。新的離散概念則開始被用來表示一種分散網絡，指涉全球化下移動人們的跨國認同，此時的離散認同則是跨境、多重性、去疆域化的，並且一直變化改組。例如 Karla, Kaur, and Hutnyk（2008: 49）將離散視為一種觀看世界的方式，應用於跨越一整個範疇的族群。離散代表關於歸屬、地方以及人們過生活的方式之概念。當人們思考離散的型塑過程，必須要思考居其住地及其他地方有關的緊密或物質聯繫。在這個意義脈絡裡，重點並不在於「你從那裡來」，而是「你在那裡」？

　　不論是 Cohen 定義下從母國透過工作、貿易或帝國殖民自願擴張出去的「擴張型」離散，或者 Karla, Kaur 與 Hutnyk 所提出的新的離散概念，離散與移民的概念定義仍是混雜不清的。當移民成為住民，離散開始混雜歸屬，客家人究竟適不適合使用離散概念？因為太平天國起事後避難到東馬的客家人，可能符合離散的定義，以回不去的家鄉母國作為認同對象，另一方面，離散卻也隱含著與主流社會格格不入，帶著距離以他者觀點自居的概念。台灣社會的主體是由閩南和客家與原住民族群所共同建構的，既然不是「他者」，台灣客家即不適宜使用離散（diaspora）的概念。同樣的，各自擁有不同背景與歷史選擇在地生根的各國客家人，亦不適用離散的觀點。

（一）族群想像與跨國客家想像

　　王甫昌（2003）《當代台灣社會的族群想像》書裡分析台灣客家的族群想像，著重在 1980 年代客家文化運動後所發展出來，跨越傳統強調血緣與地緣與社區鄰里界線，讓南北各地的客家人產生一種以台灣為範圍的客家族群想像。藉由考察台灣客家族群意識變遷，王甫昌（2018：281-283）發現北客與南客之間在腔調、文化乃至信仰、組織等差異，地域認同甚至強於共同語言文化的認同，指出當代的客家意識其實與「共同語言文化」較無關連，而與「共同不利社會位置」的集體認知較有關。認為當代客家意識的內涵，其實經歷從文化認同、地域認同乃至族群意識的轉變。從社會建構論的角度，客家過去藉由族譜、血緣來作為建構基礎，例如賴際熙或羅香林經由廣泛徵集族譜建構客家。但事實上血統或是族譜都無法成為支撐一個族群的充分理由，顯示客家想像毋寧更是社會文化、論述建構的結果。客家想像蘊含著各種不同的建構理由與力量，在不同時代裡頭展現殊異的樣態。

　　然而，既有的族群理論與族群想像框架，皆指向一個明確的現代民族國家界線預設，強調國家內部的族群關係，討論族群平等的公民權利。跨國主義普遍內含一個想像的母國，著重討論跨國移民與母國之間的關係。但當代客家的跨國現象卻不一定指向「母國」，甚至母國的想像對象也各自不同（例如 1997 年成立的世界台灣客家聯合會[9]，即是一個以海內外台灣客家人為主體的世界性組織）。那麼，我們可以怎麼解釋 1970 年代以降，全球客家人跨越國家界線彼此串連的現象？或是，怎麼理解跨國

9　世界台灣客家聯合會網頁 http://www.hakkaworld.com.tw/THAW/ 取用日期 2018 年 1 月 2 日。

客家想像的出現？

（二）客家想像的跨國性

　　1970 年代後出現的跨越民族國家界線的客家想像，藉由羅香林的神話作為我群想像的基礎，即便是遙遠的關聯性，也讓世界各地未曾謀面、互不相識的客家人，開始想像自己與其他國家的客家人「有關係」。這種想像並沒有集體訴求全球客家人向「國家」爭取一個社會體系內的公民權利的需求（因為各自所屬國家不同），而更傾向是帶有一種純粹文化認同的人群想像。儘管它也可能作為客家人在其所在居住國家用以訴諸內部群體團結，或是連結外國客家勢力以爭取國內族群政治或經濟權力的手段。

　　跨國客家想像對於跨國研究的貢獻即展現在既有跨國主義著重於探討跨國移民嘗試連結母國及所在地國間的關係。但是 1970 年代後所出現的跨國客家想像，當客家人跨越國家邊界，想像「我們都是客家人」的同時，因為「母國」的多元性，其母國間的聯繫也更為多元，進一步串連起世界各國客家人群之間的關係。客家想像提供全球客家人跨越國界彼此串連的媒介基礎，甚至讓分別在所在國家（host country）內部處於相對弱勢的客家人，藉由客家跨國連結行動，團結客家人在其所在國內的群體勢力，提升自身群體的重要性，進一步爭取所在國內的公民或者文化權利。

五、客家想像典範的形成與蛻變

　　回顧之前的提問：為什麼一群語言腔調、祖籍地來源、飲食習慣都「不太一樣」的一群人，會想像彼此之間有著共同祖先、分享共同文化，形成客家群體的想像？在當代跨越民族國家的疆界，彼此串連？關於客家

想像的形成課題，在整個客家知識體系建構裡佔據著相當重要的位置，近二十年以來學界探討重點已經從過往探究客家是什麼，轉向於關注客家如何形成。從 1815 年徐旭增的《豐湖雜記》，文獻上最早出現的書面紀錄裡的客家，到當代討論的全球客家想像，涉及客家知識界對於客家的定義，以及重要組織與個別行動者的推動與參與，1970 年代之後，國家力量亦逐漸滲入客家論述的競逐行列。將近兩百年的客家想像內涵，事實上隨著時間、空間、以及參與者的介入有著很大的變化。空間上更是從中國華南一帶逐漸發展出來，在 1920 年代影響東南亞，1970 年後更擴及於全球。本書認為，透過考察客家想像的形成與內涵變化，將有助於我們理解當代客家人跨國串連的現象。

　　Thomas Kuhn（1970）在《科學革命的結構》（*The Structure of Science Revolution*）一書，提出典範（paradigm）的概念，將典範定義為一種被廣為接受的科學研究傳統模型，後繼學科成員要加入科學社群參與研究，就必須要以典範為共識，並且在典範基礎上從事進一步的研究。但是當典範面臨許多無法解釋的異例（危機），則會促成典範的變遷與轉移，由新典範取代先前的典範。Kuhn 從科學史出發，嘗試在描述性的歷史上建立詮釋性與規範性概念，由於論點涉及社會學或社會心理學的範圍，典範社會學即是建立在 Kuhn 對典範的概念為依據，儘管如此，典範社會學家首先必須要面對的仍是典範的概念在自然科學與社會科學之間的適用性問題。苑舉正（1998）將社會學家的回應區分成幾種類型，一是認為典範的概念可以適用任何學科，只是程度上的差別（Lodahl and Gordon）；認為社會科學也有自然科學類似的概念，因此不會有適用上困難（R.Friedrichs）；或是在孔恩的科學哲學基處上予以修正（G.Ritzer）。蕭新煌（2018：8）將 Kuhn 的典範概念視為一種科學（現象）的社會學化，認為科學進步就如同社會現象的變遷，可能透過科學革命或是組織變

動來達成典範轉移（paradigm shift）。在推翻、顛覆的過程中也可能有混亂或「危險」，直到新典範革命成功取代舊典範，才算平息終止。

典範的轉移一般來自於「異例」，但從異例到理論的新發明，還需要進一步的實驗與檢證，才可能促成典範的轉移。因此典範轉移涉及一系列從理論假設、研究方法到世界觀的轉移，不可能只出於一人之手，而是牽涉到整個學科社群的人信服該理論觀點、並且致力印證經驗研究，始能共同促成典範轉移（黃厚銘 2016）。因此，典範具備階段性與多元性的特質，一方面典範社會學家採取較為模糊的原則，避免強調在特定的時間只有一種典範，而是著重於討論各種典範在不同時空條件下所涵蓋的範圍。另一方面則會呈現不同理論建構在社會學發展中所呈現的典範所展現的多元性。但苑舉正（1998）也重申自然科學與社會科學畢竟存在本質上的差異，從而在典範概念的適用上必須是內化的理解，而非外在的定義。

本書將客家想像區分成四個典範類型，從國際政治經濟結構的時空脈絡，闡述各典範的歷史形成過程，區分客家知識界（客家研究）、重要行動者或組織（民間團體）以及國家力量三條影響客家想像發展的力量軸線，針對各時段客家想像的內涵，分別就重要推動的組織與行動者等推動客家想像的動力來源進行分析。特別須注意的是，時間與事件在現實世界裡是連續性發生，並不容易一切為二，因此在歷史階段時間點的劃分亦有重疊的現象，例如第一階段「中原客屬想像」將 1933 年羅香林出版的《客家研究導論》列為中原客家論述集大成的階段代表性著作，但研究者同時也將 1921 年香港崇正會的成立，定義為推動第二階段「海外客屬想像」的開始。再者，世界客屬想像與全球客家想像仍處於舊典範與新典範並存的「革命」狀態，客家想像作為一個特殊歷史情境脈絡下所產生的現象，當代以客家為名的論述競爭不僅只在政治經濟的場域，也擴散到文化場域，至今仍在持續進行中。

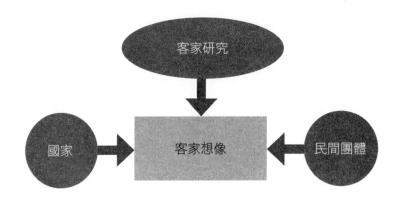

圖 1-1　形塑客家想像的力量來源（研究者製圖）

　　不同歷史階段與三條力量軸線，共構的客家想像內涵，可區分為四個典範類型：

（1）發端於 19 世紀以來中國華南地區的「中原客屬想像」，在此階段集大成的是羅香林的客家中原論，羅香林將客家群體的源流安置在中原漢人系統裡，為當時遭受外界以「非漢」污名之苦的客家人找到了安身立命的位置。被指稱為客的這群人逐漸超越祖籍地域想像，開始以客家自稱。這段時期最主要的論述力量來源為客家學術研究。

（2）1920 年到 1950 年這段時間從中國推廣到海外及新馬各地的「海外客屬想像」，主要是藉由客家學者以及客籍商人貿易網絡的聯合體—由學者與商人共同組成的香港崇正總會，加上客籍富商胡文虎在新加坡、馬來西亞一帶率領南洋客屬總會大力推廣羅香林的中原客家論述，在中原想像基礎上，胡文虎再延伸詮釋南洋客家人來到南洋，胼手開創新天地的認同想像，藉由推廣客家想像凝聚原先各自為政、來

往並不密切的客屬組織，客家想像逐漸從中國華南一帶擴散到海外各地，此時除了客家知識界所提供的論述基礎外，民間團體更扮演著推廣客家想像最重要的角色。

（3）1970 年代後，以香港崇正總會為首推動的「世界客屬想像」。崇正總會舉辦第一屆世界客屬懇親大會成功後，自此吸引了國家的目光，國家開始加入影響形塑客家想像的力量，1970 年代後的台灣中華民國政府以及 1988 年後積極參與的中國政府，都在中原客家論述基礎上，置入強調尋「根」溯源、心懷「祖國」的客屬想像，除了熱愛故土，更要支持政府（國家）。

（4）2000 年後以台灣客委會為首推動的「全球客家想像」，國家影響形塑客家想像的力量展現在透過建制化的客家學術研究機構，積極推動客家研究的發展，強調在地認同作為全球想像的基礎，當客家想像本身超越祖籍地緣的概念，原鄉重要性也不再重要。客委會結合客家學術單位的論述，以及推動海外客家文化交流等相關政策，讓海外許多逐漸失去客家認同的客家人重新再認識、認同客家。

六、客家想像的脈絡：分析架構與資料來源

　　客家想像的浮現與變遷過程，最早可以追溯到 1815 年開始有「客」的紀錄，至今將近兩百多年來客家想像內涵。年鑑學派學者 Braudel（2002）在其代表作《地中海史》，將歷史分成三個時段：長時段—緩慢流逝演變、探討人與周圍環境的關係史，強調地理時間與人文地理學；短時段著重於個人規模的事件史，或政治、外交史，以及介於兩者之間探究集體命運與總的趨勢的中時段，關注社會時間，以經濟、國家、社會、文明等為主的社會史。本書所討論的客家想像將採 Braudel 所指涉的中時段

與短時段歷史事件分析，並依據形塑客家想像的力量來源蒐集資料，資料分為幾種類型：

（一）客家研究

從古典客家論述到當代的客家研究議題，客家研究逐漸從過去著重考證源流、移墾等論述轉向在地化、比較研究、認同研究，企圖建構多元、全球視野的客家知識體系。客家學界從客家的起源考察以及土客械鬥、太平天國等研究等，累積了大量豐富的研究成果，例如林正慧（2015）出版的《台灣客家的形塑歷程：清代至戰後的追索》、施添福自2013年開始考察〈從「客家」到客家〉的系列期刊專文、陳麗華討論台灣客家認同與香港客家想像（2011；2014）、唐曉濤2010年考察村落組織、拜上帝會與太平天國等相關研究文章，以及《東南亞客家的變貌：新加坡與馬來西亞》（中央研究院亞太區域研究專題中心 2011）、《臺灣與東南亞客家認同的比較：延續、斷裂、重組與創新》（中央大學出版中心 2017）等等。主要藉由蒐集客家研究相關重要文獻，以及台灣客家學界所推動的海外客家研究調查、工作坊、舉辦學術會議與出版資料等資料，作為分析客家研究論述的基礎。

（二）重要的組織與主要行動者

1. 香港崇正總會

本書所使用香港崇正總會資料包含會議紀錄與崇正總會出版品（紀念會刊與報紙）以及相關信件資料等。

（1）會議紀錄

《崇正工商總會議案簿》（一）～（六）冊[10]，現收藏於香港大學圖書館，紀錄早期崇正會自 1921 年成立以來到 1940 年代的議案。後期會議紀錄都保存在崇正總會資料室，但受限於總會曾經搬遷而遺失，缺少 1940 到 1960 年代的紀錄，目前所能掌握的是 1961 年之後的會議紀錄。會議紀錄分成兩個版本，一是秘書手抄紀錄，二是秘書紀錄修改後打字複印的印刷版，提供會員閱讀收藏。崇正總會的會議議案簿，重現行動者的發言立場與行動策略，提供會議的立體面貌。

（2）崇正總會出版品與資料

研究 19 世紀以來海外華人社會的資料，除了報紙以外，就是會館出版的紀念刊物。崇正總會紀念會刊、〈崇正會刊〉，以及 1990 年代後發行流通世界各地客家會館、傳遞客家人消息，強調以客家人為閱讀主體之〈崇正導報〉（1995-2010），都是重要的資料來源。最後是黃石華 1990 年代以來在崇正總會擔任理事長時期，所留下大量與海外客家人的通信、傳真資料。

2. 海外華人社會──報紙、會館刊物與世界客屬懇親大會特刊

研究東南亞華人社會的資料，主要來自於新加坡國家檔案館、新加坡中文大學圖書館以及新加坡口述歷史檔案館，與客家會館出版的紀念會刊。本書引用的報紙資料，分別是《星洲日報》，收藏在新加坡國家檔案

---

10 香港崇正總會前身原名為〈崇正工商總會〉，在民國十四年（1925）年徐仁壽在年總敘會提出，認為章程定名為工商取意太狹，建議修改章程。眾人通過後始更名。

館早期華人報刊的微卷資料，以及由新加坡國立大學中文圖書館數位典
藏的《南洋商報》、《總匯新報》，與新加坡口述歷史檔案館的華人口述資
料，包括華人口述訪談的文字與錄音資料[11]。最後是新馬客家會館特刊與
世界客屬懇親大會紀念特刊。

　　過去僑團、僑校與僑報被譽為是僑社三寶，會館即佔據第一位，客
屬會館開幕時即編纂開幕特刊，紀錄籌設過程，週年、十年、三十年等重
要紀年時亦會出版紀念特刊。藉由會館特刊，可補充客家行動者的在地觀
點。世界客屬懇親大會歷屆紀念特刊從 1971 年開始發行至今，平均兩年
一刊，由籌辦懇親大會的主辦單位負責編輯，內容富有籌辦國的特色，並
展現主辦單位及所在國對懇親大會的期待。受限於作者個人跨國移動能力
限制，本書會館特刊主要分析對象是以新加坡與馬來西亞的會館為主，並
使用陽明交通大學客家學院典藏新馬會館與世界客屬懇親大會歷屆特刊資
料。

3. 深度訪談

　　作者聯繫香港崇正總會曾任崇正導報編輯的老冠祥理事，以及推動
全球客家想像建構的客家委員會重要推手楊長鎮（現任客委會主委），以
及學者蕭新煌教授、張維安教授進行訪談，作為補足台灣對於全球客家想
像論述的重要面向。

11　新加坡 1998 年成立的口述歷史中心（隸屬於新加坡國家檔案館），源自南
　　洋大學歷史系在 1960 年代末期進行的華族村史與華族行業史，1979 年新加
　　坡政府開始有計畫蒐集近代新加坡資料，成立口述歷史組。（資料來源：新
　　加坡口述歷史中心 http://alohas.archives.gov.tw/70/theme.html 取用日期 2018
　　年 4 月 4 日）。

（三）國家政策

　　透過台灣客家委員會網站，收集客委會所推動的政策與其推動挹注的海外客家行動、研究合作計畫與電子報。利用《立法院公報》，分析客委會主委的施政報告與立委質詢客家業務的相關討論。中國則以官方出版雜誌《客家》、《原鄉人》雜誌等，輔以中方主辦的世界客屬大會紀念特刊紀錄作為補充。

附註：

　　第三章第一、二節〈香港崇正總會〉與〈胡文虎與其客家社團〉，以及第六章第二節〈當代客家想像〉曾在研討會與期刊審查過程中得到許多寶貴意見與 修正，在此一併感謝。

第 2 章

中原客屬想像

一、反客為主：想像的開端

　　客家為什麼需要「成為同一群人」，並且彼此相互串連？本章透過歷史考察客逐漸成為客家人的過程，從古典客家論述研究追溯客的現身，影響客家形成的重大歷史事件—明清之際在中國南方遷延數十年的土客械鬥以及太平天國戰事，造成大量客方言人群向粵東沿海或珠江三角洲流徙，伴隨著土客人群衝突與客家正名運動間的關係，以及傳教士將 Hakka 定義為客家、統一客家方言名稱，特別是巴色會傳教士從事傳教事工的過程中，重建了客家族群的歷史圖像與社會文化的特徵，扮演傳遞客家概念與認同意識的重要角色。整體而言，這是一段在中國華南地區遷移的一群人，從他稱的「客」到自稱為「客人」的想像旅程，中原客屬想像的重要性，為當時遭逢外在汙名事件的客家人們，透過中原源流論述將客家安置在漢人系統裡，並且成為後續客家人彼此間連繫、結盟的基礎。

二、言必稱中原漢人的客家

　　自 19 世紀中葉以來，古典客家論述的重心就在於定義客家特質、追溯客家淵源，以證明客家人確實是「中原漢族的後代」，客家中原論述強化凝聚了客家人的自我認同。張應斌（2017）〈客家研究的起源—從宋湘、黃遵憲到羅香林〉一文，提到最早在清代乾隆嘉慶年間，土客衝突就已經在博羅、增城、東莞等土客遭遇的前沿出現。土著與客人之間的衝突促使著宋湘思考客家問題，並與徐旭增交流。1815 年徐旭增在惠州豐湖書院教授客家議題，由學生為其記錄整理而成《豐湖雜記》，其授課內容已經包含討論客家淵源、定義客家分佈區（主要是福建汀州、江西贛州和粵北韶州、粵東嘉應中心區）、客家的名稱（土人稱為客人，客家也以此自稱），以及客家特點等等。儘管豐湖雜記基本上是講課筆記，卻是最早以書面記錄討論客家史的資料。

　　林正慧（2013：91）將 1898 年（光緒二十四年）出版的《嘉應州志》定義為「客家士子利用官方史志，建立起自己認同的文化和歷史陳述的一個典範」，溫仲和在《嘉應州志》裡用一整卷的篇幅敘述客語的源流與客語分佈，首度展現以客方言人群為主體的地方文化。客家中原論的內容主要分佈在方言、禮俗、列女傳等分卷中，其中又以方言卷最重要，卷末有溫仲和的按語。溫氏的按語開頭即引述林達泉的《客說》，描述客家為中原衣冠之遺，語言多合中原音韻。溫氏進一步修正林達泉的觀點，認為儘管客家土音大致皆可相通，但可能因水土之異，而有所異同。方言卷的成功，為「客家中原論」奠定基礎。《嘉應州志》出版後，被納入鄉土教材，在梅縣小學中推廣普及，成為制度化的知識（李玲 2017：64-67）。

　　李玲（2017：56-62）考察晚清嘉應籍的客家精英之間密切的網絡關係，指出曾經擔任新加坡外交領事的黃遵憲，推薦張弼士擔任檳榔嶼的領

事，張弼士升任新加坡總領事後，黃遵憲又推薦張榕軒（煜南）擔任檳榔嶼領事（1850-1911），乃至於謝夢池，可說檳榔嶼華界政治幾乎是由客家人所壟斷。溫仲和跟黃遵憲兩人則是好友，身處潮州，並且認識身處南洋的客僑張弼士、張榕軒、謝夢池等人，後來慷慨出資協助嘉應州志出版的正是張榕軒跟弟弟張耀軒。簡言之，參與修訂嘉應州志的梁詩五、饒集蓉、溫仲和、梁國瑞、梁國璿兄弟都與黃遵憲分享同一個嘉應客家菁英網絡，彼此有著血緣、學源、地緣乃至於政治上的連結。並且與海外客僑張弼士、張榕軒、謝夢池等人交集密切。梁居實 1870 年代就去過南洋，1880 年黃遵憲推薦他去日本使館任職；丘逢甲跟梁居實既是好友也是親家，同屬嘉應客家人的饒芙裳則曾跟黃遵憲、溫仲和一起辦學。1907 年饒芙裳為了躲避革命嫌疑南渡檳榔嶼，亦得客籍富商支持辦客家子弟崇華學堂（黃賢強 2012：167-188）。這批嘉應客家文人有著共通的背景——他們或多或少都跟「南洋」有一些關係，曾經或身處海外客僑的身分，使他們更強調客家的中原漢民族性。例如黃遵憲就是一個長年在外地工作的海外客家人（擔任日本、新加坡、歐洲等外交職務），更是苦心著述客家中原論用以定義客家的根，宣揚客族作為中原漢族移民的身分。

　　1933 年羅香林著述的《客家研究導論》，毫無疑問是古典客家論述的集大成者，羅氏從既存客家問題出發，透過譜牒考證客家源流，並定義客家的特性。特別的是，自 19 世紀以來所有客籍知識分子的論述都努力論證強調客人是中原漢人的後代。羅香林在《客家研究導論》（1933：72-75）則直指，所謂的漢人「根本沒有『純粹』血統可言」。羅香林認為，唐宋以前，北系漢人受到匈奴、鮮卑、氐羌族的混化，南遷漢人則多與古越移民相混。客家是自北南遷的民系，自然也與畬族發生相當混化。一方面強勢的客家漢文化同化了畬族，但另一方面客家文化卻也同時受到畬族的文化影響。羅氏的論述在當時其實是相當難得的創見。然而 1950 年羅

香林發表《客家源流考》時，關於畬族以及客畬文化相互影響的章節論述
卻全數刪除。儘管羅香林仍有簡單論及北方與南遷漢人都有受到不同程度
的混化，但他在南系漢人的部分，卻特別強調由於客家民系形成的地域在
閩粵贛三省交接的地帶，遠離政權影響，因此保留傳統語言跟習俗，與其
他混化的南系漢人另成一格，在意識上和觀念上形成客家民系。

　　若要論及羅香林從 1933 到 1950 年的觀點改變，其實必須考量羅香
林與香港崇正總會的關係，1933 年羅氏尚在中國進行獨立研究，1950 年
代中國政權更迭，羅香林遷居香港苦於維生，加入香港崇正總會，並擔任
崇正紀念會刊的編輯工作。香港崇正總會成立的脈絡則是在 1920 年代，
一群客家菁英為了反駁「客家非漢」的污名，決定成立客屬團體對抗，因
此崇正總會成立宗旨的第一要務就是要編考客系源流，以為正本清源。當
時公推文人賴際熙擔任編攥崇正同人系譜的召集人，期待藉由系譜考察證
明客家乃是中原漢人之後，以消除「非漢」的謠言。羅香林 1950 年代收
錄在《香港崇正總會三十週年紀念特刊》裡的《客家源流考》，其內容必
須符合崇正會成員們的期待與想像，羅氏選擇將客畬相互混化影響的章節
刪除也就可以理解了。

　　為什麼「非漢」的指控對於當時的客家人而言如此嚴重？漢人身分
為何如此重要？彭兆榮（2006）在《邊際族群：遠離帝國庇佑的客人》
裡討論華夏／漢人的重要性，指出在傳統中國文化裡漢人與蠻夷間身分的
差異，夷、狄、戎、蠻皆屬「非我族類」。在這樣的認識下，強調自己是
漢人這件事有其重要性：

> 一個族群如果想在中華文化（中原文化）的背景中立足，並獲得相當
> 的地位，他們就一定要在夷、狄、戎、蠻、漢人、中原地區漢人這樣
> 由低級到高級的族群類型中選擇較高的級別，最好是認為自己的族群

就是中原漢人的後裔（彭兆榮 2006：254）。

王明珂（2006：205、233-234）直指中國人事實上並不存在有內部文化的一致性，凝聚漢族認同的力量主要是來自於「華夏邊緣的維持」，除了武力驅逐之外，最主要是憑藉歷史記憶，一方面透過強調共同的受難記憶來凝聚漢族認同。另一方面則是透過紀錄異族的奇風異俗，藉由強調異族的異質性作為落後他者的形象，以誇耀、強化漢族的自我認同。與此同時，中國邊吏在邊疆地區致力推行教化，推廣漢文經典，這種誇耀漢文化、輕鄙土著文化的政策，使得飽受歧視的土著，紛紛起而模仿漢文化習俗，或攀附漢人的祖源地、或透過讀書應考作為脫離土著、宣稱「漢族」認同的身分。王明珂舉北川鄉民為例，由於此地過去曾經接納過漢族移民，移民帶來了湖廣的原鄉記憶，因此在「蠻子」深受歧視的情境下，「湖廣填四川」便逐漸成為四川人心中最為普遍的家族起源記憶，藉以擺脫「蠻子」的身分。直至今日，大部分的北川人都相信自己的父系祖先是來自於「湖廣」或「湖北麻城孝感」的漢族移民。換言之，「為了追求較好的、安全的、有尊嚴的社會地位，自然，逐漸地北川土著皆宣稱祖先來自漢地的漢移民」（王明珂 2006：237）。

瀨川昌久討論客家邊界與民族性的論述，與王明珂討論的歷史記憶相互呼應，瀨川發現強調祖先「遷移傳說」的神話流行於各地漢族之間，尤其遷移神話裡的祖先一定是「外來的」、祖先原居地更是來自於「中華文明中心地」。藉由強調外來性，將祖先起源地與絕對優勢中華文明所在地連結，以維持族群認同、對於他者的優越意識以及與其他族群間的界線。客家人強調祖先來自中原的神話現象，同樣必須放在這個脈絡下理解。強調祖先來自中原正統的漢族傳說所創造的族譜，是用以作為區分客家與土著界線的合理性基礎，強化自身的優越性（瀨川昌久 2013：148-

151）。從這個角度看族譜，就可以理解許多族譜常常能夠追溯至名人後代，像是劉邦、張飛等。族譜本身即是一種人群的自我認同，以及對於過去的「創造」。

　　羅香林的《客家研究導論》被視為古典客家研究集大成者，成為凝聚客家認同的重要精神力量，儘管羅氏在1950年代出版的《客家源流考》改變主張為血統論，卻仍影響後續研究者在他的論點上面進行反省修正。例如房學嘉將羅香林的論述向前推進，主張南遷中原人士與古越族移民混化而成的客家共同體大約在南宋末期即已逐步形成：

> 客家人並不是中原移民。他既不完全是蠻，也不完全是漢。而是由古越族殘存者後裔與秦統一中國以來來自中國北部及中部的中原流人，互相混化而形成的人們共同體（房學嘉1994：2）。

　　謝重光（2008：6-10、21）亦詳細批評羅香林的論述，主張融合說，強調客家人是南遷漢人，與百越種族含南遷盤瓠蠻互動共生、相互同化而成的族群。陳春聲（2015：46）從韓江中上游地區最早地方志《正德興寧志》裡考察明末時的族群關係，發現現實社會生活裡「土人」與「猺人」、「山賊」與「民人」之間的界限，並不像後人想像的那麼明晰，皆是經過一連串複雜衝突與妥協，受官府管制的「編戶齊民」，該地區後來被視為是「客家人」最重要的聚居地之一。也因此，陳春聲（2015：50）直指：「所謂『客家』身分及其認同問題，其實要到原來大量存在的『畬人』和『猺人』轉變為『編戶齊民』之後，才有可能產生」。1990年代後的學者如房學嘉（1994）、王東（1996）、陳支平（1997）、謝重光（2008）等人，普遍都已承認客家民系的形成是動態的文化融合過程，與純正血統無關。

三、人群的遷移與衝突成為萌發客家想像的契機

　　時序拉到現代，考究客家是否為「純種漢人」的論述，至少對於1990 年代後的客家人而言已不再是那樣讓人在意的事。但需要被解釋的反而是為什麼從 1815 年徐旭增的《豐湖雜記》到 1920 年代香港崇正總會籌組，會長賴際熙費時數年編纂《崇正同人系譜》，整整將近 100 多年來客家精英的論述與行動都集中在回應、定義「客家是漢人」這個命題？

　　羅香林[1]（1950）在〈香港崇正總會史〉，詳述當時客家人常因欠缺被理解，面臨被其他族群人士著書歧視的狀況，面對這些指稱客家為「非漢種」與「野蠻部落」的污衊，使得菁英們不得不需要透過客家團體間的串聯行動，以便與對方交涉指正抗議：

> 一九〇五年（光緒三十一年）國學保存會黃某所編鄉土歷史[2]，謂客家福佬二族，非漢種亦非越種云云，曾引起國內學者嚴正駁斥，並由廣東提學使于式枚牌示更正，其事始寢，是其例也。殊至一九二〇年（民國九年），上海商務印書館出版西人烏耳葛德（R. D. Wolcott）所編英文世界地理（Geography of the World），於廣東條下，謂「其山地多野蠻部落，如客家等是」。記述荒謬，客家人士，聞之大譁，群謀交涉更正。於是北京，上海，廣州各地，有客屬大同會之組織（羅香林 1950：2）。

1　羅香林，字元一，號乙堂。在其所編撰之《香港崇正總會三十週年紀念特刊》中，分別以「乙堂」、「元一」為名書寫〈香港崇正總會史〉與〈客屬海外各團體之組織及發展〉之文章。本文統一以羅香林稱之。

2　黃節編纂之《廣東鄉土地理教科書》出版時間為 1907 年，此處為羅香林記憶之誤。

　　為了針對商務印書館所出版的書籍內容提出異議，當時各地紛紛成立客屬大同會，廣州大同會的饒芙裳與姚雨平、黃鏈百前往香港，與香港客屬人士李瑞琴、黃茂林、廖新基、賴際熙等人聯繫，組成旅港客屬團體，響應北京上海廣州等地的客屬大同會，向商務印書館交涉。最後商務印書館聲明錯誤，並且通函各地學校更正，停止餘書的販售，才平息該風波（羅香林 1992：7、丘權政 1997：191-192）。為了回應、反駁一波波來針對客家人「非漢」的指控，也促使客籍菁英集結行動、著書立說，成為催生客家意識的契機：

　　　清末民初客家人士積極參與城市活動與革命建國等行動，逐漸累積政
　　　經實力的同時，面對一次又一次的「非漢」污衊，更讓「客家」的意
　　　識與認同得以抬頭，也讓海內外客屬有了清楚的以方言認同的媒介
　　　（林正慧 2013：113）。

　　究竟是在什麼樣的情境脈絡下，客家屢屢被他族群指控為「非漢人」，背後代表的人群衝突又是什麼？1990 年代梁肇廷（Sow-Theng Leong）出版的《*Migration and Ethnicity in Chinese History: Hakkas, Pengmin, and Their Neighbors*》（1997）著作，主張客家源自於族群間互動的標籤，客家認同是在族群衝突中逐漸累積能量凝聚而成的。書中首先談到區分文化群體（cultural group）與族群團體（ethnic group）差異的重要性，彼此分享著共同文化與傳統的團體僅能稱之為文化群，但只有在與他者處於衝突競爭下，透過動員凝聚彼此，以強化團體社群資源的分享以降低生存危機的團體才能夠稱為族群。就如同 Barth 所說，族群並不是孤立的存在。族群意識強調的是群體的認同意識—通常在共通的社會脈絡下，透過群體間的互動而產生（Leong 1997: 20）。

　　梁肇廷以 Skinner 區域經濟理論解釋客家人的遷移，認為區域經濟發展會影響客家與其周邊族群互動的關係。並利用 Skinner 對於核心邊緣的結構分析，將族群意識、遷移理論以及鉅觀區域系統結合在一起，發展新的模型，以推論客家與棚民自晚清帝國到 19 世紀代的區域發展週期與其遷移與族群意識間的關係（Leong 1997: 26）：

1. 一般而言，遷移是核心跟邊陲在其地區內系統性互動下的人口統計學反映：當區域發展進入上升期時，會吸引邊緣地帶的移民遷移至核心。客家因為擅長採礦與高地農作，也傾向沿著高地遷移，而避開被高度佔有的地區。
2. 當區域發展下行期時，則可能導致人口會從核心遷出。有些回到原來生活地區，或遷移到邊緣區甚至是海外。
3. 在蕭條期的時候，對於資源的競爭則可能帶來族群的認同、群體的形成與動員。
4. 因為客家文化群體遷移至不同地區，相較之下並不十分整合，因此各地的客家人組成不同的在地社會系統，儘管有其共通的文化但在族群表現上其實展現許多差異性。

　　這個模型解釋了客家人遷移與區域發展間的關係：自 16 世紀晚期開始，客家人為了尋找經濟機會遷移進入嶺南與東南沿海，儘管難免與本地土著有衝突，經濟繁榮時期，族群間的緊張關係多少還能獲得控制。但隨著 17 世紀區域發展進入下行期，客家人與本地人因為資源競爭，開始頻繁發生族群衝突，亦因此激發客家族群意識的形成。周邊性（peripherality）更是用以理解客家文化獨特的關鍵，跟廣府人或福建人相比，「只有客家人自認是純粹的漢人」。Skinner 認為這與客家欠缺屬於自

己的流域有關，因為客家人遷徙和移動的傳統，使客家遷移腹地過於分散，造成群體內部文化與語言的分歧，因此要凝聚客家認同，相較於擁有身分認同中心城市的廣府人與福建人而言更顯困難，促使客籍文人會嘗試以「客家」這個標籤來形塑客家認同的原因（轉引自 Leong 1997: 63）。

（一）土客械鬥

　　咸豐同治年間中國南方遷延數十年的土客械鬥無疑是促使「客家」人群意識開始形成的重要關鍵，蔓延在兩廣間的土客械鬥造成大量客方言人群向粵東沿海或珠江三角洲流徙，伴隨著土客人群衝突，才有其後應運而生的客家正名運動。林正慧（2013：68-70）指出明代之後地方志裡陸續出現客民與土著間的不愉快紀錄，例如乾隆《增城縣誌》裡即記載客民初來之時，土客之間尚且相安，但隨著「客民『漸成村落』，乃呼群召黨，以爭井疆廬墓之利，連阡陌者日盛，搆雀鼠者日紛，而草野敦龐之俗，因以日壞」（管一清 2001：360；轉引自林正慧 2013：69）。從縣志裡的紀錄即可觀察到客民與土著之間的關係，隨著客戶人數成長日益緊張，方志裡關於客民的負面記載更大量增加。嘉慶二十五年（1820）增城縣志重修，記錄當時增城一共有 419 個土村，85 個客村，4 個土客雜居村等村落分布，顯示土著與客民的生活空間其實是涇渭分明的。這些對於客民的負面記載在重修的縣志幾乎都被直接抄錄，直到民初賴際熙重編縣志時，才刪除所有關於客民的負面記事。從地方志裡分析土客之間的衝突，不僅展現在語言與生活方式的差異，更內含資源競爭，以及科舉應試學額的爭奪（施添福 2014：40）。

　　事實上，自明末以來就陸續有土著與客民間的衝突，通常集中於客家與土著雜居的廣西等地，在人口增加、經濟資源有限的時候，特別容易

發生衝突。生存資源的競爭也從經濟領域延伸到制度領域。明清時代的戶籍，不僅代表社會身分，更影響能否參與科舉應試的資格。科舉是帝國晚期提高社會地位、向上流動的唯一機會。對於客民而言，參與科舉更是改變邊緣劣勢地位的重要手段，但生童原則上要在原籍應試，若要在客居地應試，就必須加入當地戶籍，並且符合年滿二十年的規定，對於客民相當不利，因此有許多不符資格的客籍生童冒籍應試。在清代各地學額皆有定數的規定下，冒籍應試的行動更容易引起土客間的紛爭（李恭忠 2006：118）。土客之爭常被理解為先住民（土）和移居民（客）間的紛爭，一方面因為後來移居者的文化差異，難以融入當地宗族的共同體。生活上被歧視、以及受到地主的剝削。另一方面，早期遷移進入當地，經過長期努力成為地主、商人的客家對土著進行剝削，也使得土著從對客家地主、商人的敵意，漸漸發展成對全體客家的敵對情緒（朴基水 2005：64）。

　　經年累積下的衝突與不滿，加上災禍連年，使得土客雙方在 1854-1867 年這段期間衝突達到高峰，成為規模最龐大的械鬥戰爭。兩邊的糾紛很快從個別村落的衝突擴張為村與村的械鬥，甚至跨越縣界，蔓延五六個縣，死亡人數高達百餘萬：

> 互鬥連年，如客民於鶴山之雙都各堡、高明之五坑各堡，及開、恩二縣之金雞、赤水、大田、萴底、橫坡、沙田、郁水、尖石等處，共二千餘村，悉被土眾焚毀擄掠，無老幼皆誅夷，死亡無算。而鶴、高、開、恩等縣之土屬村落，亦被客民焚毀擄掠千數百區，無老幼皆誅夷，死亡亦無算。據故老所傳，當日土客交綏尋殺，至千百次計，兩下死亡數至百萬，甚至彼此墳墓亦各相掘毀，以圖洩憤，其很慘殆無人道云。（《赤溪開縣事紀》，轉引自劉平 2005）。

衝突下敗走的客人，有些人從此出洋、或逃回原籍，甚至有些人加入太平天國起義陣營。在土客雙方長年的衝突爭鬥過程中，為了回應土著對於客家的污名與歧視，客家人亦逐漸凝聚起自身認同，定義「客家」淵源與特色。

（二）太平天國

清末太平天國（1851-1864）是繼長期土客間的械鬥衝突以來，客家人因為難以與有著長期穩定強大地方宗族社會力量支持的土著相抗衡，逐漸凝聚團結互助，以客家人為核心成員成立的政權。1853 年太平天國的軍隊攻下金陵，定都南京。全盛時期更曾經佔據中國東南，包含廣西、湖南湖北、江西、江蘇、四川、貴州、雲南、山西、山東等諸省。天王洪秀全是嘉應客家人，因為久試未第，1843 年讀基督教《勸世良言》，從此棄孔子牌位，與馮雲山等人一起草創拜上帝教，洪秀全並且仿照《勸世良言》的內容，編寫《原道救世歌》、《原道醒世訓》等佈道書（劉佐泉 2005：40）。1844 年馮雲山進入紫荊山傳教，創建了拜上帝會。1847 年時信徒已高達 2000 人，洪秀全也來到紫荊山與馮雲山會合，在連年社會矛盾災荒下，1850 年末與楊秀清、蕭朝貴、石達開、韋昌暉等人共同發動金田起義，1851 年建國號《太平天國》（王慶成 2001：23-24）。拜上帝會的成員以客家人為主，太平天國早期的六王裡，除了西王蕭朝貴以外，其他都是客家人。

朴基水（2005：60-61）從太平天國的起源地廣西省分析「客民」的組成，指出廣西客民多來自廣東，「客民」包含了三種類型：一是商人，為了購入糧食與手工業製品原料而來，逐漸在貿易過程中壟斷廣西的商業。二是農民與手工業的勞動者，大多數廣東客民是因耕地糧食不足或天

然災害而被迫離鄉背井的人群。三是海賊、天地會成員與起義軍。因為受到官府鎮壓而遁入廣西。其中第二類客民在受到地主、商人或是礦業主剝削壓迫時，與第三類結合的可能性就會增加。因此，拜上帝會創建後，許多客民加入拜上帝會，其中也有土著、壯族等少數民族，但以客家人佔最多數，他們多是受到地主、礦主、商人的剝削的窮苦農民，受迫於惡劣窮困環境下，特別容易受到拜上帝會強調平等所感召（朴基水 2005：67）。

　　梁肇廷從區域經濟發展切入，認為當地方經濟走向衰退期，會促使人群間衝突發生，或成為人群再度出走遷移的動力。人群間的衝突也促進族群認同意識的產生。唐曉濤（2010）在太平天國發生地的廣西潯州府進行田野調查，從地方村落聯盟切入，考察在地人群分類的界線，指出村落聯盟是地方最主要的社會結構，村社的成員主要是透過參與地方社、廟的慶典儀式，以獲得地域上文化、政治與經濟資源的分享。與此同時，「社區」也藉由每年定期舉辦社區儀式慶典如建醮、酬神演戲等有一定地域範圍的祭祀活動，來確認社區的整合範圍。因此，社區廟神作為地域群體的守護者，其實具有強烈的排他性，後來者或是未定居者往往是被排除在外、無法加入的。唐氏認為拜上帝會的參與者，其實正是被排除在傳統村社廟宇組織之外，處於弱勢、受到排擠的後來者客民，甚至包括流民、山民、行蹤不定的自由職業者等「無法被納入村社」的成員。這些人參與拜上帝會後，回到原來村社動員全族、全家甚至全村人加入，期待能夠在被排斥於原有地方神明體系之外，獲得更強大的上帝神明的保護。除了被排擠的弱勢者之外，拜上帝會早期成員裡亦有原來富有經濟基礎的村社成員，但他們通常是因為與地方宗族組織有衝突矛盾並且處於劣勢的失意者，期待透過加入拜上帝會重新取得主導地位。

　　當洪秀全與馮雲山進入地方傳教，透過貶抑在地社群的神明為妖，強調上帝比偶像邪神更強大，建構上帝的正統性，並建立組織。拜上帝會

的毀廟行動，即具有「防止鄉民團練將廟宇作為公所」的功能，因為廟宇既是當地的宗教中心，同時也是區域村落聯盟的所在地。從這個觀點看待拜上帝會毀廟行動，就不僅只是宗教信仰的征戰衝突，更挑戰既有村社組織的秩序與地方權威，以及參與者希冀能夠爭取地域生存空間、建立村社的意涵（唐曉濤 2011：10、23-26）。需要注意的是，「客」「土」之間並非存著明顯的界線，昔日的客商可能是今日的土著。唐曉濤以廣東客商為例，認為兩廣米糧貿易的繁盛吸引大量粵商的進入，粵商對於經濟的掌控難免與地方力量產生經濟利益的衝突。但透過不斷與地方力量整合與融入的在地化過程，「客」漸漸轉為「土」。清代以前遷入潯州府的客商，在康熙年間已定居村落，經由科舉成為地方鄉紳，再以土著身分反對新進入的粵商。經過乾隆年間的衝突與嘉慶間的整合，又形成新一批的粵商／土著成為地方上的主導力量：

> 正是這兩批已經在地化的粵商，日後成為了道光年間以土著身分反對新湧入潯洲山谷地帶、被稱為「客」的惠潮移民的主導力量，從而導致了表現為「客土」衝突的太平天國起義（唐曉濤 2013：113）。

究其實，衝突往往是在資源有限時，人們為了競奪生存資源的展現。太平天國的追隨者透過參與拜上帝會的組織，企圖為被排除在村社組織之外的邊緣弱勢地位爭取新的生存空間。儘管洪秀全在拜上帝會初始的時候，原意是將客家與本地（土著）皆納入，秉持「真主為王事事公，客家本地總相同」的原則，強調世人同為上帝的子女，但隨著拜上帝會與官府的摩擦，以及龐大土客械鬥衝突，一群群勢孤敗北的客家人紛紛投靠拜上帝會，壯大了太平天國起義的隊伍（夏春濤 1998：87）。太平天國最終在內鬥以及清朝結合外國勢力的反攻下陷入敗亡，這個以客家人為主要組成

的王國陷落後，促成 19 世紀後期大批客家人為躲避清廷追捕避走海外，其中絕大部分遷移往東南亞，有一群客家人甚至透過瑞士巴色差會傳教士的協助，集體遷移到馬來西亞的沙巴州開墾，影響至今，東馬來西亞的沙巴、砂拉越仍是一個客家人佔多數的地方。

（三）傳教士與客家

　　除了客與土之間的流動性外，還有本貫主義戶籍制度下的「客家」與方言主義客家的區辨之分。施添福（2013：7-8）從客家總體歷史的演變考察，認為客家的概念基本上是從「本貫主義的客家」向「方言主義的客家」的轉移。民國時代的客家知識界和中國知識界基本上已接受方言主義客家的概念，羅香林 1933 年發表的《客家研究導論》，所提出的客家民系[3] 的概念，即是在方言主義客家的概念基礎上，樹立了客家源頭發展的里程碑。

　　在本貫主義、戶籍制度下所指稱的客，主要是寄寓、離開本籍遷移他地的外來者，也有客戶、客民、客人、客家等之稱，相對於本貫的土著、本地人而言，「客」只是種通稱。並非後來客籍知識分子所論述客家民系的「客家」（施添福 2013：6）。事實上，本貫主義與方言主義的客家

3　「民系」，出自羅香林在《客家研究導論》裡所創用以解釋民族裏頭的支派，並將客家定義為中國漢民族裡其中一個系統分明的支派，故稱客系（羅香林 1933：1、24）。「吾系」則為客系人士的自稱。1969 年羅香林在香港崇正總會的理事常務會議，建議將「客家人」、「客族」、「客系」等名詞劃一使用，改以「客家人」或「客屬」。並在 1973 年世界客屬懇親大會中再度倡議，客家紛雜的名稱始逐漸確立下來（香港崇正總會 1969：34；香港崇正總會 1973：16）。

之間存在過渡重疊的部分。起初客民之被稱為客，是指稱移民為「異籍」的異鄉人，尚屬本貫主義的「客家」範疇。但是清初到乾隆初期湧入廣、肇兩府的移民潮，大部分來自潮、惠的東北客方言分布區。儘管他們原先所屬的府縣並不相同，所使用的方言卻恰巧相當一致。使得原先含義有別的本貫主義「客家」和客方言群所指涉的實體，意外合而為一：「廣、肇兩府的移民這種既是本貫主義下的客家，又是方言主義下的客家」的特殊性（施添福 2014：32）。加上 19 世紀中葉土客衝突脈絡，客籍知識精英開始嘗試以方言定義客家，逐漸轉向方言主義的客家概念（施添福 2013：40-41）。當客家稱謂從本貫主義分類下帶有貶義移民之意，逐漸回歸為中性人群分類的方言主義客家概念，對於客家自我認同意識的形成即有著相當大的助益。

另一方面，兩廣沿岸的客家人與西方傳教士間的互動，傳教士為了順利在客家地區進行福音宣教事工的推動，必須學習當地客家話，並且理解客家的民情風俗，傳教士出版了與客家相關的手稿及出版品，也無心插柳地成為扮演傳遞客家概念與認同意識的重要推手。西方傳教士將客家標記為 Hakka，為客家方言群統一名稱，勾勒了客家族群的歷史圖像與社會文化的特徵。扮演了重要的角色。1838 年郭士立出版的專書《開放的中國》，稱客家為「ken jin people」；1841 年美國浸禮會傳教士羅孝全（I. J. Roberts）來到香港傳教，在報告中將客家稱為 Kek 或 Hakkah。1845 年香港人口普查官員 Samuel Fearon 在報告中則開始稱客家為 Hakka、並且將 Hakka 視為一個具有特色的種族，則是既有文獻中最早使用 Hakka 一詞的紀錄（施添福 2014：52、55-56）。曾在客家地區傳教的傳教士歐德理（Ernst Johannes Eitel）於 1867 到 1869 年期間在《中日釋疑》（*Notes and Queries on China and Japan*）期刊中發表〈客家漢人民族誌略〉（Ethnographical Sketches of the Hakka Chinese），探討客家的語

言、性格、和風俗習慣等。以及 1873 年發表於《中國評論》（The China Review）的〈客家歷史大綱〉（An Outline History of the Hakkas）為客家編寫簡史，皆是奠定後世客家研究方法與客家人認同基調的重要著作。韓山明（Hamberg）1854 年的 The Visions of Hung-Siu-tshuen, and Origin of the Kwang-si Insurrection 一書，更讓「客家」（Hakka）族群隨著太平天國成為西方人士注意的焦點（簡宏逸 2016：4-5、7）。施添福（2014：66）強調，傳教士的貢獻不僅是在標記客家為 Hakka 而已，為了傳教目的，傳教士們積極地投入客家方言、文化、歷史和社會的研究，以理解傳教對象，來自長老會、巴勉會、巴色差會等不同教派傳教士系統的傳教士紀錄，如前面提到〈客家歷史大綱〉等等，這些論述既定義了 Hakka，也成功提升，甚至扭轉客家 Hakka 的總體形象。客家的概念亦伴隨西方傳教士設立的傳教站、學校以及醫療診所等訊息流通管道，與客家知識界對客家民系概念的討論、傳遞，逐漸在民間社會擴散（施添福 2014：6-7）。

　　甚至，教會提供了「統一語言」的環境。透過傳教士編纂譯寫的客家話聖經、福音書以及客語辭典等，「創造」出「統一規範的客家教會語言」，讓粵東北及東南的客家人得以客語相互溝通。參與教會的人被視為客家人，不論其中語言的差異，透過使用統一規範的教會語言，逐漸形成統一的客家群體（Constable 1994: 37，轉引自施拉德 2008:153）。瑞士巴色差會的傳教士尤其扮演重要的角色，韓山明在 1847 年抵達香港後，即開始學習客家話，並編纂客語字典，是第一位專門向中國客家人傳福音的傳教士。1860 年黎力基（Rudolf Lechler）在新安客家人戴文光協助下，採用 Lepsius 拼音系統，以羅馬字客家話拼寫而成的《馬太福音書》，是最早出版的客家羅馬字聖經。可以說是從巴色差會開始，固定客家羅馬字拼音為 Hakka（施添福 2014：57-60）。19 世紀中期開始，隨著巴色差會傳教士一批批深入客家地區傳教，沿著客地交通建立的客家差會與宣教組

織，透過傳教士所編纂的客語聖經、客方言讀本，變相形成統一的客家教會語言，傳教士為了理解客家書寫的客家文化研究紀錄，也為客家論述做出貢獻。

四、從他稱到自稱的「客」

客籍知識菁英的客家論述跟傳教士客家記錄其實是同時代進行的產物。傳教士來到中國，對於「客」方言人群的認識，來自於他族群向其解釋所指稱為客的他稱，因此他們將客家標誌為 Hakka，並且在客的傳播扮演了重要角色。郭士立 1831 年在泰國曼谷啟程首赴中國時，從福佬人口中認識了「客」方言人群，即稱這些來自客家地區的人為客家人（施添福 2014：51-53）。歷史學者從歷史資料挖掘追溯客家稱謂的形成，發現早期稱呼客的使用字詞有客人、客民、客屬、客家等等，林正慧在 1857年（咸豐七年）從華工獲救後的供詞裡自稱客家，以及從自土民、客民，甚至官員的論述內容片斷，推定在咸豐年間，甚至械鬥發生以前，當地的客方言人群可能已經逐漸從原本的「他稱」成為移墾當地的客方言人群的「自稱」（林正慧 2013：77-83）。1867 年林達泉〈客說〉開始強調客方言的中原音韻特色，儘管並未特別稱呼「客家」。一直到 20 世紀，客屬、客人、客民之稱仍是混雜使用的。

除了土客械鬥、太平天國衝突事件影響客家人群意識形成外，陳春聲（2006：19-34）指出近代城市的興起，城市裡不同方言群團體在日常生活裡接觸經驗也是促使客家族群概念產生的重要原因。陳春聲以 1860年代天津條約簽定後成為通商口岸的汕頭為例，因為開港湧進各地的商人，這些說著不同方言的人們在城市裡頭相遇，因為頻繁接觸促進自身語群認同的形成。1902 年客家士紳共同在汕頭創辦《嶺東日報》更扮演了

重要的角色。這份由客家人辦報、擔任主筆的報紙，自創刊以來就出版許多論述客家源流的文章。創辦者之一的溫庭敬以〈納庵〉為筆名，首度以語音差異區分土族客族，並定義客族的民族個性。清末民初同時是廣東客家人群開始進入政治和文化力量空前發展的階段，當客家菁英正努力擠身於政治經濟上層階級的舞台時，面對一波波來自於外在團體指稱客家為非漢、蠻族的污名論爭中，「正名為漢」更顯重要，以確保自身群體能夠晉身獲取資源分配共享的入門票。因此，地方上有影響力的客籍知識菁英紛紛開始投入文化論戰，嘗試定義客家的特質。這樣的論爭亦順勢轉化成為一種建構「客家意識」的運動。

　　林正慧（2013：112-113）在《華南客家的型塑歷程之探究》文中即詳述華南客家正名運動的興起脈絡，這群逐漸形成有共同方言與地域文化但尚未以「客」名之的一群人，在明清之際，伴隨著閩粵贛地方人口飽和，大量向粵東沿海流徙，在土客人群間衝突下，促使著來自「邊緣客域」或「中心客區」的客籍知識分子，強調客方言人群是來自中原的衣冠舊族，以及客家的中原古音，讓客有了以方言認同的媒介，是為客家正名運動的開始：

　　　　由於客方言人群的流寓與耕佃身分，加上人數漸增，方音殊異，與當地以廣府方言為主的「本地人」之關係逐漸緊張，進而在 19 世紀以降，頻頻發生「土客衝突」，且在廣府人書寫的志書當中，多被指為「非漢」之種族。此種現象，引起「邊緣客域」或「中心客區」客方言士子的關注，並以強調客方言人群乃中原衣冠舊族，方言亦為中原古音的方式為「客」溯源。在此過程中，適逢西教東傳，於是以客方言地域為傳教重心的巴色會傳教士們也共同參與為「客」溯源的行列，就約在 19 世紀中葉，中文的「客家」與西文的 Hakka 有了指涉相同人

群的意涵……面對一次又一次的「非漢」叛鉱，更讓「客家」的意識
與認同得以抬頭，也讓海內外客屬有了清楚的以方言認同的媒介（林
正慧 2013：112-113）（畫線為筆者所加）。

由客家仕紳創辦的《嶺東日報》，就是當時客籍文人發表見解的重要
場所，林達泉的《客說》遺稿也是透過《嶺東日報》所發表的。客家自我
認同以及強調中原歷史源流的「歷史記憶」就在報紙媒體傳佈下，初步形
塑了客說的基礎。1868 年 Piton《客家源流與歷史》、Eitel 在 1873 年的
《客家歷史綱要》為客家編寫早期簡史，傳教士們亦參與了客家的形塑過
程。1898 年《嘉應州志》的出版，則代表著從「邊緣客域」到「中心客
區」回流的客家論述，以及客家從他稱到自稱中原客家論的完成（林正慧
2015：77-91）。奠基於西方傳教士與清代客家知識分子的論述，羅香林
1933 年出版的《客家研究導論》集以往論述之大成，重要性在於羅氏統
整梳理 18、19 世紀以來客家問題的研究史，描述客家特性，從語言學考
證客家語音來自中原古音，並且定義客家方言分布區。透過正史與譜碟史
料考證提出客家五次大遷徙說，證明客家人作為中國漢民族裡的一支，係
自中原歷經五次大遷徙來到南方的正統漢人。客家想像論述的地理空間集
中於中國廣東、廣西、江西一帶。1969 年羅香林曾在崇正總會的理事常
務會議建議將客家統一正名，取代紛雜的客族、客系、客屬等名稱。1973
年在世界客屬懇親大會上再度倡議，自此之後，「客家」名稱始逐漸確立
下來（香港崇正總會 1969：34；香港崇正總會 1973：16）。

客家作為人群分類想像的概念就在這樣獨特的歷史脈絡下逐漸形成，
中原客屬想像論述的確立，整合了當時祖籍認同分立的客家人，形成超越
祖籍地的客家想像，這些共同起身對抗中國境內針對指稱客家非漢、蠻族
言論的客家人，透過「正名為漢」的運動，重新定義客家的特質，從此以

客家自稱。另一方面來自長老會、巴勉會、巴色差會等不同教派傳教士系統，透過傳教士的紀錄，他們既定義了 Hakka，也在傳教過程中無形協助傳遞 Hakka 的概念。

　　羅香林的客家中原論述對於客家人的重要性，即展現將客家群體的源流安置在中原漢人系統裡，為當時的客家人找到一個安身立命的位置，此時人們的祖籍認同並沒有消失，而是包含在客家認同裡。在這個階段，形塑客家想像最重要的力量來源即在於客家研究。中原客屬想像亦成為後續胡文虎與香港崇正總會進一步推動海外客家人相互結盟、凝聚海外客屬想像的重要養分與基礎。

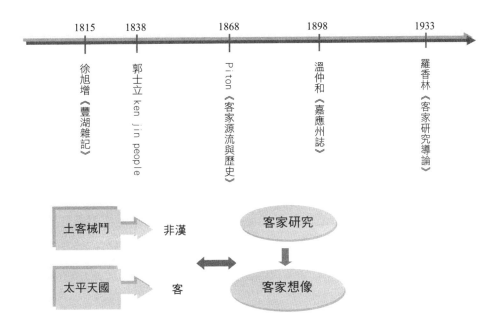

圖 2-1　〈中原客屬想像〉重要時間序列表與客家想像示意圖（研究者製表）

第 3 章

海外客屬想像

　　客家想像形成源自於特殊的歷史脈絡，客家中原論述亦在文人學者的努力中逐漸完備，但客家想像要能成功擴散與傳播出去，重要關鍵則在於客屬團體的成立，與組織間的合作串連。本章將分析香港崇正總會裡的行動者如何透過跨域連結串連全球各地客屬團體。其次討論胡文虎領導下的南洋客屬總會，在新馬各地推動客屬公會的組織與串連，搭配星系報業媒體的傳播，在羅香林的中原客家論述基礎上，加入南洋元素，讓南洋地方的客家人連接上中原客屬想像論述，進一步推廣成為新馬各地客家想像的認同基礎。

一、想像的重心——香港崇正總會

（一）香港作為族群網絡與全球貿易中心

　　一直以來，香港獨特的地理位置，使它的發展常與中國以及世界情勢息息相關。1850 年代是中國最為動盪的時期，以洪秀全為首發動的太平天國戰爭從 1850 年持續到 1864 年，1855 年至 1867 年間亦是廣東客家

人與本地人之間規模龐大的土客械鬥最嚴重的時刻，兩方客家人士處於一種相互匯流的狀態，部分在土客械鬥衝突下勢孤敗北的客家人選擇投靠拜上帝會，加入太平天國起義的陣營。土客間的衝突既埋下日後客家正名運動的遠因，也促使大批廣東、客家人群為了逃避戰禍移居海外。有些客籍富戶則選擇避居香港，間接促進香港的經濟發展（丁新豹 1988：336）。1850 年同時是美國加州發現金礦，需求大量勞動力開礦與修築鐵路的年代，因為大量契約勞工的需求，香港在 1850 年代成為華工轉運的主要出口港，疏運華工前往北美洲、中南美州及南洋各埠。海外華工為了維持昔日的生活方式，多有在香港購買日用品的需求，加上對西方銀行制度的不熟悉，需要透過中介者協助將其海外收入匯款回鄉，因此專門滿足海外華人需求、提供中國貨品的行商因此應運而生，專責供應南洋華人貨品的稱為南洋莊，供應北美華人的則稱為金山莊，除此之外還有安南莊、呂宋莊、秘魯莊等等，以滿足海外各埠華人社會的需求。南北行與金山莊也順勢成為因應 1850 年代華工出洋興起的新興行業。有些華工在契約期滿後選擇留在香港，從事協助轉介華人勞工、兼任匯款的錢莊，或成為經營香港與外國貨品的進出口商。因為華工轉運發展起來的跨太平洋貿易網，加上過往的沿岸及南洋貿易網，促使香港在 1860 年代逐漸發展成為東亞貿易網絡中心（馮邦彥 2014：26-28；徐承恩 2015：143-144）。

　　香港自 1840 年代開埠後，人口組成主要是小商戶、小販、苦力等。華人社會領導者是承建商和兵船買辦。1850 年代受到大量富有商人南遷的影響，領導階層逐漸轉移到南北行商人與買辦。從此開啟「商人成為華人社會領導中的主要組成分子」的濫觴。即使到了 19 世紀，香港基督教會培養出一批與傳統華商不同的華人領袖群後，商人仍舊扮演重要角色，香港的華人領導階層始終由商人與專業人士這兩類人共同組成，「基本上是一個商業社會」（丁新豹 1988：364-370）。

　　因為香港位於國際貿易中心的樞紐，客家辦莊亦隨之興起，專責對海外各埠行商與客屬華僑之貿易，其中又以食品雜貨用品為大宗，其次兼營代辦僑匯與出國手續、信託置產等等業務，客家辦莊的貿易範圍多與海外客家華僑相聯繫，如星馬線，印尼線、婆羅洲線、歐非線、南太平洋線等，均有貿易上聯繫（崇正總會特刊編輯委員會 1958：91-93）。隨著貿易環境的發展，南北行公所、東華醫院等社會組織的建立，華人菁英及商會逐漸成為一股重要的社區力量。然而，儘管華人菁英在經濟上日漸富裕，卻難免受到西方人的歧視與排擠，無法進入西方上流社會圈子的菁英們，開始嘗試在香港打造華人上流社交圈，在不同的會館社團間建立起多重人脈關係。

　　羅香林（1950）在〈香港崇正總會史〉詳述當時客家人常因欠缺被理解，屢次面臨被他族群人士著書歧視的狀況，先是在鄉土教科書裡被指為「非漢種」，其後又被商務書局出版的英文世界地理，指為廣東山地的野蠻部落。這對於正努力在香港華人社團裡站穩腳跟的客籍菁英們，自然是無法忍受的污衊，面對周圍其他方言族群的不友善與歧視，客家人自發性地組成團體彼此串聯，以便與對手交涉，北京、上海與廣州各地的客屬大同會以及旅港客屬團體，都是在這個衝突脈絡下所形成[1]。自此之後，客家人意識到團結的重要性，香港崇正總會與新加坡客屬總會因而繼起成立，作為推動客家人的事務、彼此互通聲氣的組織。香港崇正總會在 1921 年，由賴際熙、江瑞英、黃茂林、李瑞琴、廖新基、張玉珊、徐仁壽等人邀集同系人士，聚集在太白樓，因為感受到「非團結無以適應環

1　根據羅香林（1950）在〈香港崇正總會史〉詳述客家族群數度被他族群人士著書標誌為「非漢種」、「野蠻部落」等歧視的狀況。客家人士因此奮起團結組織，透過集結抗議，讓對方聲明錯誤，並且停止販售書籍。

境」的迫切，商議成立推動客家人事務的組織，並推舉博學之士負責編撰
專書，闡揚客族源流與文化（羅香林 1950：2）：

> 鑑於客屬同僑南來者日眾，散布區域日廣、人事交接日繁，社會關係
> 日密，非有大團結之組織，不足以聯絡感情，互通聲氣，以收團結互
> 助之效（羅香林 1950：3）。

陳承寬（1950：3）在《香港崇正總會三十週年紀念特刊》的序言裡
亦詳細描述香港崇正總會創會的歷史脈絡：

> 猶憶三十年前，我客屬人士，僑居香港，以無統屬團體，常遭意外歧
> 視。同僑前輩賴際熙，李瑞琴，黃茂林，廖斯基，江瑞英諸先等，怒
> 然憂之。知非團結群力振奮精神，不足以適應環境，奔走呼號，結集
> 同志，以創立團體，命名崇正總會。

時因旅居香港的客家人以工、商兩界人士為多，並取崇尚正義、驅
逐邪惡之義，因此創會定名為「旅港崇正工商總會」，後為擴大範圍，始
更名為「香港崇正總會」（石炳祥 1997：53）。

為了反駁「非漢」、「野蠻」的污名，崇正總會成立之初的第一要務，
就是要編纂考證客系同人的系譜，以為正本清源，眾人推舉曾任清朝翰
林的賴際熙擔任編纂主任，優先徵求崇正會員的族譜，賴際熙相信通過
族譜考證源流後，「世系既明吾人為中原貴胄，謠言自能消滅」[2]。羅香林

2　《崇正工商總會議案簿》第二冊「民國十一年十二月十八號第十八次會董敘
　　會紀錄」。

（1933）透過正史與譜牒史料考證所提出的客家五次大遷徙說，亦是承繼這個脈絡證明客家人屬於中國漢民族裡的一支，係自中原歷經五次大遷徙來到南方的正統漢人所發展出來的論述。1927 年以賴際熙為首編纂的《崇正同人系譜》出版後，1930 年廣東省建設廳發行《建設週報》第三十七期刊載污辱客族文字時，崇正總會即議決選定代表並檢附同人系譜兩部作為考證文字上的協助，親赴廣東抗議[3]。當時既是旅省大埔公會也是旅省各團體聯會董事宋靜琴甚至提議崇正總會「應發出宣言并省方交涉文件彙集印發海內外客屬團體以壯聲威以廣宣傳」[4]（橫線畫記為筆者所加）。為了對抗歷時多年來自於外界三不五時針對客屬的污名化事件，各地客屬團體始終保持互通聲氣的聯繫關係。例如旅省客屬團體邀集香港崇正總會派代表共同赴廣東省建設廳抗議，或是旅省客屬總會來函要求崇正總會針對香港〈超然報〉污衊客屬論述表達嚴正抗議，甚至星洲客屬總會胡文虎要求崇正總會協助轉函旅省代表饒芙裳負責交涉[5]。從這些紀錄裡亦可以得知這群客籍行動者在中國、香港甚至新加坡間的地域往來是流動自如並且聯繫順暢的。

　　整體言之，1920 年代成立的香港崇正總會是為了對抗外人加諸客家族群的污名脈絡所組成的團體。1927 年《崇正同人系譜十五卷》、1933、1950 年羅香林的《客家研究導論》、《客家源流考》陸續出版後，基本上

3　《崇正工商總會議案簿》第五冊「民國十九年八月四號第六次會董敘會紀錄」。

4　《崇正工商總會議案簿》第五冊「民國十九年八月十四號第七次董事會議紀錄」。

5　《崇正工商總會議案簿》第五冊「民國十九年八月三十一號第二次同人特別敘會紀錄」。

發源於華南地區客家菁英的古典論述，到羅香林集大成已無異義，對抗非漢的污名論述重點工作其實已經完成。加上 1930 年代中期之後，中國開始漫長的對日抗戰，中國與海外華僑動員關注的焦點都是強調國族團結「共赴國難」。污名事件風波亦因此平息。那麼，當創會的「任務」逐漸完成後，人們為什麼還需要積極串連彼此網絡相聚在一起呢？

（二）客籍商人與學者的跨域網絡串聯

事實上，香港崇正總會的特殊性，在於它是個自創會以來就是由客籍學者與客籍富商共同組成的團體，向來有尊重學者的傳統。學者出身的賴際熙是晚清進士，曾擔任清朝國史館編修，被尊稱為太史。辛亥革命後移居香港，任香港大學中文系總教習兼教授。自崇正會籌備期開始即蟬聯四屆擔任香港崇正總會會長，之後更成為崇正總會永遠名譽會長。他擔任會長的第一要務就在於編纂崇正同人系譜，1921 年賴際熙優先徵求會內人員的族譜，相信透過考察客系的中原源流，證明客家為純正漢人之後，則「謠言自破」。全書於 1926 年完書付印，內容分為八類：源流、氏族、語言、禮俗、選舉、人物、藝文與叢談等，取材自國史、方志與族譜，闡述客家自中原南遷的過程，考察各姓的來源，為客家知名人物立傳，成為早期客家研究的重要文獻。同為崇正總會發起人之一的徐仁壽[6]，任教於聖約瑟書院，並在 1919 年創立華仁書院，辦學卓著。除此之外，黃麟書、林翼中創辦主持珠海書院；陳樹桓、陳樹渠兄弟辦香江、德明書院；凌道揚主持中文大學的崇基書院等（黃石華 1965：67），以及任教於港大的羅

6　《華仁創辦人徐仁壽先生簡史》http://www.wahyan-psa.org/memories/mem_history001.htm 取用日期 2018 年 6 月 2 日。

香林教授，這群客籍知識分子皆曾經在香港崇正總會扮演重要角色，為編纂崇正紀念會刊以及古典客家論述提供充足的養分，成為推展客家意識的重要基礎。

其次，客商的組成，也讓崇正總會有能力藉由客商所發展的海外網絡，成為聯繫各地客家團體的「總會」，扮演積極串連各地客家人成立團體的角色。在崇正總會創會元老與理監事名單裡，客商組成佔了絕大部分：與賴際熙、黃茂林等人共同商議創建香港崇正總會的江瑞英[7]，自身即是北美線維安祥金山莊的負責人，曾任香港東華三院總理，同時參與華商公局（今香港中華總商會），江瑞英曾經擔任崇正總會會長，長期擔任崇正總會的理事，積極參與會務；黃茂林擔任屈臣氏的買辦、李瑞琴經營建築工程；許多人的職業背景都來自於處理出入口貿易的客家辦莊業，如經營北美金山莊的廖新基、李立基、黃生財、何壽康、張育安、張祖波等人。這群經濟或文化菁英，既擁有認字、閱讀報刊的能力，也是最能感受到人流物流等地緣政治因素影響，甚至自身就是參與跨國貿易的精英階層。他們也是最為積極倡議串連各地的客家社團、推動客家論述的一群人，期許能夠聯手打造客家人的網絡世界。加上香港獨特地緣環境與港口交通貿易的樞紐位置，客家辦莊行業串起從北美到東南亞，南北行、金山、北非的貿易線，透過這群客籍商人的網絡聯繫世界各地的客家人。例如 1933 年紐約人和會館的改組，即是透過張發奎在紐約倡議所決定，在崇正會客籍人士積極奔走下，一個個分散的海外客屬團體逐漸串連起來。

1950 年代羅香林在《香港崇正總會三十週年紀念特刊》中所撰述

7　彭全民、廖紅雷，2014，〈江瑞英一家：深圳著名的僑領家族〉。《深圳特區報》，6 月 18 日。http://sztqb.sznews.com/html/2014-06/18/content_2911656.htm，取用日期 2017 年 1 月 13 日。

〈客屬海外團體之組織及發展〉文中，可清楚看見崇正總會的成員們一直
是相當有意識地進行著海外客家團體間的串聯，他們深信組織間的聯繫將
有利於客家族群共謀事業的發展（羅香林 1950：1-34）。總會章程第三條
即明白表示崇正會以聯繫國內海外客籍人士為其宗旨：

> 本會以連絡國內各地，及海外各埠，同系人士，交換智識，振興工商
> 事業，興辦學校，共謀公益，致証源流，互助同人為宗旨（羅香林
> 1950：20）。

崇正會早期會議記錄裡，亦記載客家先賢們對於崇正總會扮演串聯
海內外客屬團體角色的期待：

> 李瑞琴：「現在總會基礎已固，自當分設支會，裨海內外聯絡一氣，以
> 建立偉大之規模……設立支會前，經董事局敘會議決有案，資績簡章
> 提出請諸君詳加討論，即日表決施行，<u>務使日月所照、霜露所墜之地，
> 皆有吾崇正之徽號，是則鄙人之所厚望也</u>」（橫線畫記為筆者所加）。

> 黃茂林：「……更望群策群力，使海外通商各地皆與本會有密切之關
> 係，而會務得蒸蒸日上，是則鄙人之厚望也」[8] 眾大鼓掌。

〈香港崇正總會史〉敘明崇正總會為積極展開海外的聯繫工作，設置
專職對外通訊人員，負責蒐集資料、與外埠同系團體通訊的傳統。南洋客

8　《崇正工商總會議案簿》第一冊「民國十一年四月九號第一次常年敘會記
　　錄」。

屬總會亦是在同時領導香港與新加坡兩地客家人的胡文虎先生推動下，積極組織南洋各埠的客屬團體（羅香林 1950：12-21）。客屬團體間聯繫的方式有很多種，一種是透過收發回覆來自各地的信函，固定在召開總會值理敘會、會董敘會時，由宣布員負責宣讀各處來函，例如宣讀檀香山人和會館來函陳述與本會聯絡之意等等[9]。

　　再者，崇正總會的行動者們也相當清楚，推動客家想像連結的動力，最重要的還是來自於人與人之間，面對面的情感連結與交流。透過既有的客商網絡與海外客家人聯繫，藉由歡宴交誼，奠基日後往來的可能性即屬於重要會務。民國十七年胡文虎第一次自新加坡來到香港拜訪崇正總會時，當時總會董事們即開會討論設宴款待：「主席江瑞英君起言，福建胡文虎君為吾系在南洋最有名譽之商人，其熱心公益尤為海內外所仰慕，現由星洲來港，本會擬設讌歡迎，以盡東道之誼[10]」。儘管當時誰也未曾料到十年之後，這位來自星洲的胡文虎，在香港遭受日軍侵略、崇正總會會館遭受砲火損毀時，毅然挺身捐資修復會館，擔負會長之責，維繫崇正總會的存續。同時，胡文虎身兼香港崇正總會、南洋客屬總會兩地的會長，串聯香港與新馬兩地間的聯繫，更拓展崇正總會的海外客家社團網絡。

　　在崇正總會的會議紀錄裡，接待各地客家社團與交流一直是崇正總會會務發展的重點事項。歷經數十年聯繫所累積的情誼交流，1980 年代黃石華任理事長時，海外客家團體間聯繫的頻繁已遠遠超過創會以來的規模，成為年度會務工作報告的重心（至於黃石華在 1990 年代如何積極經

9　《崇正工商總會議案簿》第一冊「民國十年十一月五號第一屆第一次執理敘會記錄」。

10　《崇正工商總會議案簿》第四冊「民國十七年十一月十日二十三次董事敘會記錄」。

營於世界客家團體組織網絡的串連，以及推動客家研究的行動，則留待下章細述）。以1981年會員年會的會務工作報告為例，該年度即接待了台北興寧同鄉會、加拿大溫哥華崇正公會會長、理事長、以及南洋客屬總會會長等社團到會拜訪，年度收到來自各社團紀念典禮或活動邀請的請柬約在八十到一百左右，函電數目更是難以計算。

除了收發信函、設宴招待來訪香港的客家社團與人物之外，為了擴張會務，崇正總會更決議由總會提供旅費盤纏，主動派代表去接洽交流，例如1933年3月，黃茂林即建議除了海內外的組織聯繫，也要積極開拓中國內地網絡：

> 黃茂林云：「本會設立之宗旨原以合海內外同系人士組織而成，共謀事業之發達，同策文化之進展，成立以來閱十三載，遠如美洲之紐約金山均先後分設支會，近如南洋群島通聲氣者星羅棋布，會務之發展算不落人後，惟中國內地加入本會者，固不乏人，究竟尚屬少數，殊為憾事。爐潮汕廈門以及廣州梧州，吾系任軍政者為數不少，茲推舉賴煥文君江瑞英君林甫田君李佐夫君前往上列地點與當地人士接洽。俾人才越多，會務亦越發達，所有川資實報實銷」。眾贊成[11]。

除了主動接洽聯繫，崇正總會成員亦非常有意識地將各地客屬團體逐漸納入崇正會系統裡，建立起主會支會關係：

> 江瑞英君云：「本會開辦已十八年，歐洲美洲均有支會，南洋各島吾系

---

11 《崇正工商總會議案簿》第六冊「民國二十二年三月十八日值理敘會議案記錄」。

會所星羅棋布，惟名稱未統一，對於精神團結未免阻礙，擬偕謝太史前往英荷各屬聯絡同系感情，擴張本會會務」[12]。

因此 1930 年代以來紐約人和會館、荷蘭客情會館、英國利物浦以及古巴的客屬團體等地的客屬會館均是在香港崇正總會的聯繫與影響下改組，加入崇正會的組織系統（香港崇正總會秘書處 1971：5）。聯繫各地客家社團、擴展會務的意義，反映在理監事交接之際，前輩囑咐拜訪海外客系同人的重要性：

江瑞英云：「現在海內外表同情於本會者，有美洲崇正會、千里達東安同鄉會、暹羅客屬會館，所其餘凡屬有吾人之機關者，均以本會為領導，將從前一盤散沙之民族，而為整個之團體，本會勢力影響於海內外之情形如此。本會同人之責任比前更重，鄙意明年仍須派人前往海外慰問同人，一可以聯絡感情，二可以募捐鉅款。此則望下屆職員之注意也[13]」（橫線畫記為筆者所加）。

崇正總會與海外客家團體間的互助關係，展現在崇正總會籌建會館的費用，就是會長賴際熙親赴南洋各埠籌募基金所得。當時為興建位於跑馬地摩理臣山道的崇正會館，耗費鉅資，會內幾無存款。會董開會討論擔憂的都是經費問題：

---

12 《崇正工商總會議案簿》第六冊「民國二十七年十一月一日新就值理交代敘會議案」。

13 《崇正工商總會議案簿》第五冊「民國二十一年一月十日同人常年總敘會記錄」。

　　主席江瑞英君云：「本會現在已無存款，擬提議請賴會長前赴省城及南洋募捐，藉資挹注」……唐誠君云：「巧婦難為無米之炊，募捐一項勢難再緩，如得賴會長前往南洋募捐，鄙意深信必有偉大之成績。」隨由主席提議請賴會長為赴省城及往南洋募捐專員[14]。

　　由此可見，最重要也最困難的就在於籌措建館經費，崇正總會的建館經費，很大部分是仰賴賴際熙南洋客商募款之行以及富商胡文虎的鉅資捐獻。這與賴氏積極經營的華商人脈有著密切關係。空間上，儘管賴氏在辛亥革命後避居香港，但其網絡則從中國原鄉增城向香港與南洋聯繫擴散，賴際熙與檳城甲必丹鄭景貴家族有姻親關係，1903 年同樣身為增城客家人的賴際熙在光緒年間獲頒為翰林院庶吉士，成為當時南洋增龍社群的大事，昭示著客屬人士的威望，至今在馬來西亞太平的增龍會館、檳城的增龍會館與五福書院都仍保留懸掛賴際熙的翰林牌匾。延伸自檳城的網絡關係，賴際熙亦結識大埔籍的客家富商戴喜雲家族，也透過戴氏的網絡結識吉隆坡的大埔籍的郭德修、郭喬村兄弟，雪蘭莪的楊怡齋，怡保的嘉應客家人梁克堯等人，奠定賴氏在南洋網絡的募款基礎（白偉權 2018）。

　　籌備多年的南洋客屬總會則是因為建館經費問題懸置多年，最後經胡文虎大筆捐資後，才於 1929 年順利建館完工，正式成立。客家人之間互相資助扶持、聲氣相通的情誼，即體現在共同資籌措建館、甚至互相參與建館週年紀念會等慶祝活動，並提供賀儀贊助，凝聚、確認同為客屬、彼此支援的群體想像。

---

14 《崇正工商總會議案簿》第四冊「民國十九年三月八號開同人特別敘會記錄」。

二、客商胡文虎與其客家社團

　　1850 年代以來，客家想像在知識分子與西方傳教士的努力下逐漸形成基礎。1920 年代初期，人們跨越祖籍界線，從區域性分散的地緣性組織團體（如各地以祖籍地為名所成立的大埔、永定會館等）聯合成立「客屬」組織，彼時是個客家與廣東、福建幫群間嚴酷競爭的年代，更需要彼此串聯、動員資源相對弱勢的客家團體的跨域合作以與其他幫群一搏。香港位居獨特世界商業貿易中心位置，擁有串聯各地客家人的地緣優勢，尋求跨域連結客家團體之間商業合作的可能。身兼香港崇正會與南洋客屬總會的兩地會長的客籍富商胡文虎，串聯香港與新加坡兩地客家社團網絡，透過胡氏積極於新馬各地策動客家公會的創立，促使跨域客家想像的形成。崇正總會自創會以來，即陸續推動客家族群研究以及跨域客家社團的串聯，緬甸出身的胡文虎更是藉由推廣羅香林的客家論述，宣揚客家意識與客家文化，推動新馬各地創建客家公會，強化客屬團體的團結。胡文虎與香港崇正總會可謂在海外客屬想像建構的推動過程裡，最為重要的關鍵角色。

　　這群來自不同祖籍地，彼此間腔調及語言使用甚至難以相互溝通的客家人，並非理所當然能夠形成一個想像的共同群體，即便到了當代，祖籍地認同在新加坡、馬來西亞等地仍盛行活躍於老一輩客家人的認知裡。因此，超越祖籍地認同集結而成的客家想像所形成的組織，算是 1920 年代以來的新興現象。前面談及 19 世紀初逐漸確立古典客家論述，主要存在於客籍知識菁英間的傳遞，接下來我們將考察胡文虎打造南洋客家網絡的過程，從胡氏參與南洋客屬總會推廣各地組織客屬公會的行動，號召串連新馬各地客家社團，搭配旗下龐大報業集團的訊息傳遞，將 19 世紀末到 1920 年代初期以來逐漸發展完成的古典客家論述，加入南洋客家的元

素，並且搭載印刷報業的傳遞擴散，將祖籍、腔調殊異的各地客家人凝聚成海外客屬想像共同體。

（一）海外客屬意識形成的歷史脈絡

當族群從祖籍地緣認同轉向到方言群認同，新興人群認同方式的出現，反映了客家人所面臨的歷史處境與需求。面對來自於外部不友善的衝突與歧視，促使著客家人意識到合作串聯的重要性。新加坡南洋客屬總會[15]即是暨香港崇正總會之後，1923 年由湯湘霖、何仲英等人所倡議籌組：

> 鑑於國內各地早有大同會之創辦，而香港方面也有香港崇正總會之成立，推動客家人的事務，因此，新加坡設立「客屬總會」，是時勢所趨，水到渠成也（謝佐芝 1997：58-59）。

由此可知南洋客屬總會的創建其實是受香港崇正總會及各地客屬大同會的影響，特別的是這些客家社團裡的成員們都具有高度移動性，他們在中國、香港、東南亞之間跨域遊走，並且互通聲息。以胡文虎為例，胡自身腳蹤即跨越現代以國境作為區隔的邊界，胡文虎是祖籍福建永定、出生於緬甸仰光的客家人，1908 年與弟弟胡文豹在緬甸共同繼承父業永安

---

15 新加坡南洋客屬總會，原名為客屬總會，1948 年議決修改章程，並冠以「南洋」二字，更名為「新嘉坡南洋客屬總會」以符其實。強調其作為團結新加坡客家社群，並加強聯繫東南亞各地客家族群的組織（南洋客屬總會第三十五、六週年紀念刊 1967：A1）。

堂，1921 年永安堂在泰國曼谷設立分行，1925 年在仰光辦《緬甸晨報》，為其經營報業之始。1923 年前往新加坡設永安堂分行，1932 年再度將其永安堂總行移居香港，就近於中國販售其報紙與藥品，旗下報業集團更是橫跨東南亞與中國，幾乎可以說胡文虎的企業範圍涵蓋了整個華人世界。客籍學者詩人饒芙裳，因為支持孫中山的革命主張而被清廷通緝逃亡海外，輾轉落腳在檳榔嶼，辛亥革命後返中國，卻仍幾度避走他鄉（賴郁如2013：287），饒芙裳在海外的移動過程裡，還曾參與過香港崇正會的創建籌組。崇正總會會長賴際熙，更曾經三番兩次來到南洋，走訪檳城與吉隆坡募款，連繫當地客家網絡。觀察這些客籍人士的移動足跡，可以窺見當時客家人的想像脈絡，並沒有移居地國籍的差異，透過跨域客家聯繫網絡的串連，海外客屬想像成為可能，連帶構築跨域經濟網絡的資本連結。

　　換言之，聯繫客家人間的情誼、團結互助、發展工商各業實為這群客家社團成員的共同關心。南洋客屬總會成立宗旨明定：「聯絡同屬人感情，促進工商業之發展，舉辦慈善、教育、文化和公益等事業」。曾養甫（1939：32）在〈客屬總會十週年紀念特刊序〉更直陳：「客屬總會，為吾海外客屬僑胞共同組織之團體，意在以互助合作之精神，直接謀事業之發展，間接助祖國之繁榮」。有趣的是，大部分會館章程並不會特別強調「促進工商業發展」，但是香港崇正總會與南洋客屬總會卻將這點直接納入其組織章程裡，南洋客屬總會甚至為了壯大組織，有別於一般會館，更接受客籍人士所開設之工商機構為「商號會員」，既呼應組織章程促進工商發展目的，也因此穩坐新加坡客家社群的最高領導機構（吳慧娟2008：96），反映客籍企業家參與客家組織，串聯族群網絡以累積社會經濟資本的期待。

　　1923 年胡文虎初到新加坡設永安堂分行，尚未及時參與南洋客屬總會的籌備階段。但隨著他逐漸活躍於新加坡在地的華人社群，陸續擔任第

一至十屆南洋客屬總會會長（1929-1955）。甚至在日本侵華，客籍人士紛紛走散，香港崇正總會難以為繼的狀態下，1939年起胡文虎亦承擔香港崇正總會的會務[16]（1939-1946），帶領香港崇正總會走向積極聯繫團結各地客屬的方向：

> 今理事長胡文虎先生，尤以各地客屬團體之大聯合與團結為主張，高風所召。彰響必鉅。則今後會務之發展，其方向亦可知矣。所願我全體同僑，在胡先生領導下，精神團結，各盡所能，各憚精力，使我團體事業，日進無疆。則不特本會之幸，抑亦我客屬全體之幸也（陳承寬 1950：4）。

同時擔任香港崇正會與南洋客屬總會兩地會長的胡文虎，串聯香港與新加坡兩地的客家網絡，胡復積極號召新馬各地客屬團結，藉由贊助、推廣羅香林著述的《客家研究導論》，不僅如此，胡文虎更在羅香林中原客家意識的基礎上，加添南洋元素，協助南洋客家人聯結中原客家論述，客家想像因此得以順利從中國擴散至「異域」（南洋）。

為了在新加坡、馬來西亞各地策動客屬會館成立，凝聚海外客屬認同，時任會長的胡文虎（1950）在《香港崇正總會三十週年紀念特刊》序文裡論述客家精神，並且在自中原客屬的想像論述中，適時加入南洋系譜，讓南洋與中原相接連：「我客家人士，系出中原，遭世離亂，先民輾轉難下，奠居閩粵贛之交，終而分佈各地，繁衍南洋各屬。人口總數，今

16　1939年胡文虎擔任香港崇正總會第10屆會長，1941年後因日軍佔據香港，致使會務停頓。第十一屆董事會選舉直到戰後1946年五月始重新改選（香港崇正總會 1950：46-49）。

達二千餘萬。」除此之外，胡文虎在定義客家人傳統特徵裡，將客家與南洋相接連：

一、為刻苦耐勞之精神。

二、為剛強弘毅之精神。

三、為幼勤創業之精神。

四、為團結奮鬥之精神。

其中在第三點與第四點的說明部分，胡氏指出因為客家婦女勞動耕作，又能主持家計，讓男子無後顧之憂，這些男人才得以冒風濤、涉巨浪，「遠赴南洋」從事墾植大業。最後更強調客家人必須團結，不分身處家園或者異域，只要遇見同為客屬人士，「必聲應氣求，團結一致」。強調共同的客屬身分，能夠讓客家人超越地域的差異，以「客」相互團結。

胡文虎（1951）在霹靂客屬公會開幕紀念特刊所作的序言，更可以清楚看見胡氏對於南洋客家意識的再詮釋，以羅香林的中原神胄為基礎，鋪陳南洋客僑身懷壯志來到東南亞，披荊斬棘力創新局，但仍心念於貢獻家國。也顯明此時南洋客僑認同的是中華國族：

吾客屬以神胄皇裔，孳息中原，文明教化，光昭史承。殆五胡亂華，金元勂夏，吾屬祖宗恥奴順阿附之窳為，甘孳子孤臣之艱厄，循海遵陸，間關南徙，闢新土於八閩兩粵之鄉，奠子孫於百世萬年之業，語言習向，矻守中州典型，振天漢之風聲，而示木本水源之大義。華夏血緣文物，澤布江南嶺表，完成中華國族之大一統，客屬與有其大功焉。

逮海禁大開，新潮澎湃，兩百年來，吾屬僑賢先進，或懷巨浪長風之
壯志，或為仰事俯畜之家謀，<u>浮海圖南，足跡遍南亞東南亞</u>，……農
商工礦，文化教育，事業不囿一途，然而其對國家社會鄉梓家族革故
鼎新經濟生計之偉大貢獻，則又殊途同歸，並無二致。……

當然，除了談及客家精神以外，客家人間團結奮鬥精神與以及互助
對抗外侮，更是胡文虎所要特別強調的部分：

我先民以世事多艱，雖鍛鍊體魄，增益技能，尚感獨立支持之不易，
<u>不能不力謀團結，合群奮鬥</u>，克服環境困難，積久成風，無論安處家
園，抑僑異域，<u>苟遇本屬人士，必聲應氣求，團結一致。內而互助提
攜，外而抗拒外侮</u>。苟化此精神而光大之，其有裨於我中華民族之發
展者正無窮也（胡文虎 1950：1-2）。

南洋客屬總會 1929 年創會時收到分會所致贈的牌匾對聯，都反映著
當年先輩們對於客屬團體的期待：「常感散沙策群力聯成一氣／毋忘落日
登斯樓高唱大江」。至今，身為創會會長的胡文虎及其兄弟胡文豹的半身
塑像仍安置在翻修過後客屬總會的會館禮堂兩側作為留念。

何以胡文虎如此強調海外客家人的團結？張侃巧妙地點出當時會館
與社團組織所扮演的角色：

它們既是社交中心，又是培養友情和人際關係的場所，也創造了許多
做生意的機會，同時從中產生一些具有社會威望的社會菁英。在 19 世
紀，客家人會館在東南亞分布極廣，遍佈新馬各地。這些社會網絡為
客家人發展社會資本提供了富有潛力的可能（張侃 2004：336）。

也就是說，胡文虎積極投入打造海外客屬群體的行動，必須放在團結、擴張客幫勢力，打造客家人的社會網絡脈絡下理解。

（二）胡文虎的跨界策略

僅管論及胡文虎積極串聯客家社團的行動，緣自於胡文虎與陳嘉庚兩位僑領間的不睦，此一部分是進行胡文虎與其客家社團之研究所無法避及的部分，但對於客家研究卻仍有相當的意義。康吉父（1984）的《胡文虎傳》花了許多篇幅敘述胡陳相爭之事，胡文虎的「客家性」是康吉父強調的重點，例如胡的用人習慣：「辦報也像永安堂一樣，只曉得客家人，最好姓胡，而且是永定客家（康吉父 1984：56）」。儘管這未必代表「客家性」，只要參照會館歷史即可知，東南亞的會館以祖籍地命名，如嘉應會館、永定會館等等，任用、照顧同祖籍的人士本是當時人之常態，但胡文虎的用人策略卻是相當明顯獨厚客籍人士，根據胡文虎的媳婦陳家裕（Datin Aw Kow）[17]回憶：「胡文虎的星系報業薪水並不高，但有一些額外的福利，例如免費的醫藥服務，並且原則上終身聘顧，甚至可以「繼承」——帶他們的孩子加入公司。原則上胡文虎的星洲日報或是永生堂都是一樣的政策：雇用客籍人士，甚至他們的後代」。胡文虎樂於照顧同屬客家人士也是事實，並且為人們所津津樂道：

　　胡文虎先生，可以這樣講，他站在客家人的立場，新加坡有這種情況……他就除非照顧不到，照顧得到的，他一定會做。而且當時也有

17　新加坡國家檔案館，1981 年陳家裕（Tan Kah Joo）的口述史訪談。4 Jun 1981, Pioneers of Singapore, Accession Number 000041。

幫派爭論很強，好像福建幫的陳嘉庚，我們客家幫就有胡文虎，所以
兩個很競爭的。不過大家都是為了子弟，為了同鄉好啊，雖然有什麼
矛盾競爭，我們應該說是良性的啦。不是打打殺殺，而是比高低，競
爭進步罷了，並不是壞事。矛盾是很嚴重了，不過是良性的（胡冠仁[18]
2005：23）。

關於胡陳交惡的脈絡，康吉父略顯保留的描述反而是相當耐人尋味
的，康吉父（1984：64）指出，在胡文虎遷居新加坡之前，陳嘉庚就已
是公認的僑領、福建會館的主席，掌控中華總商會。胡陳不睦的重點或可
能在於康吉父簡短帶過的幾行字：

胡文虎是客家人，可是他是「福建客」，所以到了星加坡，他也算是福
建會館的當然會員，也參加了陳嘉庚的怡和軒俱樂部，而且捐助了一
筆數目可觀的捐款」。但是「好景不常，陳胡的交往不久發生破裂（康
吉父 1984：64）。

簡言之，康吉父詮釋胡陳之間的對峙，存在著客幫與閩幫之間的幫
群競爭關係：

是幫派關係：一個是客家人，一個是福建人。也是事業上的競爭：胡

18　新加坡國家檔案館，口述歷史中心對於新加坡宗鄉會館口述歷史的訪談計
　　畫。此為 2005 年胡冠仁在永定會館接受的口述史訪談。胡冠仁談及來到新
　　加坡的永定人都會參加永定會館，會員只需要年繳基本會費兩元。會館主
　　要活動經費都是來自胡文虎的樂捐，完全不必操心經費問題。

文虎固守本業藥行，對於陳氏並無侵犯，可是陳嘉庚的部下卻也有人經營藥業，甚至製造「鐘標」藥品跟永安堂的虎標良藥對壘。一但對立的局面形成，對壘就陸續變成全面性的：陳家有個「南洋商報」，胡家就辦個「星洲日報」。陳嘉庚有個招待親友部屬的「怡和軒」俱樂部，胡文虎就有個「威爾基俱樂部」。甚至在抗日戰爭爆發以後，南洋華僑普遍發動統一合作，募捐救國，陳胡二氏仍然不能言歸於好，兩人都相爭為國，可是你幹你的我幹我的：陳氏有他的南僑總會，胡氏卻寧願自己流為一位「獨行俠」，舉家去了重慶（康吉父 1984：54）。

1920 年代是幫群競爭的年代，1927 年陳嘉庚開始挑戰過去以薛中華為首的薛氏家族所掌控的福建幫群領導地位，1929 年陳嘉庚出任福建會館總理，積極整頓福建幫，並重新改組福建會館，正式掌握福幫勢力（楊進發 1990：157-161）。潮州幫群裡的林義順亦是於 1927 年前後開始挑戰余氏家族長期掌控的義安公司控制權，並在 1929 年成立新加坡潮州八邑會館，成功掌控潮幫勢力（顏清煌 2017：68-70）。不獨有偶，胡文虎 1929 年擔任南洋客屬總會會長。但胡文虎開始積極在南洋各地積極倡議成立客屬會館，客幫勢力始透過胡文虎的召喚逐漸集結整合起來，時間上卻晚了將近十年，反映當時胡氏期待透過團結領導客家幫群的迫切。

身為祖籍福建永定的客家人，胡文虎在新加坡並沒有族群優勢，初來到此地，要與陳嘉庚所屬的福建集團分庭抗禮，他選擇透過對於文教、體育事業以及對於客屬社團的大量捐贈，串聯起跨地域的客家社團網絡，以客家精神作為旗幟，號召團結不同地域的客家人，串聯各地的客屬分會，建立自己的商業王國，他的永安堂藥網與星系報業集團確實因此紮根在客家人的世界裡（李培德 2012：66）。胡文虎 1939 年積極地推動籌劃客屬總會十週年紀念活動，一再地強調客家人要團結，透過旗下報業集團

在報紙上號召南洋各地客屬應組織起來，實現客屬團結，進而抗戰救國團結一心。王力堅（2010：454）即明白指出南洋客屬總會十週年慶祝活動其實有著雙重目的，顯性目的在於呼喚人們團結參與抗戰救國，隱性目的則在於強化客屬組織的力量：

> 有效地組織、掌控、領導南洋各地客屬社群，除了壯大客家社群力量，
> 有效實施抗戰救國活動外，也確實起到以強化客屬社群內部團結來抗
> 衡以陳嘉庚為首的福建社群的作用（王力堅 2010：454）。

安煥然（2009：93-94）觀察柔佛客家人 1930 年代中期在胡文虎大力推動南洋客屬總會下，紛紛創立各地的客屬公會，認為客屬公會的創建與客家意識的強調，對於原本鬆散而意識薄弱，祖籍地緣認同較強且分立的客家社群，確實有整合並且壯大客家人勢力的效果。然而，客家共同意識的建立，還必須搭配多方面的行動，像是各地串聯創建客家社團、龐大的報業集團訊息傳遞，並且舉辦將人們串聯在一起的活動才能達成效果。舉例而言，1929 年創建的南洋客屬總會，儘管已經成立十年，但各地客屬組織並沒有同時建立起來，致使南洋客屬總會陷入一個有總會而無分會的尷尬狀態，無法實際有效達到統合南洋各地客家社群的功能（王力堅 2010：439）。因此南洋客屬總會十週年慶祝活動即為此目的而來，胡文虎以「天下客屬本一家，都是同聲同氣同風俗的，實不該因畛域之區別而疏遠」作為號召，一方面派遣代表到各邦鼓吹成立客屬公會，另一方面則透過報社將客屬總會的紀念活動作即時報導與宣傳，召喚南洋客屬團結統合在一起，柔佛各地的客屬公會即是在這波風潮下所成立。可惜的是，根據安煥然（2009：95）的田野調查發現，戰前如火如荼的客屬公會成立運動，在日本入侵馬來亞後即告中斷，有些客屬公會在戰後並未能成功復

辦，以致客家公會推動的客屬認同仍處於與祖籍地緣認同並立的狀況。顯示客家意識的形成需要一整套深層打造與持續建構的過程。

（三）南洋客家版圖的形塑
——客屬團體的串聯與星系報業系統

自香港崇正總會成立以來，即積極出版由會長賴際熙所領導編纂十五卷的《崇正同人系譜》，透過結合譜諜與方志的體例，詳述客家族群的源流與遷徙，從文化源流上去證明客家民族的優越性（陳麗華 2005：5-6）。學者羅香林的客家論述，讓客家族群祖源的神話以及客家大遷徙的傳說更為清晰為人所知，召喚語言間不一定能夠相互溝通、彼此互不相識的一群人，俱皆成為「客家」之一員。然而，這樣的客家論述又是如何擴散的？如何將客家論述從學者、工商界企業人士推展及於市井小民？顯而易見，在胡文虎打造南洋客家版圖過程中，客家意識認同的建構，有幾個不可忽視卻也至為關鍵的部分，一是奠基於羅香林等人的客家論述，用以召喚、凝聚客家人的認同意識，其次是客屬團體的推動組織，胡氏在南洋各地派人進行串聯、倡議客屬公會的建立，以及地方上客籍領導人協助宣傳，最後則是胡文虎所創立的龐大報業集團扮演的關鍵性傳播角色。藉由實際到各地進行倡議創立分會的串連行動，同時在報紙上進行同步宣傳，達到相互呼應強化的效果。

在這其中，羅香林與胡文虎扮演著相當重要的角色。羅香林 1933 年出版的《客家研究導論》，係延續自徐旭增《豐湖雜記》以來，客籍知識分子積極論述定義客家、建立客家認同論述集大成的著作，成為當時號召各地因祖籍地不同各自分立的客屬人士建立起共通客家意識的論述基礎。其次是胡文虎在擔任南洋客屬總會會長期間，透過董事會決議認購推銷羅

香林的《客家研究導論》，並廣為贈送新馬各地的社團與學校，1950年代以降，東南亞各地客屬公會紀念特刊開始轉載羅香林的相關著作，1951年《霹靂客屬公會開幕紀念特刊》，刊載羅香林〈客家研究的新動向〉專文；1957年《北婆羅洲客屬公會新會所開幕紀念特刊》的封面直接邀請羅香林題詞，1967年《南洋客屬總會三十五六週年紀念刊》上刊載著羅氏〈客家譜乘之蒐集及其意義〉等，顯示羅氏的中原客家論述在南洋的流通，並逐漸成為當地客家人共通的客家認同意識。

　　胡氏身兼香港客家崇正總會及新加坡南洋客屬總會會長的職務，不僅團結新馬地區的客屬人士，也扮演串聯東南亞各地客家人以及世界各國客屬僑團間的聯繫橋樑。1937年抗戰爆發後，胡文虎更努力推進客家社團組織的發展，特派客屬總會秘書代表丘子夫、范長峰積極到南洋各地宣傳組建客屬公會，並大力資助各地客屬公會的籌備費用。據新加坡南洋客屬總會三十五六週年紀念特刊裡所刊載的各地屬會簡史，可看見新馬各地的客屬公會主要成立年代集中在1937-1938年（參見表3-1），主要分布在馬來亞、砂拉越等地，其中有些客屬公會，早已成立，但在這波籌組公會的行動中決議改名，例如立卑客屬公會1930年成立，1939年為與南洋總會彼此聯繫而決議更名為客屬公會。推動客屬公會的行動儘管因遭遇日本侵略戰爭而有所中斷，但在戰後仍有客屬公會陸續成立，如1950年霹靂丹絨馬林客屬公會即是在胡文虎大力捐助下所成立。胡文虎尤其提倡客家精神與客家意識，促進客家的自我認同，搭建起客家的世界性連絡組織（張侃2004：75-76）。

　　除了胡氏個人的號召力與推動客屬團結之外，白偉權、張翰璧（2018）補充胡文虎所推動的客家意識，其傳播擴散的路線同時也是奠基於長久以來南洋華人逐漸在商品、資金與社會流動上發展出來的核心與腹地交流互動的網絡面向，位於南洋政治經濟中心的新加坡，其區位即扮演

表 3-1　南洋客屬總會各地客屬公會成立時間表*

成立年份	組織名稱
1923 年	南洋客屬總會
1926 年	新山客屬同源社
1933 年	古晉客屬公會
1935 年	吉南居林客屬公會
1936 年	昔加末客屬公會、關丹客屬公會、霹靂客家公會
1937 年	柔佛東甲客屬公會、居鑾客家公會、金馬士客屬公會、古來客屬公會、武吉班讓客屬公會、瓜拉庇勝客屬公會、令金客屬公會
1938 年	彭亨淡馬魯客屬公會、吉打客屬公會、彭亨林明客屬公會、吉蘭丹吉賴客家公會、馬六甲客屬公會、亞庇客家公會、檳城客屬公會、檳榔嶼客屬公 會、彭亨勞勿客屬公會、笨珍客屬公會、野新客屬公會、金馬士客屬公 會、吉蘭丹吉賴客屬公會、瓜拉吉賴客屬公會
1939 年	文冬客屬公會、立卑客屬公會
1940 年	雪蘭莪烏魯冷岳客家公會、麻坡客屬公會、詩巫客屬公會
1941 年	霹靂江沙客屬公會、吉蘭丹哥打巴魯客家公會
1945 年	吉中（雙溪大年）客屬公會
1950 年	霹靂丹絨馬林客屬分會（胡文虎捐助成立）
1953 年	峇南客屬公會、美里客屬公會

資料來源：南洋客屬總會編輯委員會，1967，《南洋客屬總會第三十五、六週年紀念刊》。新加坡：南洋客屬總會。（研究者製表）

*本表各屬會的成立年代以南洋客屬總會特刊刊載的各地屬會史所記載的年份所製。值得注意的是當時成立的名稱多以客屬為名，但也開始有少數幾個以客家公會的名稱出現。

重要的角色，首先吸引跨域客商聚集，其次透過客商網絡再將客家意識擴散至馬來亞、荷屬東印度、緬甸等各大市鎮的路徑。形成一種從位於核心（新加坡）的星洲客屬總會擴散到南洋各地的主要市鎮，再透過次核心的地方領袖將客家意識傳播到更基層鄉區腹地的區域互動網絡的擴散。透過胡文虎的號召，以及南洋各地客商領袖的協助，共同推動客屬意識在南洋的傳播。

　　早期南洋社會，僑團、僑校與僑報被譽為是僑社三寶，華文報紙更是當地華僑社會的重要精神食糧，扮演著串聯當地僑社與中國訊息的角色（沈儀婷 2007：114）。新加坡國立大學中文圖書館前主任李金生即清楚指出華文報紙在當地社會的重要性：

> 凡是會館、學校、社團有慶典的時候，這些報紙一定報導，甚至於他們開會，請一些什麼人從外國來的、從中國來的，這全部的過程他們都會報導。所以基本上他們講話，都一字不漏地在報紙上刊登出來。會議記錄也是會一字不漏的在報紙上刊登。……民間的資料，對於華人社團的、以及華人的思想、華人一切的東西，只有在報章上看得最清楚（轉引自王力堅 2012：215）。

　　胡文虎的報業集團，自 1923 到 1952 將近三十年間，先後創辦《仰光日報》、《緬甸晨報》、新加坡《星報》、《星洲日報》、《星中日報》、《英文虎報》、汕頭《星華日報》、重慶《星渝日報》、廈門《星光日報》、香港《星島日報》、《星島晚報》、《星島晨報》、《英文虎報》、檳榔嶼《星濱日報》、泰國《星暹日報》、《星暹晚報》等，他以私人資本之力形成龐大的星系報業，串聯起東南亞與中國間的聯繫交通。胡文虎熱衷辦報的原因，僅管他不諱言地闡明其初衷是為自己的虎標良藥產品打廣告，擴張

銷售通路：「為了宣傳萬金油，與其花錢登廣告，為什麼自己不辦報？」，除了協助擴大永安堂事業外，胡文虎的龐大報業也發揮了相當弘揚中華文化的效果（邱松慶 1994：57-58）。新加坡的星洲日報除了「國內電訊」和「國內通訊」等專版外，另有專欄評介有關故國、故鄉的文化資料。甚至 1979 年馬來西亞霹靂永定同鄉會在出版會慶紀念特刊時，還必須仰賴於星洲日報的資料來補充當地耆老已說不清的永定歷史與故事（羅懿 1987：48-49）。

　　胡文虎創辦的十幾家星系報，以華文報紙為大多數，主要出現在東南亞各國與中國大城市，尤其分布在華人聚居地或是僑鄉的中心都市，中國則集中在閩粵兩省與香港，透過報紙專欄傳布各地聲息，《星洲日報》甚至在 1932 年 8 月，為因應中國日益緊張的局勢，首度打破南洋華文報界的出版慣例，將出版時間改為每日早晚兩次出版，早版 6 點、晚版下午 6 點後發刊，共八大張報紙，讓南洋僑民得以即時同步獲知中國最新消息，不再像過去必須遲延一天才能獲知消息，這項創舉也為《星洲日報》的發展奠定基礎（劉娟 2008：54）。當時東南亞華文報的每日銷售量少有超過四五千份的，但《星洲》創刊後在數月之間，其銷售量即超過 7,000 份，並且持續增長，1937 年攀上高峰，高達 60,000 份，同時期的《南洋商報》為 26,000 份，《南洋總匯報》僅為 9,000 份，顯見星洲的銷售量遠遠超過其他家報紙。二次世界大戰爆發前，星系報業的行銷網絡已跨越南洋與中國，遠至北美及歐洲，成為星洲最大的華文報紙（沈儀婷 2013：81、89）。

　　《星洲日報》創刊前，《星報》曾發行〈星洲日報的先聲〉積極為其進行宣傳，在首頁清楚揭示《星洲日報》的創刊目標：

　　努力於工藝商業的提倡——商業家工友們，不可不看本報

努力於教育事業的改造——教育家學生界，不可不看本報

努力於婦女運動的宣傳——新時代的婦女，不可不看本報

努力於新舊文學的創造——愛好文藝人士，不可不看本報

〈星洲日報的先聲〉第一版

　　胡文虎明確界定目標讀者為受過教育的實業家、教育界、學生、新時代婦女以及文藝人士等。胡氏也相當清楚報紙所擔負的功能，在這份宣傳星洲日報的小報裡，除了介紹報館新穎的設備、創辦人與編輯部之外，也刊載《星洲日報》的創辦宣言，他將報紙定義為普遍的社會教育，宣告《星州日報》必須承擔反映、指導輿論，並且積極介紹傳遞學說與新時代思想，以及作為流通消息媒介之使命。星洲創報以來即強調華僑報紙的定位，報導方向以即時傳遞中國情勢以及僑鄉消息為主，其次才是本地與馬來亞的「地方新聞」，同時各自有一個版面刊登廣東跟福建的僑鄉新聞。儘管胡文虎身為星洲日報的老闆，用人偏好以客家人為主，但整份報紙裡客家元素並不明顯。會館新聞通常登在地方新聞版面，日常消息並不多，但舉凡會館有舉辦設宴、歡送會等活動，或是胡文虎個人前往香港、暹羅、返抵新加坡的訊息都會刊登。

　　以1930年代末期胡文虎首推動的客屬總會十年紀念活動為例，儘管紀念活動是在中國抗戰脈絡下隱微進行的，報刊大部分版面報導的仍是一手抗戰消息。星洲日報只有在客屬總會十周年紀念活動會期間，以報紙頭版刊登胡文虎以客屬總會主席身分介紹羅香林《客家研究導論》的新聞，鼓勵客家人應該人手一本《客家研究》閱讀、認識客家。並且連續幾天持續在藝文版刊登羅香林《客家研究的新方向》之專文連載。在整體報界關注中國抗戰為首要的氛圍限制下，客家總會十週年紀念活動，仍舊相當善用報紙媒體宣揚客家意識、召喚各地客屬人士，胡氏憑藉著旗下豐厚報業

集團的實力，搭配南洋客屬總會活動做宣傳。舉凡客屬總會的討論議案與相關活動，均能在其派下的報紙上看見訊息，不僅如此，客屬總會的會議內容與活動也同時刊載在其他家報刊。舉例而言 1938 年 11 月 28 日《總匯新報》晚版第二版即刊載客屬總會董事會關於酬賑月捐成績的報告，以及當日詳細的會議議案，包括董事會決議認購推銷羅香林的《客家研究導論》，廣為贈送新馬各報館社團與學校，以收宣傳之效，並且發佈策動各坡客僑組織客屬公會之消息等。

　　1938 年 12 月 16 日《南洋商報》刊載〈客屬總會決組織各地分會派丘子夫范長峯往各埠接洽該總會并發表告客屬同人書〉的報導，呼籲客僑團結起來，聯絡聲氣：

> 吾屬同僑客居南洋各地的很多，大埠小埠工廠商場無處舉之，從前因無具體的組織，……精神渙散，以致彼此隔膜。每遇國內外有事的時候，或覺聯絡不足，力量單薄……親愛的客屬同僑們，起來吧，在生活鬥爭的今日，團結才有力量。希望吾屬賢達，本著團結就是力量的原則，踴躍地負起組織客屬分會的偉大任務，完成本總會的目的。[19]

---

19 《南洋商報》1938.12.16，p.8：〈客屬總會決組織各地分會派丘子夫范長峯往各埠接洽該總會并發表告客屬同人書〉。http://eresources.nlb.gov.sg/newspapers/Digitised/Article.aspx?articleid=nysp19381216-1.2.67.1&sessionid=8785b3d4011e46cdb9374543adb2d8cc&keyword=%E8%83%A1%E6%96%87%E8%99%8E&search=advanced&fromdate=19381201&todate=19390831&articles=1&advertisements=1&illustrations=1&letters=1&obituaries=1&miscellaneous=1&newspaperTitles=beritaharian%2cdailyadvertiser%2ceasterndaily%2cmalayansatpost%2cmiddayherald%2csingchronicle%2csingdailynews%2csingmonitor%2csingweekherald%2cstraitsadvocate%2cstraitschinherald%2cstraitseurasian%2cstraitsmail%2cstraitsobserver%2cstraitstelegraph%2cstoverland%2cstweekly%2

　　各地客屬公會響應成立的消息亦陸續刊載在報章上，《南洋商報》12
月27日刊載〈彭亨立卑客屬同人即响應組織會館〉、隔年1月1日，馬
六甲客屬分會開始籌組的訊息：〈馬六甲客屬同僑籌組客屬分會籌備委員
經即席舉出〉。在胡文虎大力推廣與號召下，柔佛、檳城、令金、一蘇峇
昔等地客屬公會紛紛在1939年陸續進行籌備組織，范長峯更授命前往各
埠協助，並統一名稱為某埠客屬公會（《南洋商報》1939.3.17，p.10）。胡
文虎旗下最重要的《星洲日報》的社論更是數度大篇幅刊載客家的論述，
宣揚客家精神，號召客屬兄弟的團結。1938年12月16日，《星洲日報》
早版刊登胡文虎〈客家精神論〉全文，即清楚地界定客家精神：

　　所謂客家精神者，不外為刻苦精神，武勇精神，奮鬥精神，團結精神，
　　冒險精神之結晶體，而此諸種精神者，實為人生欲圖創立偉大事業者
　　所必須，而尤以當此國難嚴重時期，凡我黃帝子孫，有志於復興民族
　　挽救國家者，所迫切需要，然則吾客人之客家精神，即擴而大之，使
　　成為中華民族之精神可也，或善運用之，使成為救國精神，亦無不可
　　也。客屬同胞更應以「發揚客家精神為己責」，為了發揚客家精神，必
　　須『自能聯合能團結始，欲圖實現大聯合大團結，當自健全南洋各屬
　　客屬團體之系統組織始，惟我客屬弟兄，其共起圖之』，強調肯定各地
　　成立客屬總會的重要性（《星洲日報》1938.12.16早版，p.2）。

---

cbiztimes%2cnewpaper%2cfreepress%2csingfreepressa%2csingfreepressb%2cstr
aitstimes%2ctoday%2cweeklysun%2cnysp%2cscjp%2clhzb&fuzzysearch=Off&
token=%E8%99%8E%2c%E6%96%87%2c%E8%83%A1 取用日期2014年11
月12日。

　　1939 年 8 月 24-27 日南洋客屬總會邀集各地客屬公會代表召開會員
代表大會，舉辦十週年慶祝活動，早在 5 月即開始準備籌備委員名單，
大會名稱以及決定正副主席，8 月 11 日〈檳城客屬公會擬定提案選定
三代表出席星洲大會〉、8 月 12 日〈客屬總會各地公會推派代表出席大
會已正式函報者已有廿餘處計五十餘名〉（《南洋商報》1939.8.11，p15、
1939.8.12，p8）。8 月 19 日《總匯新報》刊登要求客屬總會十週年紀念的
招待應提前到會好分配任務的訊息，為客屬總會慶祝活動的開幕慶祝埋下
伏筆，21-22 日《總匯新報》陸續報導歡迎客屬公會代表抵達新加坡的訊
息，以及學校參與遊藝會的演習活動。8 月 23 日《總匯新報》的社論刊
載〈客屬總會十週年紀念〉的文章，並且發布兩版《客屬總會十週年紀念
遊藝酬賑祖國難民大會特刊》，內容除了〈籌賑祖國難民大會宣言〉、〈客
屬總會十年史略〉，以及隔日代表大會會議日程與大會綱要之外，更詳述
胡文虎設宴招待各公會代表的消息，並且刊登胡文虎在歡宴會上致辭的全
文。這份特刊裡甚至刊載了林森與蔣中正的簽名，以及許多政要如孫科、

圖 3-1　客屬總會十週年紀念遊藝籌賑國難民大會特刊。
　　　　《總匯新報》1939.8.23 第二版

宋子文等人的題詞。

　　《星洲日報》在 8 月 23 日當天同樣是以早版刊載〈客屬總會十周念紀念游藝籌賑祖國難民大會特刊〉方式呈現，內容與《總匯新報》的特刊相當。晚版更多了一版專門討論客屬總會紀念會之《召開大會目的》，同時刊載胡文虎開會的致詞內容，強調客屬十週年的紀念會主要係為了紀念總會成立十年，期待能夠號召各地客屬團結一致，並重申團結以共赴國難（《星洲日報》1939.8.23 晚版，p.5）。除此之外，《星洲日報》當天社論〈客屬團結與民族團結〉，強調客屬的界限不存在血統、地域與宗教文化，而存於語言與其精神，客家刻苦剛強團結冒險精神對於民族復興有著重大意義。繼而話鋒一轉批判某些幫派結黨營私、破壞團結：「苟同僑各幫派之中，不幸有一幫派之領導者，限於此等錯誤，則結果必引起別幫之反感，促成幫派對立，此時幫派之存在，乃真成為民族團結之一大障礙矣……」（《星洲日報》1939.8.23，早版，p.2）。換言之，該篇社論其實是在抗戰脈絡強調各幫大團結下，小心面對來自外界對於「團結客屬」的質疑。重申強調客屬總會成立意義在於團結各邦客屬兄弟，謀求更大的團結、復興民族為至上的目標，與一般結黨營私、排斥異己之幫派有別。

　　1939 年客屬總會十週年紀念活動舉辦期間，各家華文報紙皆陸續刊登總會紀念活動的訊息，《星洲日報》甚至每天都以大幅報導即時記錄會議活動的進行，包括總會議決為胡文虎鑄像做紀念、每日最新會議議程與臨時動議等等，直到 8 月 29 日歡送客屬公會代表離開才停止。隨著報紙詳載紀念活動的報導，讀者們彷彿共同見證一場各地客家人群集結為國的聚會。除此之外，《星洲日報》亦自 8 月 26 日開始，陸續在藝文版連載羅香林討論〈客家研究的新動向〉的文章。

　　1938 年客屬總會董事會議決推廣羅香林的〈客家研究導論〉，以及派代表鼓吹新馬各地組建客家公會等議案，對於協助凝聚新馬各地的客家人

認同發揮相當大的效果。羅香林的客家論述亦因此在新加坡與馬來西亞廣為流傳，成為新馬各地客家人共通的客家意識。1951 年霹靂客屬公會出版的開幕紀念特刊，特刊裡撰述客家專論《漢族與客家》的作者劉儀賓即直陳其文章觀點係受到賴際熙、羅香林等論述的影響所寫成（劉儀賓 1951：1）。該開幕紀念特刊的內容綱要《霹靂客屬公會開幕紀念特刊之特刊》，更是獲得胡文虎的支持同意，全文發表於其旗下報業《星洲日報》、《星檳日報》、《星暹日報》（新加坡、馬來西亞以及泰國），邀請客屬人士共同集思廣益客家學（梁樹齡等 1951：804）。

　　胡文虎旗下龐大的報業集團，不僅協助東南亞各國華人與中國、香港等地廣大華文讀者們跨越地域限制以及語言溝通隔閡，其革命性地修改報紙出版時間的創舉，更讓各地讀者能夠及時更新訊息，將人們串聯起來。儘管當時報紙形塑凝聚的主要是「華僑認同」——協助人們在海外能夠同步獲知中國發展情勢。但胡氏派下龐大的報業集團，在傳遞客家社團活動訊息與宣揚客家族群論述方面依舊扮演重要媒介。胡氏籌備客屬總會十週年紀念活動時，大力推動支持總會派人到各地協助籌組客屬公會，並贊助各地建立客家會館的經費。在象徵層面的意義上，將原先各地分散的客家社團都歸於客屬總會的統籌之下，直接帶入人與人的團結—使得客家共同體的形成成為可能。

三、海外客屬想像的形成

　　當客家族群從過去分散的祖籍地緣認同逐漸發展出客家方言群的認同，新興人群分類認同方式的出現，反映當時客家人所面臨的歷史處境與需求。土客械鬥的人群衝突、指稱「客家非漢」等污名事件是促使客家意識萌發以及客家正名運動的契機，為了抵抗外界污名，客家發展出客系乃

源自中原漢人的論述。其實在 1900 年代初期，當時的客家人為了反駁污名論述，在中國各地如北京、上海、廣州等地都成立了客屬大同會，並不是只有香港。崇正總會會議議案簿裡即記錄當時國內客家團體互相串連集結抗議的狀況，崇正總會只是其中一個團體，甚至曾經因為地理位置偏南收信延誤，因而來不及參與中國客屬團體的集體抗議行動：

> 1930 年廣州建設廳出版的建設週報刊載污辱客族文字事件，廣州的客家團體即邀集各地客家團體共同前往聲援抗議，但因省方信件遲到而錯過，眾人只好決議檢送已出版的崇正同人系譜兩部，並選定代表出席下次的大會[20]。

但是透過香港崇正總會長年以來的經營，串聯海外各地客家社團聯繫網絡，並且保持與各地客家會館之間的聯繫，作為「客家網絡」的聯絡中心。才終能在後續 1971 年慶祝崇正總會成立五十週年金禧紀念慶典時，董事們順勢邀集世界各國的客屬團體，開啟第一屆世界客屬大會的濫觴，推動世界客屬的連結想像[21]。可以說崇正總會是推動世界客家團體相互串連最為重要的推手，不免我們還是要問，為什麼是香港？為什麼人們需要如此積極地串連彼此，相聚在一起呢？

對於 1900 年代初期的人群分類想像，籍貫、方言群作為認同是重要

---

20 《崇正工商總會議案簿》第四冊「民國十九年八月四號第六次會董敘會紀錄」

21 以香港為首發起 1971 年的世界客屬大會，事後並鼓吹成立世界客屬組織，與台灣在 2000 年之後推動的「全球客家想像」係屬不同的國族想像脈絡，後面兩章也將討論兩種客家想像論述的競爭，因此使用「世界」與「全球」客家想像與作為區分。

的。在早期幫群嚴酷競爭的年代，客家與廣東、福建幫群之間競爭尤其激烈，然而，客家相較於廣府人、福建人而言，不論是在香港、新加坡、馬來西亞、印尼等地，一直都是個「不夠大卻也不算太小」的群體。要如何「把餅做大」？客家人彼此之間的串聯更顯重要，透過動員資源相對弱勢的客家團體間的跨域合作，才更能與其他族群相搏。加上香港客家人因香港位居獨特的世界商業貿易中心位置，地利之便下擁有聯繫各地客家人的地緣優勢，更具備尋求跨域連結客家團體之間商業合作的可能。於是，這群從香港起家經商的客家商人開始有這樣的發想：串連各地的客家人。

　　崇正總會的早期會議紀錄裡可以看見創會成員們曾經想要成立客家銀行、組成客家公司，建立串連全球的客家網絡，發展一種從香港出發，出國移民、匯款找客家買辦，買藥、生活用品等各級產業交由客籍辦庄等，打造一個專屬客家人商業世界的期待。在崇正總會三十週年紀念會刊裡，董事吳子安的發言即清楚指出：「想謀工商事業的振興，非得到扼有經濟和交通上富有權力者來資助，是無從談起的（即銀行和輪船業）」（羅香林 1950：21）。除了團結合作很重要之外，還需要將各行各業重要的客家人士串連起來。1971 年崇正總會慶祝五十週年暨第一屆世界客屬懇親大會時，由香港崇正總會與台北市惠州同鄉會共同提議總會中心議題第二案：「促進海內外客屬同僑經濟發展，籌組銀行、保險、信託、貿易及文化企業等世界性之事業組織」。決議籌設「崇正貿易開發股份有限公司」，期待建立全球貿易網（香港崇正總會 1971：45-52）。由此可見，打造海內外客家人士的商業網絡一直都是這群客籍精英念茲在茲的夢想。海外客家的串連其實也是奠基於這群客籍商人實質的客族經濟網絡上。

　　身兼香港崇正會與南洋客屬總會的兩地會長的客籍富商胡文虎，即扮演串聯香港與新加坡兩地客家社團網絡的重要角色。胡文虎推動新馬各地客家公會的成立與串連，以及崇正總會連繫世界客家社團，基本上都是

在前人累積的客家論述的共同基礎下所推進的。然而，這裏必須特別強調的是，民族國家想像其實是相當晚近的概念，1930 年代以來由羅香林集大成所論述的客家想像脈絡，反映當時海內外的客家人「國族」想像認同的其實是中國。當時客家人對於遷移的想像僅是「僑居」海外，與中國境內依舊是互通聲氣的連結。換言之，以香港崇正總會為聯絡中心，由客籍學者與富商聯手推動的客家想像，主要是紮根在「中國民族主義架構」下所發展出來，透過羅香林集大成的客家論述，考證客家源流、客家語言，強調天下客家本為一家，訴求的是客家團體之間的跨地域串聯，強調客家是來自於中原貴冑的一族，號召客家人彼此團結起來擴大自身的力量，面對來自幫群的競爭，謀求客家成員經濟共同體的彼此照應。

　　香港崇正總會的特殊性即在於他的成員組成包含學者與客籍富商兩者的結盟，學者提供客家想像的論述基礎，客商則藉由既有的貿易網絡，逐步串聯起海外客家社團聯繫交流。因此，以香港崇正總會為首所推動的海外客屬想像，可以分作兩個層面來談，客家論述與重要行動者網絡。在客家論述的部分，承繼 18、19 世紀以來客籍知識分子與西方傳教士的客家論述。崇正總會在 1950 年出版、由羅香林主編的《香港崇正總會 30 週年紀念特刊》更是定義客家想像最為重要的里程碑。羅香林在紀念特刊裡所發表的《客家源流考》將客家定義為中華民族裡的精華，並且提出客家五大遷徙說，甚至與廣東國民大學教授梨敏斐合作繪製、編定客家地圖，〈客家遷徙路線圖〉將客家先民遷徙的歷史路徑圖像化，〈客家分布地圖〉提供客家想像更具體的構框。

　　另一方面，儘管崇正會自創會以來即與海外客屬團體維持著緊密的聯繫關係，但崇正總會歷年出版的特刊主要都是以報導會務概況或是記錄總會簡史與先賢人物為主，三十週年紀念特刊則是首度將海外客屬團體的組織與客屬僑胞分布與人數統計，納入紀念特刊的內容。羅香林統整了

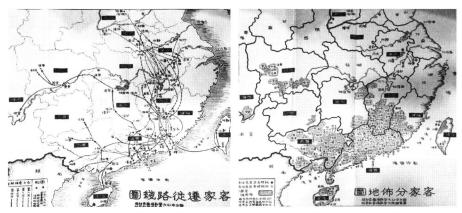

圖 3-2　羅香林〈客家遷移路線圖〉、〈客家分布地圖〉　（研究者翻拍）

1950 年與崇正會有所聯繫的客屬團體組織，並依英屬馬來亞與婆羅洲、荷屬東印度（印尼）、暹羅（泰國）、南北美洲與歐洲做分區介紹，顯然當時崇正會主要聯繫的客屬團體主要集中在東南亞與南北美洲，歐洲只有荷蘭。羅香林（1951：13）總結這些海外各地客屬人士估計有 130 萬到 150 萬之間，多屬土生華僑，但因為客人傳統精神與家風教育，多數會將子女遣回祖國受中學或大學教育，因此多保有對祖國桑梓的情懷。並且繪製〈海外客屬僑胞分布圖〉，將海外客家人一併納入了客家想像的範圍。

圖 3-3　海外各地客屬僑胞分佈總圖　（研究者翻拍）

　　其次，行動者網絡奠基於香港獨特的地理位置——世界貿易網絡的中心點，搭載著商人海外通商的網絡，客家污名這件事提供當時客籍菁英串聯的觸媒，也將各個不同祖籍地的客家人凝聚在一起。儘管如此，海外客屬想像的聯繫串連並不是無中生有，最重要的還是行動者面對面的網絡與情感，以及過往客商人際網絡有意識地聯繫與往來。

　　崇正總會在 1930 年代以降，對於客屬想像的推動扮演了相當重要的關鍵角色，在這之前土客械鬥以及傳教士的紀錄，既定義客家，也協助客家概念的傳遞。崇正總會裏的幾位重要行動者，賴際熙、羅香林、胡文虎等人，賴際熙編纂客家系譜，並積極經營南洋的客家華商網絡，募集建館經費。羅香林提供客家論述做為客家族群做為純種漢人歷經五大遷徙的神話起源。胡文虎推動南洋各地客屬團體間的串連，奠定世界各地客家人互相聯繫的基礎，透過重要行動者的行動與溝通，共同促成海外客屬想像的形成。早在國家資源注入之前，香港崇正總會就以一個自主民間客家社團之姿推動客屬想像，召喚海外各地的客家會館組織俱皆成為「客家」群體之一員。甚至可以這麼說，從 1950 年代香港崇正總會出版的《香港崇正總會三十週年紀念特刊》以觀，以香港崇正總會為首推動的海外客屬想像，透過學者與客商族群網絡的串聯已漸漸確立。

　　這個階段的重要性，在於客家想像概念的推廣與擴散，地理空間上從過去中國華南地區的中原客屬論述，透過民間社團組織的力量擴散到海外地區，尤其是南洋新馬一帶。客家研究則是以 1933 年羅香林著的《客家研究導論》為代表，提供民間團體推廣客家想像的論述基礎，隨著1937 年以來胡文虎在南洋大力推動成立客屬公會，贊助推廣《客家研究導論》的出版與流傳，使得客家中原論逐漸成為南洋（尤其是新馬）地區客家意識的認識基礎。

　　然而，這裏必須特別強調的是，民族國家其實是相當晚近的概念，

1930 年代以來由羅香林集大成所論述的客家想像脈絡，反映當時海內外的客家人「國族」想像認同的其實是中國。客家人對於遷移的想像僅是「僑居」海外，與中國境內依舊是互通聲氣的連結。以客籍富商胡文虎創辦的十幾家華人星系報為例，這些華文報紙主要發行在東南亞各國與中國的大城市，並且集中分布在華人聚居地，中國則聚焦在閩粵兩省與香港，透過報紙專欄傳遞各地消息，〈星洲日報〉自創報以來即強調作為華僑的報紙，整份報紙報導方向以即時報導中國情勢為主，其次才是新加坡本地與馬來亞的「地方新聞」，與此同時也各自有一個版面刊登廣東跟福建的新聞。換言之，1920 年代以降香港崇正總會為聯絡中心，由客籍學者與富商聯手推動的客家想像，主要是紮根在「中國民族主義架構」下所發展出來，通過羅香林集大成的客家論述，考證客家源流、客家語言，強調天下客家本為一家的共同體論述。訴求的是客家團體之間的跨地域串聯，共同對抗來自外界對於客家的污名論述，號召客家人彼此團結起來擴大自身的力量，面對來自幫群的競爭，謀求客家成員經濟共同體的彼此照應。

　　海外客屬想像的浮現，代表著客家從一個區域性分散的地緣性團體，聯合成立「客屬」組織，嘗試跨越彼此之間的腔調、語言使用甚至生活方式與飲食的種種差異，凝聚成一個想像的族群。在這個時段裡，形塑、影響客家想像的力量，除了客家研究之外，民間社團更扮演推動客家想像最重要的角色。

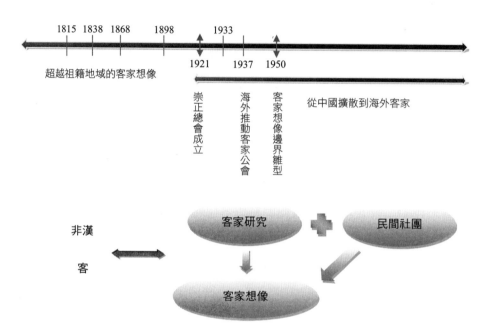

圖 3-4　〈海外客屬想像〉重要時間序列表與客家想像示意圖（研究者製表）

第 **4** 章

世界客屬想像

　　戰後隨著東南亞各國面臨解殖獨立，建立新興民族國家，東南亞華人面臨從落葉歸根的「華僑」到落地生根的「華人」的國族認同轉換。中國與台灣面臨從國共軍事內戰到冷戰對峙的狀態，客家研究與民間團體在客家想像的推動上亦隨之沈寂了一段時間，崇正總會在這段時間著重於戰後香港的復員以及本地會務處理，但與各地客家會館間的聯繫並沒有因此中斷。1970 年代也是國際冷戰情勢趨於緩和的年代，隨著華人社團開始透過同宗、同姓氏或同祖籍地緣關係展開世界性的串連，在這波跨國串連的全球國際情勢中，香港崇正總會作為世界各地客屬會館的資訊交流重心，為了慶祝成立五十週年金禧慶典，即順勢邀集世界各國的客家團體共同參與盛會，無意促成了 1971 年第一屆世界客屬懇親大會，是為世界客屬想像的開端，自此吸引國家的目光。客家想像經歷了幾次論述的轉變，從著重於中華民族客家民系的客屬想像論述，到延續羅香林以來的中原客屬論述，胡文虎加入南洋元素，連結南洋客家人與中原客屬論述的海外客屬想像。國家力量加入競逐後，1990 年代台灣的中華民國政府以及 90 年代後的中國政府，皆利用「祖國」的姿態，積極爭取已逐漸在海外落地生根的客家人，強調中心化祖國的客家想像，爭取客僑認同「心向祖國」。

　　本章將分做兩個部分，討論崇正總會 1970 年代後經營的跨國客家網絡，從崇正總會出版崇正會刊、1990 年代後發行流通世界各地客家會館、以客家人訊息為重心之〈崇正導報〉，並著重分析 1990 年代以降黃石華在崇正總會理事長任內，穿梭於台灣、中國與歐洲、東南亞各地客家社團，並大力資助推動客家研究，構築世界客家網絡。其次探究國家力量介入後的影響發展，台灣中華民國政府與中國政府，兩國爭取海外華僑與外交軟實力的獨特競爭架構下，客家社群獲得中國與台灣傾國家之力發展的特殊位置，展現在許多國際性客家社團的交流場合；國際客家學術典籍的研究、出版，甚至是最近二十年來興起的客家博物館、客家文化園區熱潮等等，處處可見以客家為名的客家詮釋權競爭。

一、崇正總會與海外客家網絡

（一）印刷網絡──從崇正月刊到崇正導報

　　憑藉行動者網絡之外，印刷出版品作為凝聚會員共識兼傳遞訊息的媒介是另一種重要途徑。早自崇正總會籌備創會初始，辦報就曾被崇正會員們列入崇正總會四項優先開辦的事務裡：編同人宗族源流考、創辦期刊或報章、辦正音義學、撫卹同鄉之人與年老貧病者[1]。後來將星期報的構想改為月刊，並推派李佐夫為編輯。希冀月刊能夠提供會員工商知識兼會務宣傳讀物[2]：

1　《崇正工商總會議案簿》第一冊「民國十年九月十一日徵求收隊大敘會紀錄」。

2　《崇正工商總會議案簿》第一冊「民國十年九月十五晚開第十三次職員敘會紀錄」。

吾系工商智識之淺薄，因由教育缺乏，然亦未始非鮮於閱報之故。本
會乃先辦月刊調查世界工商之趨勢，以增長吾人之學識，又登載會務。
裨會員明瞭會內進行事宜，其餘藝苑格言小說砸嘴，均屬開卷有益。
明年擬即力求改良。以求消息靈通，工商學識日加發達也。[3]

月刊的功能除了報告會務之外，也具有宣傳聯繫的功能：「江瑞英君
起言，每月發行月刊內容雖不宏富，然借此報告會務，而美洲南洋時有匯
款者，皆賴此宣傳之力也」。[4] 1930 年 8 月因為屢屢遭受到來自香港超然
報、華星及其他小報的言論所污衊，又重新點燃會員們對於辦報的需求與
想像，當時有吳子安提議：「我同人現在最缺憾者，少一言論機關，在鄙
人意思倡辦報館為第一要務」，[5] 並經眾人合議通過。儘管這個議案一直要
到 1995 年 3 月《崇正導報》創刊後才真正達成。從《崇正導報》發刊詞
則可以看出，其內容已經從會務報告層面擴張到作為加強聯繫海內外客屬
人士的功能：

> 為加強本港與海內外客屬崇正社團及人士聯繫，得港人日報周成成社
> 長之助，出版「崇正導報」，每月一次，報導本港及海內外客屬人士動
> 態，敬希本港及海內外客屬崇正社團及人士惠稿，使本刊成為海內外
> 客家人士共同發言的園地。[6]

3　《崇正工商總會議案簿》第二冊「民國十二年二月八號紀錄」。

4　《崇正工商總會議案簿》第五冊「民國二十一年一月十日同人常年總敘會紀錄」。

5　《崇正工商總會議案簿》第五冊「民國十九年八月三十一日第二次同人特別
敘會紀錄」。

6　《崇正導報》1995 年 3 月 16 日第一期創刊號發刊詞。第一頁。

圖 4-1　《崇正導報》創刊號（左）；《崇正導報》改版第 93 期（右）
　　　　（研究者攝）

　　過去客家人來到當地會館，必須透過翻閱會館出版的紀念刊物或出版品，參與會館舉辦的各式活動，藉由面對面的人際間溝通交流才能即時更新彼此消息，互相關心連結。1990 年代後香港崇正總會發行專屬於世界各地客家人的報紙《崇正導報》，則提供串聯世界各地客家人訊息的平台，各地客家會館只需要將其出版品資訊或是會館重要消息透過郵件寄送或是電報聯繫崇正總會，導報編輯群即負責統整世界各地客家人的消息，發佈在兩個月出版一次的導報之「客家天下」欄位。報紙並且會寄送至全球的客家會館或客家組織，讓人們能夠即時獲得中國、台灣以及世界各地客家的最新訊息。〈崇正導報〉作為強調報導客家人事務的客家報，著重於聯繫各地客情，並高度關注海峽兩岸的政治情勢。導報也開放索取，只要填具資料申請，即可獲得導報的寄送。曾任《崇正導報》執行主編的老冠祥指出，一份串聯世界各地客家人訊息的媒體就是要做到向全球放送：

因為我是做媒體出身的，我是很從全球化的角度去通過媒體把它發展
出去。雖然這份報紙本身不是很大型的，出版大概 3,000 到 4,000 份左
右。但是我們寄到每一個全球的客家社團裡面，寄到台灣總統府、客
委會，那邊寄到國台辦（老冠祥訪談紀錄：20160429）。

崇正總會的特殊性也在於他是個自創會以來就一直對於出版有需求
與想像的組織。尤其在 1990 年代之後，《崇正導報》更提供文字世界裡
各地客家讀者透過報紙與各地客家社團交換彼此訊息的機會。《崇正導
報》的發起人黃石華以及後續接手的主編老冠祥，都是新聞界出身，兩人
皆曾在胡文虎的《星島日報》工作，老冠祥進入崇正總會的契機亦是來自
於黃石華的邀請：

我是 80 年代加入，黃石華邀我進來的，因為黃石華本身也是《星島日
報》的。我當時在《星島日報》做，他當時是做顧問還是什麼。他跟
我很熟，所以他邀請我加入，所以就加入了。《星島日報》一開始這個
媒體本身，雖然他們是客家人背景，但報紙本身不是客家人的報紙。
崇正導報不一樣，他本身是客家社團辦的報紙，所以他可以說是客家
人的媒體（老冠祥訪談紀錄：20160429）。

崇正導報的內容方向亦曾經歷變革，黃石華任編輯 1995 年到 2003
年時，此階段的報紙方向，如同香港本身角色的切換，經歷從過去親中
華民國政府的反共陣線，轉向面對 1997 年香港回歸中國的交接，香港在
變局中的兩岸關係中如何自處與定義，客家論述相較缺乏。直到 2003 年
老冠祥接手《崇正導報》的編輯工作，在崇正導報 93 期的「編後手記」，
宣佈導報改版方向：

今後的導報會多報導會務的發展，以及本會在各方面的建樹，日後本報也會更多介紹會員的動態，以便使本報在會員間起溝通的橋樑作用。此外，本報也會集中報導海內外的客族動態和客家文化，希望能讓本報在客家研究上出一份力。總的來說，我們希望將崇正導報辦成一份<u>既是香港崇正總會的機構刊物，也是全球客家人中一份有代表性的報章</u>（橫線為筆者所加）。[7]

改版後的導報內容更為寬廣，在客家研究方面，除了協辦客家研討會之外，同時也刊登關於客家研究會議的即時報導，分享研討會最新議題與研究方向。2007 年開始，編輯老冠祥邀請不同的學者專家在每期導報陸續刊載一系列「客家文化研究系列」的專文[8]，期能推廣客家學研究，深化人們對於客家文化的認識。另一方面，客屬懇親大會人際網絡間的交流，也促成香港崇正中學與東南亞的崇正中學教育系統互相聯繫，開啟崇正客家學校間的國際交流合作計畫[9]。身為媒體人的老冠祥，相當清楚報紙作為宣傳機關的角色，將崇正導報打造為串聯全球客家人的平台，統整、傳遞海外各地客家人的消息：

我們希望從族群的角度，利用香港作為平台去促進全球客家人的發展，所以特別分做幾版，〈客家天下〉主要是希望蒐集全球客家的新聞，讓

7　《崇正導報》2003 年 9 月 27 日第 93 期〈編後手記〉。

8　參見《崇正導報》2007 年 2 月 1 日第 109 期〈客家文化研究系列〉編者說明。第 8 頁。

9　參見《崇正導報》2006 年 12 月 1 日第 108 期〈崇正教育網絡有望拓展至東南亞地區〉。第 7 頁。

大家在最短時間裡面知道大家在做什麼事情、發生什麼事。資料主要是從網路上蒐集的二手新聞、從各地方寄來的通訊，也有我們去參與他們活動得來的資訊，或聽人家帶回來的報導。還有一個分類的過程，根據不同地區做分類，方便大家閱讀（老冠祥訪談紀錄：20160429）。

1990 年代後新辦的崇正導報，除了崇正會務報告外，更扮演傳遞客屬想像的媒介。人們翻開月刊或是導報，不僅能看見客家事務報導，也能獲知全球各地的客家人的訊息，凝聚一種大家同是客家人、互通訊息的共同想像。例如模里西斯客家人就曾特地匯錢指定捐款給崇正導報編輯部，表示對於崇正導報的支持，分享他們透過報紙既能看見自己並且看見各國客家人訊息的感動（老冠祥訪談紀錄：20160429）。不僅如此，媒體人出身的老冠祥也意識到在全球化的影響下，許多移民海外的客家人中文或客語使用已經開始出現斷層，英文逐漸成為主要交流的媒介，因此，作者群開始嘗試節錄重要內容改寫成英文，同時出版精華版的英文《崇正導報》，與中文版同時出刊，期待能夠讓更多「非以中文為母語的客家人看得懂」。甚至構想還要再增加日文版。換言之，從過去崇正總會發行的《崇正月刊》或《崇正特刊》，到當代的《崇正導報》，導報作者群的視野也從香港本地的角度擴展到對於世界客家人的關懷，以作為一份全球客家人的刊物自詡。英文版崇正導報的出現，也代表著當代客家想像內涵已開始有所轉變，這個部分將留待後面的章節討論。

（二）黃石華與其所經營構築的客家網絡

在崇正總會經年累月的會議紀錄裡，曾經留下眾多前人為客家事務傷神的身影，有旅省大埔公會暨旅省各團體聯會董事宋靜琴風塵僕僕地帶

來廣東省建設廳週報侮蔑客人的消息；看見〈超然報〉污衊客家人的報導，董事吳子安憤憤說崇正會最欠缺自己辦言論機關，就不會只能居於下風處挨打；或是溫煦睿智的學者賴際熙始終相信只要廣徵族譜編輯《崇正同人考》，通過嚴謹地考證源流後，自然能夠消滅外界不實謠言。隨著時間快轉到 1930 年代後期，這些針對客家層出不斷的污名事件，逐漸不再讓崇正會員們傷神煩惱；接續下來的關心則是在變換瞬息的世界變局中，客家團體如何成為一個散布在世界各地卻能夠彼此互通聲息、促進工商實業發展的互助組織，這同時也是崇正總會自創會以來的重要目標壯志。

自香港崇正總會創會以來，歷屆會裡客家先賢們除了反駁擾人的客家污名論述之外，念茲在茲的無非串聯海外各地的客家人士，抗戰期間胡文虎擔任南洋客屬總會與崇正總會的會長，鼓勵新馬各地籌組客家公會，連結新馬與香港兩地的客家社團，逐漸形成以客家為名之客屬團體串連的雛型。戰後隨著各國忙於戰爭後的復員、胡文虎過世，崇正總會會務縮編以討論香港在地事務為主，例如崇正義學的恢復、崇正中學建校經費等等事務。海外聯繫則定期參與 1950 年代後台灣中華民國政府每年邀集海外僑胞回國參與的雙十國慶僑胞觀光團，以及接待蒞港拜訪的海外客僑。1971 年崇正總會成立五十週年金禧紀念慶典，順勢邀集各國客家社團代表，舉辦第一屆世界客屬懇親大會，從此開啟積極串連海外客家社團新的一章。

究竟，「聯絡系誼」為何如此重要、又是如何重要？本文擬透過香港崇正總會的會議記錄以及 1990 年代以來黃石華在理事長任內留下大量的通訊文件，勾勒海外客家網絡。

1970 年代以來，國際間冷戰情勢開始趨於緩和，1971 年世界客屬懇親大會召開後，崇正會議記錄裡「聯絡系誼」的報告事項顯示大幅增加，客屬僑團之間復又走動頻繁，光是 1972 年，就有海外印尼、三藩市、千

里達、牙買加、蘇利南、檀香山、高棉等地的客屬僑領先後蒞港拜訪，同時與台灣的客屬團體聯繫緊密等設宴交流的記載[10]。在海外客屬團體人員互相拜訪、頻繁交流的記錄背後，1968 年開始擔任香港崇正總會理事長的黃石華是最為重要的推手。隨著黃氏在崇正總會的聲望日隆，崇正會與海外客屬團體的交往日益緊密，過去與海內外團體的聯繫，往往兼有募款籌資的功能，當年崇正會籌建會館資金出現大量缺口，即是仰賴會長賴際熙前往南洋的募款。隨著崇正會會產漸豐，崇正會逐漸扮演大力贊助、扶植海外各地客屬社團崇正分會的社團龍頭角色。1990 年代黃石華活躍於經營客家政界以及客家學術界的網絡，在黃氏領導下的崇正總會，促成客家學術研究以及海外客家團體網絡聯繫的蓬勃發展。

　　1990 年代後崇正總會的會議紀錄及會務年度工作報告書裡，除了頻繁密集的客屬團體交流歡宴與資助紀錄，還增加許多「考證客家源流，宣揚客家族群歷史文化」的事項。黃氏相當鼓勵支持成立客家學術研究的機構與中心，並大力贊助出版各類客家研究專書。以 1999 年為例，崇正會即資助北京文化部華夏文化促進會客家研究所召開的「客家與近代中國」學術會議以及論文集出版的經費五萬元（人民幣）；並捐款嶺南大學設立族群與華人經濟研究中心六百萬港幣；贊助港大、理工大學、中文大學合辦的華人社會階層研究研討會、甚至組團參與客家學術研討會等等[11]。

　　作為全球客家通訊聯繫中心，崇正總會每年收到來自世界各地客家屬會成立的請柬、會議邀請函等相關信件往來相當多。有別於一般制式的

---

10 〈香港崇正總會二十四屆第一次會員年會一九七二年十二月十一日會務工作報告書〉，第九項「聯絡系誼、歡迎訪問團體及公宴海內外鄉賢僑領」事項記錄。

11 〈香港崇正總會第三十四屆第三次會員年會會務工作報告〉（1999/12/18）。

請柬、傳真文件，黃石華留下大量富有個人風格的通訊信件。即便只是政治性目的祝賀，或僅只是回覆對方未能參與，黃石華幾乎都親自回覆（經祕書協助謄寫）。1990 年代開始，黃石華透過信件、人際交往所構築的客家網絡，以香港崇正總會為核心，分別與台灣、東南亞、歐洲以及中國等地的客屬組織社團人士展開密切的聯繫。例如黃石華與新加坡崇文出版社社長謝佐芝間的通訊信件中，除了討論支持香港中文大學的謝劍以及上海華東師範大學的吳澤、深圳大學張衛東等客家學者到星、馬、泰國等南洋做巡迴演講，列入推動客家學研究的年度計畫，也討論由崇正會贊助福建省龍岩縣張永和所著的《胡文虎傳》出版經費。

　　崇正總會自創會以來的兩大脈絡，一是聯絡國內海外客系人士，交換智識、振興工商，另一就是考證客家源流、互助同人。黃石華大抵是在這個框架下積極經營世界客家的網絡。在崇正會會員大會報告時，他重申崇正總會的立場：「先賢創立本會是要維護客家人尊嚴，考證客家源流，發揚中華民族客家族群歷史文化，共勉志業，發展工商，興學育才，救災恤貧，並勉以天下為己任」[12]，因此，在其擔任理事長任內積極地推動客家研究，例如 1992 年結識香港中文大學謝劍博士，黃氏連同鄭赤琰、饒美蛟教授共同拜訪胡文虎之女胡仙會面，請求支持贊助五十萬港幣，促成首屆國際客家學研討會，隨之成立國際客家學會，從族群淵源、宗教信仰、語言、歷史人物等方面探究客家議題。自此之後 1994 年、1996 年在香港及新加坡，1998 年第四屆在台北中研院舉行國際研討會，都能看見黃石華媒合台灣、香港與新加坡等地的主辦單位、籌措客家國際研討會經費以及提供贊助等信件往返紀錄。

　　客家學術研究作為支撐客籍人士認同客家，宣稱自己是來自中原血

---

12 〈崇正總會第三十四屆第二次會員年會會議紀錄〉（1998/12/16）。

統純正漢人，一直是客家人用以凝聚彼此、建立相互連結照應的認同基礎。難為的是，隨著客家研究論述的深化，當學說出現新興研究觀點的時候，卻也可能因此造成學界與傳統客家社團人士難以相互對話理解的緊張關係。當客家社團間聯繫頻繁，甚至上層政治與經濟意涵越益顯明的同時，客家社團交流與客家學術研究兩者間原先相互強化的連結關係則有漸行漸遠的趨勢。舉例來說，黃石華所深信的客家源流說基本上是沿襲自賴際熙一脈下來的客家中原貴冑論，但當客家研究開始出現融合說、客畬互動論等不同學術論點時，卻是深信傳統客家論述如黃石華等老一輩的客家領袖們所難以接納的說法：

> 香港崇正總會之創立，是客家先賢如賴際熙翰林等，因為昔年廣東省建設廳期刊詆毀客家人是野蠻部落，客字旁應加「犬」字，因此引起海內外客家有識之士群起抗議，集會共商維護客家人尊嚴對策，於是有香港崇正總會之籌立。……很遺憾，國內嘉應大學房學嘉年來著文竟荒謬地說客家人是古百越族的後裔，是土著演化而成的族群，本會會員劉鎮發亦有同樣的邪說謬論，為維護客家人的尊嚴，希同人予以重視，並望國際客家學會發表聲明予以辨正聲討（黃石華 1998）。[13]

為什麼傳統的中原南遷論對於老一輩客家領袖們是如此重要、難以打破？一部分原因如同黃石華在會員大會報告時所指出的，崇正總會興起的背景就是因為客家被污名化為非漢蠻族，為了維護客家尊嚴，創會先賢們憚盡心力廣徵族譜、進行源流考證，念茲在茲就為證明祖上是來自中原的純種漢人。這樣的信念一直是海外客家人用以認同自身、維繫祖傳文化

13　同註 12，〈崇正總會第三十四屆第二次會員年會會議紀錄〉（1998/12/16）。

的傳統。出身、成長於緬甸的客家人胡文虎，在新馬各地大力推廣羅氏的客家論述，無疑是中原貴冑論的忠實擁護者，顯然無法接受客畬混化的觀點。因此，羅香林在 1933 年發表的《客家研究導論》，原先有討論客畬互動混化的章節，但在胡文虎擔任崇正總會會長發行《30 週年紀念會刊》裡的《客家源流考》中，擔任編輯的羅氏即將客畬論全數刪除，並強化客家是純種漢人觀點，羅氏的論點變遷，其實是在相同脈絡下的結果。

　　另一部分，客家中原論是各地客家人用以拉近彼此距離、建立關係的共同想像基礎。黃石華亦是憑藉這套客家漢民族論述構築海外客家的網絡，輔以崇正總會作為海外客家人的聯繫中心，考證客家源流、發揚客家文化的功能位置，聯繫台灣、中國、日本、東南亞、歐洲等地客籍人士與團體。與此同時，黃氏也承繼前人的腳步，積極鼓吹各地客屬社團建立崇正會組織，納入崇正總會系統裡。1971 年第一屆世界客屬懇親大會決議以香港崇正總會作為世界總會的組織，邀集各地客屬社團加入崇正會的社團會員以加強客屬團結（香港崇正總會金禧紀念特刊編輯委員會 1971：45）。未料 1973 年在台北舉辦第二屆客屬懇親大會時，會中卻決議改在首都台北另外成立世界客屬總會，甚至引發世界客屬總會與崇正總會的正統之爭，當時港方崇正總會甚至組織維護傳統小組，抗議大會會議程序不合規範。一心爭取崇正會作為世界客屬團體之總會的黃石華，更在 1998 年另外號召組織「全球客家、崇正會聯合總會」。究其實，不論崇正總會爭取作為世界客屬團體之總會，或是台灣中華民國政府在 1970 年代面臨外交危機，企圖在首都台北另立世界客屬總會以掌控僑權；儘管書面上的爭執看似是「全球」vs「世界」、甚至是「崇正」與「客屬」等稱謂與程序爭議之爭，但檯面下所計算的絕不僅是名稱置換或是傳統變異問題，而在於「總會」的位置：若是世界各地客屬社團皆夠參與加入「總會」系統，則系統越龐大，社團的影響力與動員能力也就越強大。

　　原訂 1975 年由泰國舉辦，後因為泰國國內政治情勢不安，因此延期改由台北接辦的 1976 年第三次世界客屬懇親大會就是最明顯的例子，這是 1974 年在台北成立的世界客屬總會第一次主辦的世界客屬懇親大會。世客總會理事長翁鈐在懇親大會上的大會報告，直接闡明世界客屬總會成立目的就是為了要「做政府的後盾」。不僅如此，世界客屬總會更在會議中提案建議「加強連絡世界客屬同胞，團結國內外中華兒女，一致擁護政府及時光復大陸，復興民族，重奠世界和平基礎」，大會更決議發表了〈世界客屬懇親大會共同宣言〉，申明：

> 我們都是「客家人」，中華民族的皇帝子孫，今天分別由世界各地來到自由祖國—中華民國中央政府所在地台北市，舉行世界客屬第三次懇親大會，……我們現經大會全體一致議決通過，揭櫫下列各要項：
>
> 1. 我們要率同子弟親友，隨時響應祖國政府號招，奮勇擔起光復祖籍大陸、消滅中國共產黨、拯救同胞的時代責任。
> 2. 我們要發揚中華文化，努力民族大團結，善用各種關係，加強對外友好，以增進對我國國情國策之瞭解與贊助。………（世界客屬總會祕書處 1976(1984)：90）。

　　政治宣示氣味濃厚的第三次世界客屬懇親大會，反映國民黨政府在面對嚴峻的 1970 年代外交危機挑戰中，為了突破國際上的孤立處境，積極透過血緣、民族的概念動員海外僑胞共同加入反共、抗共陣線，作為對「祖國」的支持。1950 年代以來，崇正總會一直是每年固定回台參與國民政府邀集僑胞組團參與慶賀祖國雙十國慶的海外重要僑團之一，長年與國民黨政府官員來往密切、互動頻繁，僑團向來是國民黨進行選舉動員的重

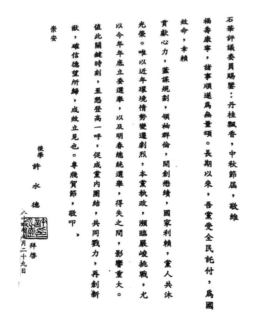

崇安

石華評議委員賜鑒：丹桂飄香，中秋節屆，敬維

福壽康寧，諸事順遂為無量頌。長期以來，吾黨受全民託付，為國

效命，幸賴

貢獻心力，藎謀規劃，領袖群倫，開創卷績，國家利賴，黨人共沐

光榮。唯以近年環境情勢變遷劇烈，本黨執政，瀕臨嚴峻挑戰，尤

以今年年底立委選舉，以及明春總統選舉，得失之間，影響重大。

值此關鍵時刻，至懇登高一呼，促成黨內團結，共同戮力，再創新

獻，確信德望所歸，成效立見也。專歲賀節，敬叩

後學　許水德　拜啓

八月二十九日

圖 4-2
許水德致黃石華文件，香港崇正
總會收藏（研究者攝）

要組織。選舉將至的時候，許多國民黨人士也會懇請黃石華協助動員。

　　黃石華在 1994 年 11 月 12 日的台灣省長、台北市長及高雄市長選舉時，為國民黨候選人助選，向台灣客家社團所發的助選聲明，亦相當耐人尋味，黃氏的選舉動員論述是台灣客家人應該支持由客家先賢創立、現在是客家人領導的國民黨，客家想像甚至可以超越台客、新客的區分界線：

香港崇正總會具有七十三年歷史，是佔香港人口三分之一強約二百多萬客家人總團體，亦是海外近千萬客家人聯絡中心，本人實際主持該會會務三十多年，現本人以客家人一分子呼籲台灣省近五百萬客家鄉親一九四九年追隨先總統蔣公到台灣三百萬新客，一致支持客家先賢國父孫中山先生所創立及現在由台灣客家鄉親李主席登輝總統所領導之中國國民黨所推選之台灣省長候選人宋楚瑜先生，台北市長候選人

黃大洲先生，高雄市長候選人吳敦義先生，裨保衛中華民國，繁榮台灣，安定台灣，徐圖實現大中國統一。[14]

　　客家身分與客家中原論述讓黃石華自 1990 年代以來能夠游刃有餘地遊走於台灣、中國與各地客家社團之間。台灣的中華民國政府在戰後因國民黨長期將僑務政策視為政權保衛的指標，強調招攬僑胞回國的政治宣傳效果，從僑教、投資到參政都著重在拉攏海外僑胞的政治聯繫工作。身為崇正總會理事長的黃石華既能夠向客家人進行選舉動員，黃氏在海外以及台灣內部客家動員能力與社團影響力同時也讓黃氏以此爭取擔任國民黨的評議委員、總統府國策顧問的職位、甚至協助介紹崇正會裡的同人爭取國民黨內中央評議委員等相關職務。總統府資政邱創煥訪日時，黃石華曾寫信聯繫日本崇正總會大老邱添壽，強調邱氏同為客家人的背景，請求日本崇正會客籍人士予以熱情接待。整體以觀，1990 年代以來黃石華與台灣的關係與客籍政界人士往來較為密切，1995 年黃氏籌備第三屆國際客家研討會時曾經表達希望能在新竹客家縣份舉行，聯繫對象即是以林政則、范振宗等政界人士為主。直到 1998 年徐正光任中央研究院民族所所長時，由中央研究院主辦第四屆國際客家研討會，崇正總會亦提供相當金額贊助。

　　在中國網絡部分，自 1977 年鄧小平重新掌握權力後，修改文化大革命以來打壓海外華僑的政策，並回復過去僑務機構，一方面號召、爭取華僑協助投資、建設中國，另一方面更致力於對台灣及港澳的統戰工作，藉由文化與經濟上的聯繫，團結海內外華僑華人、強調「中華民族大團結」的論述（范雅梅 2011：152）。崇正總會作為海外客家人聯絡中心，又以

14　1994/11/12 黃石華協助助選聲明信件（香港崇正總會收藏）。

考證客家源流、發揚中原客家民族歷史文化為志，無疑是必須拉攏的僑資力量以及協助統戰的重要團體。黃氏與中國方面的往來則分作客屬聯誼、宗親會以及政界，除了資助鼓勵客家研究會、崇正聯誼會成立之外，最重要的仍在於投資招商以及協助統戰。1992 年中國河南鄭州客屬聯誼會籌委會黃亞祥寫給黃石華的信件，即直接向黃氏請求對於「事業」的支持：

> 黃老前輩，據我所知，若我會只搞成「聯誼」形式，不能像章程那樣做一些經濟交流合作工作，其結果是得不到政府的大力支持的。故敬請各位前輩、名賢支持我們辦一些「事業」，促進中原與海外的經濟、科學文化的交流工作，謝謝。……我非常希望前輩發動近鄰國家的客屬社團、名賢前來參加大會（我們也給他們發邀請），以使我們的大會開得更成功。[15]

事實上，招商、外資往來通常是互相的，客家、宗親是經營關係的觸媒，在商言商才是底蘊。黃石華亦曾蒙中國和平統一促進會接待訪問北京，途經上海時，受海外聯誼會，邀請拜訪上海市政府，黃氏亦曾主動向上海市長提及引進外資計畫：

> 在座談中，蒙示上海宏圖，謂有凡百項目歡迎海外投資，年來本人引進加拿大電力財團到粵東合作建水力、火力發電廠，蒙閣下對客家信任，如有需要大上海建設向外資推介，除電廠外，其他基建亦可推介，是否成功，全看項目對投資者吸引力。其條件一、項目批文，二、可

---

15 1992/7/2 中國河南鄭州客屬聯誼會籌委會信件附邀請書（香港崇正總會收藏）。

行性報告，三、中外合作，四、回報率需百分十五、六以上，五、年期二十年以上，六、中介費百分之五（加財團 3%，加、港經辦人 1%，國內有關福利 1%）如有需要請賜示告資料，裨轉加方聯絡。[16]

1998 年黃石華積極奔走聯繫在香港成立的「全球客家、崇正會聯合總會」，即是在北京國務院僑辦張偉超副主任，以及兩岸有關部門的建議鼓勵下成立。整體而言，全球客家、崇正聯合總會是奠基於黃氏長年奔走於各地客屬僑團的網絡基礎，在呼應中華民族團結的論述下，強調要為「對客家人團結，中華民族客家族群歷史文化發揚，兩岸和平，中國統一」做出貢獻，並在第三屆代表大會宣布成立「全球客家人、華人、華僑促進中國和平統一大聯盟」，「呼籲兩岸政府以經貿、科技、文化、交通等方面真誠合作，促進大中國和平統一」（全球客家、崇正會聯合總會 2005：43、62）。

黃石華也跟幾位客家社團領袖間有私人情誼，來往較為密切，如英國崇正總會會長張醒雄或是日本崇正總會會長邱添壽等，儘管人情私事常與公事相互混雜難以一概區分。張醒雄與黃石華間的往來通信，即言及歐洲經濟不景氣，儘管想把世客崇正總會組織起來，卻受到經濟衝擊影響，難以舉行客家活動。也試圖詢問黃氏「未知兄台近年來對全球客人福利、組織有何大計。兄台是我和全歐客人偶像，當會跟隨奮鬥」[17]，表達追隨之意。香港與東南亞與英國歐洲等海外網絡聯繫，主要集中於舉辦客家會議間的聯繫、相互支持客家會所的興建與懇親會議的召開，以及牽線、聯繫投資會議等討論。例如協助牽線泰國惠州會館與成都經濟技術開發區招商

---

16 1996/5/12 黃石華書信（香港崇正總會收藏）。

17 1991/8/4 張醒雄致黃石華書信（香港崇正總會收藏）。

局，參與成都國際桃花節招商引資洽談會。東南亞、歐洲客籍華人的海外
投資案，自 1990 年代中國改革開放以來，與中國間的往來投資關係較為
密切，透過返國參與國慶活動、觀光訪問同時開展經貿間的合作與投資。
黃石華在崇正總會過去所累積的網絡基礎上，積極串連各國客家團體，並
且大力資助客家研究。在其任香港崇正總會理事長以來，費心經營、創
造構築出來的全球海外客家網絡，以客家人來自中原為漢民族之一支為號
召，強調客家擁有特殊語言與文化傳統，作為愛國、愛家的民系，彼此相
互團結的論述，既有深刻的政治內涵，也有經濟現實的利益基礎。客家中
原論述即是在這個框架裡用以串連彼此的元素。

（三）當代世界客屬網絡

　　1971 年基本上是以香港崇正總會為首推動世界客屬想像，在慶祝崇
正總會五十週年會慶時首度邀集世界各客家社團共同與會，開啟第一屆世
界客屬大會的劃時代高潮。會議並議決此後固定每二年聚會，廣邀各地客
屬社團加入香港崇正總會，建立世界客屬組織，世界客屬想像到此時已然
發展成熟。必需補充說明的是 1971 年代的世界客屬想像整體仍是承繼羅
香林以來的客家想像論述，核心論述軸線並沒有太大更動，但加入了隱微
的國家認同轉換。羅香林所談的是中國民族主義下的客家想像，出生於
緬甸的胡文虎，其實是居住於南洋的中國客家人，所關注支持的是中國抗
戰，但是 1970 年代後參與海外客家社團聯繫的客家人，陸續經歷各地從
「華僑」到各國「華人」的認同轉換，逐漸成為各所在國的公民，而不再
是「華僑」，空間認同也經歷從「跨域」到「跨國」的轉變。其次則是國
家力量的積極參與介入，在歷屆世界客屬懇親會議中，不論是 1971 年代
的中華民國政府，或是 1990 年代開始積極爭取海外客家華人的中國政府

都選擇以「祖國」自居，競逐著祖國代表性，爭取華僑「心向祖國」。也就是說，這個階段的客家想像裡，國家認同的成分已逐漸從中國轉換為「祖國」。

自 1971 年至今，2019 年第 30 屆世界客屬大會在馬來西亞盛大舉行甫落幕，並且決議第 31 屆將由加拿大接辦。將近五十年的寒暑，儘管世客會舉辦規模、人數與參加團體越益擴大，與會賓客卻伴隨著客家社團垂垂老矣，會場已少見年輕的臉孔，紀念特刊的紙質與照片越見精美、表演活動盛大，但特刊與懇親會議討論的內容議案卻變輕薄了。這樣的客家網絡在當代似乎已經弱化。當各國客家人聯繫需求降低，召喚客家彼此團結串連的實質重要性也就隨著降低。

從海外客屬想像到世界客屬想像，整體是奠基於既有的客商人際網絡的串連推動，客家辦莊在其中更是扮演重要的角色；隨著香港在 1841 年開埠，華商資本逐漸積累，1920 年代是香港華商發展的黃金期。華商資本不僅在香港紮根，更隨著貿易線延伸到海外各地華人聚集區：

> 香港為首的海外貿易的業務，以對海外各埠行商及客屬華僑貿易，輸出貨品以食品雜貨品為大宗，代辦僑匯、出國手續、信託置業等業務。客家辦莊貿易範圍以對海外各埠客家華僑為最大聯繫，如星馬線、暹緬越、印尼線、婆羅洲線、南太平洋線、西印度線、南北中美洲各線、歐非線等，均有貿易上之聯繫。客家人無論在海內海外均有密切聯繫，在商務上更有互相聯絡。互相信任、共謀發展（香港崇正總會 1958：91）。

但是隨著第二次世界大戰發生，世界經濟結構轉變，辦莊生意大受影響，直到戰後始逐漸恢復。緊接著 1950 年代受到美國限制疏運法例的

限制後，更使得金山莊因大受打擊而逐漸式微。對於辦莊業而言，他們最期待的仍是客家銀行的創立，協助行商海外貿易（香港崇正總會 1958：92-93）。這樣的企盼直到 1971 年第一次世界客屬大會召開時，依舊是香港崇正總會念茲在茲列為大會的中心討論議案。儘管當年設立客家銀行議案原則上通過了，眾人決議「交香港崇正總會擬具計畫聯絡辦理」，事實上進行狀況卻是遙遙無期。當客家辦莊隨著老成凋零，繼之興起的則是新興一代的客家商人在不同產業經濟體裡嘗試進行貿易合作、相互串聯。隨著現代社會的發展，當客家年輕後輩的人群想像以及人際網絡逐漸超越過去的方言群時，以客家為名的串連實質意義就下降了。過去客籍商人串起來的商業網絡亦因此弱化。以黃石華為例，儘管他大半輩子涉入客家事務甚深，但他的兒孫輩卻多留在美國經商，當年輕後輩的語言與文化脫離客家脈絡時，幾乎不再與客家有所關聯。

其次，海外客家人最重要的移居地主要是東南亞，隨著第二次世界大戰後，東南亞各國陸續獨立建國，東南亞華人面臨所處的地主國獨立建國後國族認同的選擇—成為新興國家的公民或者是中國認同下的華僑？新興國族想像的出現，逐漸影響海外華人對於祖國想像認同的距離。過去以胡文虎為首，推動海外客僑共同響應各地客屬公會的設立與串連，隨著戰爭結束，1954 年胡文虎過世，加上東南亞各國獨立建國，當年在各地風起雲湧成立的客屬公會則逐漸沉寂（1970 年代後新興一波馬來西亞客家公會聯合會的復興將留待後面章節討論）。[18]

戰後，客家人在馬來西亞與新加坡的生存環境與結構皆面臨到許多衝擊與變化。戰後獨立的馬來西亞高舉著馬來建國主義的旗幟，推行「馬

---

18 1970 年代後當地華人開始努力串連開啟新一波客家集結運動，但此時客家想像內涵已有所轉化，逐漸轉向以在地國家認同出發凝聚國內的客家社團。

來亞的土地是馬來人的土地、馬來亞的文化是馬來人的文化」的政策，在
聯盟政府強調一個國家語文（馬來文）的政策影響下，馬來西亞中學所有
的公共考試只能以國語（馬來文）或英語為媒介。1965 年新加坡獨立後，
由政府統籌實施文化教育、社會福利等政策，過去客家會館所提供的義學
也由政府教育系統取而代之，接受新教育制度與公民教育年輕一代的新加
坡客家人，對於祖籍家鄉認同比起祖輩較顯淡薄，因為日常社交網絡早已
超越同鄉社群，更多是來自於學校或工作同事的網絡，年輕人對於會館活
動也不再如祖輩般熱忠了。更甚者，新加坡政府 1979 年開始推行「講華
語運動」，減少使用方言，象徵華文教育堡壘的南洋大學在 1980 年遭關
閉，華校命運更是從此沒落（張容嘉 2013：4）。

　　戰後香港基本上仍延續著 1920 年代以來的各地方言群語言，1956 年
香港崇正總會曾函請香港廣播電台兼以客語廣播新聞，自 11 月開始每日
晚上 6:30 開播客語新聞，隔年麗的呼聲電台，亦自六月後每日廣播兩次
客語新聞（香港崇正總會祕書處 1971：11）。但是 1967 年香港暴動後，
殖民政府一改過去的作風，檢討對於香港本地文化政策，將廣東話定義
為統一語言，發展本地文化，自此之後廣播電台、電視等其他方言都被取
消。廣東話成為公共與教學的中文法定語言（楊聰榮 2002）。對於香港客
家文化影響極大。

　　換言之，隨著 1960 年代末東南亞國家獨立，從教育文化語言政策的
改變，甚至新興國族認同的抉擇，年輕一代受新式教育影響，日常社交生
活逐漸超越過往以祖籍、方言群為主的認同網絡，加上各國客家人生存處
境的差異，皆使紮根於「中國民族主義架構」下發展出來的世界客屬想
像，逐漸有些許違和感。儘管被召喚的各國客家團體，仍積極參與世界客
屬懇親大會，但隨著人事老去，客家語言的號召與認同逐漸衰褪。黃石華
時代結束後的香港崇正總會，近年來也因會內事務紛擾，暫時停止運作。

　　另一方面，儘管民間團體推動客家想像的力量隨著黃石華時代的結束而削弱，但是國家介入形塑客家想像的力量卻陸續增強中。1971 年是台灣的中華民國政府退出聯合國的關鍵時代。第一屆世界客屬懇親大會的成功，吸引了中華民國政府試圖介入掌控世界客屬大會，以爭取僑權。1990 年代後崛起的中國，1994 年首度取得世界客屬懇親大會的承辦權。兩相競爭之下，「祖國」逐漸歸屬於中國已無疑義。另一方面，台灣經歷 1980 年代以來的本土化浪潮，促成 1988 年台灣客家運動。影響所及，2001 年全球唯一中央層級的客家委員會成立，開啟了新的一波以強調新興世界各國公民認同下的全球客家想像，逐漸與 1971 年後的世界客屬想像並駕齊驅、各別苗頭。以下首先從中華民國政府以及中國競相打造的「祖國」競爭談起。

二、兩個祖國、一個中心化想像

　　1970、80 年代以來，隨著全球化的發展，世界各地華人社團開始透過同宗、同姓氏、同祖籍地緣等關係，展開全球性的串連。這種全球性跨國網絡串連，最早始於 1963 年在香港成立的世界龍岡親義總會，每三年舉辦一次懇親大會。後續 1981 年國際潮團聯誼年會、1997 世界晉江同鄉總會等各式宗親聯誼會佽次成立，這類社團的懇親會議與組織主要都是以強調鄉情、鄉誼為主，用以凝聚「世界一家親」的想像，召喚世界潮人、海南人、同安人、世界顏氏等華人宗族團體，建構海外華人社團的跨國網絡（曾玲 2002）。海外客家社團的跨國網絡連結也是興起於這波全球華人社團的跨國連結風潮中。在全球性華人社團的網絡連結裡，姓氏團體是以一種擬血緣的遠祖或虛擬祖先做為社群認同的象徵，例如世界龍岡親義總會每年都會為四姓先祖（劉備、關羽、張飛、趙子龍）的誕辰舉行祭祖典

禮[19]，用以凝聚四姓一家的群體記憶。世界潮州、海南、同安、晉江等社團，則是強調共同地緣祖籍為主。但客家的獨特性即在於，只有客家是以一種超越血緣、業緣、地緣的方式，運用語緣聯繫彼此，客家基本上就是個內部充滿多元性的團體，由於客家的「原鄉」本來就不是來自一致的祖籍地，語言也各有不同的腔調，但是當嘉應會館、惠州會館、大埔會館、陸豐等祖籍地緣性團體開始以客為名相互連結時，就超越了傳統華人社團以祖籍地緣作為認同的因素，甚至開始以移居地的關係作為連結，馬來西亞的客家人、澳洲客家、印尼客家等等。

當代全球華人宗鄉社群跨國網絡的壯大，對於擴大華商的商貿網絡與所在國區域投資機會皆具有重要意義（曾玲 2002：54-55）。但全球客家社群除了普遍性的商貿交流之外，其發展壯大的規模卻遠遠超越同時期的各個全球華人團體，只有客家社群能夠在台灣與中國甚至晚近影響到新加坡、馬來西亞成立一間間國家層級、地方層級甚或是民間自辦的客家博物館、客家文物館、文化園區等等，以及客家學院、客家研究中心林立，台灣更有全球最高層級的客家委員會專責客家事務等等。這來自於客家所獨具的特殊性：在中國與台灣爭取海外華僑與外交軟實力的獨特競爭架構下，客家社群獲得中國與台灣傾國家之力發展的特殊位置，展現在許多國際性客家社團的交流場合；國際客家學術典籍的研究、出版，甚至是最近二十年來興起的客家博物館、客家文化園區熱潮等等，處處可見以客家為名的客家詮釋權競爭。

---

19 《世界日報》，2017，〈龍岡親義總會喜迎世界龍岡親義總會〉。http://www.udnbkk.com/article-237081-1.html 取用日期 2018 年 3 月 25 日。

（一）祖國台灣：外省客家同鄉會與中原客家論述

　　1945 年戰後國民政府來台接收，是台灣客家與客家中原論接觸的開始。台灣人首當其衝面對的是來自於南京國民政府「重新做中國人」的挑戰。台灣人被要求重新學習「國語」（華語）的聽說讀寫，充實「祖國化教育」，從法令規章、思想、生活習慣、語言文學的全面轉換（何義麟 2006：235）。日治時期以日文為主要書寫思考方式的知識分子們，戰後面臨一段重新學習「國語」的磨合期。台灣客籍人士亦是在戰後，隨著與戰後遷台的外省客家人間的交往，逐漸接觸到羅香林的中原客家論述。陳麗華（2011：8）指出戰後 1950 年代，來自廣東西寧的客籍人士蕭耀章曾經打算藉由翻印羅香林的《客家研究導論》向台灣客家同鄉推廣民族教育，當時羅香林考量臺人可能更容易理解日文，還曾提供有元剛的日譯版本供蕭耀章送印，當時印了約兩千本左右，交由新竹人張翠堂負責推廣，估計可能在北部造成較大影響[20]。1962 年由外省客家謝樹新所創辦的《苗友》月刊，1965 年更名為《中原》月刊，是台灣第一份以客家社群為對象的跨區域定期刊物，更是以羅香林中原客家論為基礎，透過定期發表客家源流、客家原鄉風土、客家名人等論述，成為 1960 到 1980 年代客家論述基調（林正慧 2015：428-440）。

　　戰後最早由本省、外省客家人所共同組成，於台北市成立的客家會，是客家人在台北市第一個成立組織。台北是台灣工商業最發達的城市，又是首府，吸引大批離鄉的客家子弟。根據溫送珍回憶，[21] 當時離鄉背井的

20　蕭耀章，〈紀念羅香林教授──記《客家研究導論》日譯本再版經過〉。網路資料，轉引自陳麗華（2011：8）。

21　葉倫會，2006，《溫送珍回憶錄上》（稿）。http://ylh515.pixnet.net/blog/

客家人在台北打拼，最初是由何禮謙召集一群客家人互相聯誼，選在大年初九天公生日這天在大稻埕陳進奎經營的茶工廠聚會，祭拜天公、互拜新年，後來因參加人數漸多，決定籌組客人會，凝聚客家的向心力。成員包括旅北的客家人如著名外科醫師徐傍興、戚瑞春、彭運海等，也包含半山客家丘念台以及外省客家薛岳、黃鎮球等人。1952 年籌備成立「旅北客屬同鄉會」，並在同年底舉行成立大會，當時因為鄒魯認為客家人自中原南遷，語言仍保有中原的聲韻：「我們是黃帝的後代，也就是中原民族的裔孫」，建議將旅北同鄉會更名為「台北市中原客家聯誼會」（周東郎1974：549-552）。成為臺北市戰後第一個成立的客家社團，這群客家人的組織以一種同為大城市裡的族群少數，加上宗親語言親近性的關係，跨越當時的省籍界線相互連結。不僅如此，中原客家聯誼會也因接待海外僑團裡的客屬人士，參與 1971 年由香港崇正總會發起的第一屆世界客屬懇親大會，並且擔任 1973 年第二屆世界客屬懇親大會的籌備團體。

　　台灣在 1950 年代後漸次成立的客籍人士的同鄉會，主要都是由戰後隨著國民政府撤退來台的外省客家人為了聯繫鄉誼、彼此照應所組織起來的，例如 1953 年成立的台北市蕉嶺同鄉會、梅縣同鄉會、1954 年的興寧同鄉會、1963 年成立台北市大埔同鄉會等等。這些同鄉會通常因為設籍在台北，往往兼具每年十月雙十國慶海外僑胞回國觀光與參加祝賀總統華誕活動時，擔任負責聯繫、接待海外客屬同鄉的角色（世界客屬第二次懇親大會實錄編輯委員會 1974：534-552）。這其實與國民政府 1950 年代開始的僑務政策有著密切關聯性，由於做為復興基地的台灣在事實上既非華僑的「僑鄉」，海外華僑與台灣之間也不存在鄉土與血緣上的連結，為了要爭取海外一千三百萬，人力、物力、財力充沛的華僑，加強僑胞與「祖

國」（台灣）間的認同，就必須建立新的政治論述，透過強調華僑與孫中山革命的歷史記憶，強化華僑、革命與建國間的關聯性，讓（祖國）台灣成為新的政治認同對象，因此每年在雙十國慶鼓勵僑胞回國「觀光」、參與國家光輝十月慶典，即成為 1950 年代以降僑務工作的重點，一方面營造海外華僑歸心祖國的國際形象，穩固台灣在華人世界裡的「中國」正統地位，同時能激勵國內士氣（李道緝 2007：186-197）。1950 年代後成立的這些客家同鄉會組織即扮演重要的接待角色，與海外客家團體如香港崇正總會等交流，成為文化傳承、維繫族群認同的載體。

　　羅香林的中原客家論述不僅被刊登在 1971 年的第一屆客屬懇親大會的紀念會刊裡，《第二屆客屬懇親大會實錄》也刊登羅香林《客家源流考》全文，主辦單位更邀請羅香林在懇親會議中就《客家源流考》，為各國客家人們提出專題報告。在一次次世界客屬懇親大會的舉辦以及同鄉會刊、中原月刊等出版的客家特刊裡，羅香林的客家中原論述不斷地被強調、複製，逐漸被吸納成為台灣客家論述的基調。1978 年陳運棟的《客家人》出版，陳運棟即提到當時寫作《客家人》的背景是因為鍾肇政的推薦，加上自己對於文史的興趣，因此決定接受這個任務：

　　當時我手上也沒有任何有關客家人的資料，我只好又去由原鄉來台傳教的那些天主教神父那裡討教，在那裡我看到了羅香林的《客家研究導論》、《客家源流考》兩書，以及一些南洋群島的客家同鄉會刊。以後又得到中原雜誌社出版的《中原文化叢書》1 至 6 集，這六本叢書，其實是把登載在《中原月刊》上，有關客家的文章集結成冊；其內容大致分為客家語彙、客家掌故、客家風土、客家語言研究、客家山歌所談、客家歌謠新譜等部分，這些都是當時在台灣所能看到的僅有的客家文化資料（陳運棟 2015：210）。

因此，戰後第一本台灣客籍作家所寫作的客家源流專書，書中反映深刻的中原敘事觀點，全盤接收羅香林的客家民族遷徙觀是可以理解的。陳運棟表示自己在當時盡可能嘗試綜合歸納海內外客家研究的成果，但是「在研究體系、結論或觀點，則完全延續羅香林的學術傳統」（陳運棟 2015：211）。這種強調客家精神保留了最純粹的「漢族文化精神」、「中原遺風」、與「民族氣質」的中原論述，呼應早期國民黨的中華民族法統以及反共復國的敘事觀，成為民間與官方客家論述的典範（林吉洋 2007：27-30）。直到 1980 年代後受到台灣本土化運動、政治反對運動潮流影響下，經歷論述典範轉移、追尋本土認同的客籍精英們，才引領新一波的台灣客家想像。

（二）世界客屬想像詮釋權的競爭與動力

從 18、19 世紀以來逐漸醞釀，到 1933 年以羅香林集大成的古典客家論述，1930 到 1950 年代胡文虎身兼香港崇正總會以及南洋客屬總會兩會會長，經由胡氏大力推廣到新馬各地的客家會館與華校，逐漸成為世界各地客家人所共享的客家想像基礎，並且成為 1971 年以來世界客屬懇親大會用以召喚世界各地客家人相互集結，強調尋根、以及客家人乃中華民族架構下優秀漢人的中原客家論，一直以來都是中國以及台灣的國民黨政府共同分享的客屬想像基礎，競爭作為海外客家人的正統祖國。因此，世界客屬懇親大會自 1971 年開始以來就透露著濃厚的政治味，香港崇正總會會長張發奎在崇正總會發行的《金禧大廈暨世界客屬懇親紀念特刊》獻辭闡明了大會的反共立場：

我中華族民，是於如斯世代，久罹赤禍，大半同胞現於水深火熱之中，

固有文化道德，不蝼掩衛。惟賴海外數千萬愛國僑胞，大義當前，知
所抉擇，若不支持反共國策，無以挽救國家於危亡。……國家對於
我以數百萬計之客屬僑胞，尤其殷殷寄望焉。期待者何？語其要者，
曰：支持反共國策，發動國民外交，以為我政府外交之後盾（張發奎
1971：2）（橫線為研究者所加）。

紀念會刊題辭第一頁就是總統蔣中正題的「互助合作歷久彌堅」，接
續是副總統嚴家淦、立法院長黃國書、司法院長謝冠生、考試院長孫科等
人的題詞，顯示當時海外客僑與國民政府政要之間的友好關係，在台灣
國民政府遭逢國際外交危機時尤顯重要。1973 年台灣舉辦第二屆世界客
屬懇親大會時，會後甚至共同發布〈敬致世界客屬同胞書〉，足見世界客
屬懇親大會濃厚的政治立場：「不論居住在任何地區或國家，自當堅持忠
貞立場，誓為自由祖國政府的後盾」、「協助居留地政府，維持社會秩序，
確保區域安全，打擊共黨的滲透顛覆陰謀」（世界客屬第二次懇親大會實
錄 1973：21）。

當代越辦越盛大的客屬懇親大會動力一方面來自於兩國政治統戰的
競爭，另一方面，伴隨著懇親會議而來的經貿洽談對於海外客家社團也是
相當重要、不可或缺的一環。不可否認的是，除卻背後的政治經濟利益，
這些願意自掏腰包，甚至扛著所屬社團的出版品、文宣，兩年參與一次盛
會的與會者，彼此間願意熱心資助他國客家人興建客家館舍、籌募基金，
這些客家人對於彼此客家的認同與熱情卻也是真誠的。

1. 中華民國政府

臺灣的中華民國政府自從 1950 年代以來就積極於僑務工作，但台灣

之所以能夠成為「代理祖國」——海外僑民對於中國認同的對象，事實上
是在世界冷戰的結構與國際間局勢平衡下所造成的。1970 年代後更利用
客家這條線作為外交突圍的方式，1974 年成立的「世界客屬總會」，基本
上算是國民黨執政下的僑務與外交組織的外圍組織。早年世界客屬懇親大
會在每年閉會時，都有發表「大會共同宣言」的傳統，一直持續到第十二
屆 1994 年由中國梅州承辦後才停止。從共同宣言的內容可以看出懇親大
會自 1970 年代以來世界客屬總會主導的反共立場，以及海外客家團體立
場的變遷。例如 1973 年第二次懇親大會發表共同宣言，還分成「敬致大
陸客屬同胞書」與「敬致世界客屬同胞書」兩份，前者號召鐵幕裡的同胞
一起追隨自由祖國政府蔣總統的領導，共同推倒暴政，重獲自由。後者則
重申客屬同胞應加強團結，獻身反共復國大業。1976 年適逢毛澤東過世，
第三次客屬懇親大會宣言更直接傳達黨意的呼喚：

> 我們不能夠也不應該指望大陸同胞自己起來消滅共產黨，不能夠也不
> 應該坐待共產黨日趨覆滅，……我們必須乘此時機，加強擁護政府，
> 增厚實力，奮勇反攻，予以消滅，才是我們客屬子弟應有的精神，應
> 盡的責任（世界客屬第七次懇親大會暨世界客屬總會成立十週年紀念
> 大會特刊 1984：85-90）。

　　但是第三屆之後，緊接在美國、日本以及泰國舉辦時所發表的共同
宣言，基本上已經相當程度淡化了反共立場，只強調自由民主的生活是所
有客屬人士的共同願望，呼籲爭取人權，互相合作、「愛國愛家」（世界
客屬第七次懇親大會暨世界客屬總會成立十週年紀念大會特刊 1984：91-
103）。
　　從共同宣言內容觀察，可以看出儘管世界客屬總會名為總會，但與

海外各國客屬團體之間並不存在主從隸屬的權力關係。各屆主辦社團仍有相當的自主權，只有台灣方承辦世界懇親大會時，宣言內容才會呈現露骨的「反共」宣傳，但宣言本身仍需要經過大會代表們共同追認決議通過，因此從宣言內容仍可推知在第十屆之前，海外客屬團體大致是偏向支持台灣的中華民國政府的，懇親大會主導權仍在世界客屬總會。從懇親大會的大會議案亦可觀察各國主席團代表的權力消長。

1978 年第四屆客屬懇親大會，曾經決議通過讓全世界客屬團體與自由人士，「予以一致加入」世界客屬總會，加強團結（世界客屬第七次懇親大會暨世界客屬總會成立十週年紀念大會特刊 1984：92），1990 年第十屆客屬懇親大會決議為加強客家文化交流，客屬團體應利用學校假期舉辦客家文化內容的冬令營或夏令營，並且保留名額給海外鄉親，達到交流目的。由世界客屬總會負責主要業務，推動客家文化專題研究以及發行世客通訊，編印世客週報、季刊等，報導宣傳各地客屬社團活動以及舉辦世界山歌比賽等等（世界客屬第 10 次懇親大會紀念特刊 1990：157）。顯示 1990 年代以前，世界客屬總會都還擁有世界客屬懇親大會的主導優勢。然而隨著 1990 年代後冷戰架構的崩解，中國改革開放後挾帶著龐大經濟勢力的崛起，開始參與世界客屬懇親大會，此時國民黨政府作為代理「祖國」的代表性不再名正言順，海外客家族群對於「祖國」認同亦逐漸轉向中國。1996 年在新加坡舉行的第十三屆世客會，主席團通過成立世界客屬聯誼會，1999 年在馬來西亞更通過募集世客聯絡處的基金，由梅州世界客屬懇親大會連絡處取代第十屆通過世客會所負責的業務。至此，台灣的世客會可謂完全喪失主導地位。

2000 年台灣政黨輪替則是另一個重要的轉捩點，世界客屬懇親大會從原先台灣的國民黨政府與中華人民共和國之間長期的國共對峙競爭關係，也隨之改變。隨著台灣本土化運動以降台灣意識的確立，民進黨

上台，意味著台灣開始以主權獨立的國家身分現身，不再強調「自由祖國」，並且與「中華民族論述」保持一定程度的距離。[22] 世界客屬懇親大會內部，過去國共之間隱微競爭卻逐漸調整為友好關係，世界客屬總會的總會長吳伯雄在其中扮演關鍵性的重要角色。2000 年在福建舉辦的第十六屆世界客屬懇親大會，由世界客屬總會的總會長吳伯雄與曾任民進黨主席的許信良、新竹縣長林光華共同出席。時任國民黨副主席吳伯雄並且應邀會後前往北京訪問，成為 1949 年以來兩岸最高層級的國共政治人物的會唔，備受矚目（葉日嘉 2006：119）。大會的開幕式有福建省長習近平、政協副主席王兆國、羅豪才、張克輝、吳伯雄等人參與，致詞內容均以強調海峽兩岸的團結合作、實現祖國統一大業為主，吳伯雄的致詞則強調「中國人永遠不打中國人」、「中國人要互相幫助的共贏」（世界客屬第 16 屆懇親大會紀念特刊 2000：62-68）。

　　徐仁清利用社會網絡分析（Social Network Analysis）將第 1 到 29 屆世界客屬懇親大會的人物職務關係，發現其中受任名譽榮譽職務最多屆的是吳伯雄，其次是曾憲梓、黃石華、李金松、翁鈐、薛岳等人，代表社群組織裡的重要人物（張維安等 2017：11-12）。這個研究成果也呼應世客會總會長吳伯雄在 2000 年參與第十六屆世界客屬懇親大會後，藉由回到祖籍永定祭祖尋根的行動，開啟以客家身分拓展兩岸政治的關係。2008年台灣政黨再度輪替，吳伯雄更以國民黨黨主席身分率團訪問中國，與中共總書記胡錦濤會面，代表重新執政的國民黨與中國共產黨的首度協商，雙方並提出和平發展願景。同年 8 月吳伯雄再度「回鄉謁祖」，面對

---

22 關於台灣本土化運動以降興起的台灣客家論述，以及新興全球客家論述，請見下一章的討論，本節主要著重戰後中華民國政府以及國民黨官方色彩濃厚的世界客屬總會與客籍政治人物的分析。

村人張貼在吳氏宗祠的「同宗同祖同心聲，隔山隔海難隔情」歡迎對聯，吳伯雄表示回到永定讓他有回家的感覺：「兩岸同屬中華民族，血緣的力量，文化的力量，讓我們維繫在一起，任何力量都不可抹殺」（慧娟、郁藍 2008：31-36）。

2009 年世界客屬總會主辦「世界客屬和平大會」，總統馬英九在開幕致詞[23] 肯定 2008 年在世界客屬總會長暨國民黨黨主席吳伯雄的大力協助下，重新恢復兩岸凍結十年的制度化協商，並且在六月份的雙邊協商下，兩岸通過週末包機通航，以及開放大陸觀光客來台的協議，至今共簽訂九項協議與一個共識，大幅降低兩岸間的緊張關係，並稱許世界客屬總會的民間外交貢獻。過去世界客屬總會曾經擔負國民黨政府外圍團體的外交與僑務功能，儘管在中國勢力崛起後大受影響，但隨著 2000 年吳伯雄參與第 16 屆世界客屬懇親大會出訪中國，與中國的友好關係則成為世界客屬總會的新興籌碼。在這樣的脈絡下，世界客屬總會依舊積極地活躍於世界客屬懇親大會以及海外客家社團的經營。

2. 中國政府

中國在 1970 年代改革開放後，國家轉向以經濟建設為中心，尤其是 1979 年深圳、珠海、汕頭、廈門等四個經濟特區設立後，更開啟民間組織與海外社團間的聯繫，以招商引進外資。1989 年廣東梅州客家聯誼會即是在這樣的基礎下成立，並且在成立慶典同時舉辦世界客屬聯誼會大

---

23 江彥震，2009，〈2009 世界客屬和平大會——馬總統肯定「世客」對兩岸和平的貢獻〉http://www.webrush.net/lan1322-2/p_200911061511148298646 取用日期 2018 年 3 月 30 日。

會，首度邀請美國、新加坡、日本、馬來西亞、台灣各界的客家鄉親參
與（羅英祥、崔灿、陳干華 2005：106-107）。1988 年在美國舊金山舉辦
的世界客屬第九次懇親大會，當時美國主辦方客屬團體主動邀請中國梅縣
客家山歌團參與，是中國客家團體首次參與世界客屬懇親大會，受到各方
矚目。主席團會議曾經因為會場是否懸掛中華民國國旗意見紛紛，最後採
取折衷方式，開幕典禮時懸掛，結束即撤去。梅縣客家山歌團因此沒有參
加開幕儀式。美國紐奧良南方大學社科院院長郭定五表示，世界客屬大會
強調客屬團結的重要性，應該廣為邀請世界各地客家人加入。美東客家同
鄉會甚至提案世界客屬作為世界性組織，立場應該超然、並嚴守中立原則
（鍾春蘭 1988：22-24）。

　　1994 年 12 月，中國在梅州首度承辦第十二屆世界客屬懇親大會，中
國官方給予極高度的重視，主席江澤民在會前即前往視察梅州，並在懇親
大會紀念特刊的首頁題詞寫著：「發揮僑鄉優勢搞好山區發展把梅州建設
得更加美好」（世界客屬第 12 次懇親大會紀念特刊 1994：2）。梅州市委
書記劉鳳儀在大會上致歡迎詞，更直接表示歡迎客家鄉親回鄉尋根、共敘
鄉情的核心目標，在於共同繁榮客家人的事業與經濟：

> 歡迎大家來梅州尋根訪友探索客家源流，共敘鄉情親誼，共商弘揚客
> 家精神、發展客家經濟文化的大計！……我們期望通過這次盛會，海
> 內外客屬同胞能進一步加強團結、增進親情，客家人的事業更加興旺，
> 為中華民族和世界的進步繁榮做出更大的貢獻（世界客屬第 12 次懇親
> 大會紀念特刊 1994：42）。

　　全國政協副主席葉選平的致詞則強調客家鄉親「不忘先祖」、「熱愛
故土」，共同目標都在於振興中華民族：

> 海內外客家鄉親雖然生活居住在不同的國家或地區，但客家鄉音和鄉情始終是連結在一起的，改革開放以來，旅外客籍僑胞和其他僑胞一樣，不忘先祖，戀眷鄉情，熱愛故土，或旅遊觀光，增進友誼，或搭橋牽線，溝通信息，或參與商貿，興辦事業，儘管形式不一，但目的都是為了中華民族的振興。……今天，我非常高興地看到，來自世界各地的客家代表在梅州濟濟一堂，敞開心扉續情誼，同操鄉音話桑麻。說明我們海外赤子對故土一往情深（世界客屬第 12 次懇親大會紀念特刊 1994：2、45）。

從江澤民的題詞，以及市委書記、主席的致詞，可以看出對於中國而言，舉辦世界客屬懇親大會最重要的目的分作經濟與政治兩個面向，以祖國、故土召喚海外客家鄉親共敘鄉情鄉誼之際，同時推展「僑鄉經濟」。在經濟面向，最重要的就在於引進外資對於僑鄉的投資，甚至以客家為名推展觀光文化。宋德劍、李小燕、周建新、馮秀珍（2005：129-130）清楚指出梅州地方政府打出「客家牌」戰略的經濟意義，這些原先受限於地處內陸多山、交通不便、發展滯後的客家地區，改革開放後受到返鄉的海外客家人慷慨地捐贈、投資與興學的資金幫助，例如 1989 年舉辦的世界客屬聯誼大會，既具有政治意義，經濟效益也相當顯著。在會議期間，外資總投資項目高達六億六千萬美元。1994 年第十二屆在梅州召開的世界客屬大會，不僅提高了梅州知名度，吸引更多海外客家華人華僑尋根問祖、旅遊觀光的人潮，並且帶動梅州各項事業的發展。海外華僑、港澳同胞在此次客屬大會的捐款儀式中踴躍捐輸，如曾憲梓捐助梅州市華僑博物館人民幣 280 萬元、熊德隆捐資梅州市政府 650 萬、田家炳捐資韓江大橋 1,734 萬元，陸續尚有捐資興寧電視、淞口中學等等，總計海外捐款高達 6,951 萬元。經貿洽談部分，總共簽訂 19 項經貿合作合同、協

議或意向書，總金額達 65 億人民幣，整體外資比例達九成（世界客屬第
12 次懇親大會紀念特刊 1994：59-65）。自此之後，中國各級地方政府趨
之若鶩地加入舉辦「文化搭台、經濟唱戲」的節慶行列。

　　如何打造梅州作為「世界客都」的文化品牌？宋德劍等人強調「僑
牌戰略」的重要性：

> 客家地區是我國著名的僑鄉，如何發揚華僑、華人、港澳台同胞支援
> 和建設家鄉的傳統美德，是擺在廣大客家人面前的一項重大課題。這
> 除了要做好各項僑務工作以外，更重要的工作就是充分做好客家地區
> 傳統文化的輿論宣傳工作。

　　海外華僑、華人同胞通過客家傳統文化宣傳後，會因此「增進了對
家鄉的了解和認同」，回到家鄉即願意「或積極投資辦廠，或熱心家鄉
的各項公益事業，如興建醫院、學校、捐建橋樑等等，推動了梅州地區
的經濟建設」（宋德劍、李小燕、周建新、馮秀珍 2005：127）。巫秋玉
（2008：55）分析梅州成功的運作模式，促使中國內陸山區的閩西、贛
州、河南、四川等客家原鄉紛紛跟進，藉由爭取世客會的召開，協助在地
招商引資，有效彌補地方經濟建設的資金短缺問題，並且透過外資的經濟
合作，在設備、技術與管理經驗獲得進一步的提升，提高國際競爭力。

　　閩西的寧化石壁，即是在海外客家人「尋根」活動以及客家文化研
究熱潮影響下，從一個 1990 年代前只是個寧化縣行政村，在族譜追溯過
程中「被發現」。人們在其中看見了潛在的經濟契機，透過辦理客家公祭
活動、邀請海外客家社團回鄉尋根，舉辦客家研討會，爭取學術界的參與
和承認，興建客家民俗館、建設公路，以及搭配安排客家文化旅遊路線
等，隨著客家祖地的地位被確認，1995 年開始每年一祭的世界客屬石壁

祭祖大典持續至今，居民們也從從未認同客家到成為客家區域最重要的縣份，「全縣人民」開始自覺認同客家（余達忠 2012：9-10）。

　　除了客家祖地之外，客家搖籃、客家大本營、客家公祠等地也伴隨著客家懇親會、客家聯誼會、客家文化節慶等紛紛被客家地區的地方政府與菁英們「重新發明」，以客家認同與家鄉情節作為紐帶，吸引海外客籍華人的目光與投資。另一方面，周建新（2004）指出，除了經濟之外，政治統戰更是國家層級參與世界客屬懇親大會的重要目的：

> 通過世界客屬懇親大會這個橋樑和紐帶，策略性地運用於統戰、統一的國家政策，維護國家主權和領土的完整和統一這個更大範圍的秩序中來。……推動祖國統一大業的完成。

　　中國政府透過強調祖地、尋根的概念，深化海外客屬鄉情與「心向中國」的認同，負責動員統戰的政要人物出席參與世客會的開幕致詞，以及經貿簽字儀式等等，既代表著國家重視，也宣示祖國對於海外客籍華人的收編行動。展現在世界客屬懇親大會，中國逐漸以「祖國」優勢取得主導地位的權力。1996 年第十三屆懇親大會在新加坡舉行時，主席團即通過成立世界客屬聯誼會，由梅州市政府負責召集成立世界客屬聯誼會的事項，以便負責推行懇親大會各地區代表所提的議案，照顧全世界客屬同鄉的福利與活動的國際性組織（世界客屬第 13 屆懇親大會紀念特刊 1996：101）。1997 年世客祕書處在梅州市成立，熊德隆、黃桂清等人即響應認捐一百多萬作為活動基金。1999 年第十五屆懇親大會更通過提案，募集人民幣一千萬做為世界客屬祕書處的活動基金，以團結世界客家人並且弘揚客家文化，專責推展客家文化活動：出版世界客家的中英文刊物（由梅州《僑鄉月報》和《客家人》雜誌聯合編訂）、舉辦世界青年暑假夏令

營（以高中大專生為對象，灌輸客家文化，培養接班人）以及選舉客家模
範雙親與客家傑出青年，作為世客親善大使，訪問國內外客家機構（世界
客屬第 15 屆懇親大會紀念特刊 1999：128）。顯見世界客屬祕書處已將台
灣世界客屬總會的領導地位取而代之，負責統籌懇親會的業務範圍更為擴
大。

　　甚至，中國也看得相當清楚，台灣在經歷本土化運動後，新興台灣
客家認同概念的意義核心：

> 自上世紀 80 年代末和 90 年代初以來，台灣當局的「解禁」，隨之而來
> 的「台獨」勢力的公開露面和日益猖獗，為了「去中國化」，極力宣
> 揚「客家人不再是本質性的存在，而是以文化認同為準」。決意把「中
> 原客家」認同轉化為「台灣客家」認同，因為當代的「台灣客家認同」
> 主要是結合了台灣國族認同與客家族群認同的一種政治想像（龍田男
> 2016：3）。

　　因此，藉由展示客家為名，實為展現國族、政治收編的論述，博物
館成為當代詮釋客家、爭奪話語權的重要場域。以閩西為例，由於閩西
有 80% 以上的客家人，亦是福建省客家人最集中的地方，近年來陸續興
建許多客家博物館群，像是 1986 年成立、2004 年擴建的三明市博物館，
2012 年落成的世界客屬文化交流中心，2016 年開放的連城縣博物館，更
號稱是全國首座客家民宿博物館，以及汀州客家博物館、定義為海峽兩岸
交流基地的客家博覽園與福建土樓博物館等等。劉堉珊、張維安（2017：
214-218）分析閩西客家博物館群的展示特色，共同性皆在於強調客家
「根」「源」於漢族，著重在中原南遷論以及宗族體系等軸線，重申「中
華血脈皆同脈，天下客家是一家」。其次則是遷徙觀的論述，強調閩西作

為客家祖地，也是客家人向外遷徙的重要起點，展現在客家向海外的播遷，也成為今日客家與海外／世界連結的樞紐。尤有甚者，這些館舍在「客家與世界」的主題前後，都特別獨立規劃展示「客家與台灣」，透過客家人遷台的歷史敘事，強化與台灣間的連結。

　　2000 年在上杭建立的客家族譜博物館，收藏了近 20000 冊的族譜，提供尋根探源，以及族譜對接等服務，目標即鎖定在深化與台灣客家淵源的關係，加強與台灣客屬組織、姓氏宗親會等聯繫，甚至舉辦論壇、研討會，並推動「閩台客家族譜研究中心」，強調海峽兩岸「同根、同祖、同源」、「兩岸同根、閩台一家」的關係（詹鄞森 2016：128-129）。福建客家研究院院長林開欽（2015：9）直陳闡明客家博物館的建立意義，除了傳承客家文化與客家精神、促進旅遊觀光的景點之外，最重要的目的在於作為「反對『台獨』對台文化交流合作的平台」以及「全球客家人尋根謁祖的基地」。從而，吳良生比較廣府跟客家族群，認為客家能夠得到得天獨厚的發展，即來自於世界客屬懇親大會強調「根在中原」的鄉情，能夠團結海內外的客家人，強化客家文化認同，符合國家在兩岸和平交流的文化統戰需求。[24]

（三）世界客屬想像內涵

　　世界客屬想像，奠基於香港崇正總會長期累積串連各地客家社團的基礎上，空間上亦延續過去由胡文虎在南洋以及香港崇正總會長年持續推

24　參考吳良生《客家與廣府族群資源的建構和運作比較——基於世客會與廣府珠璣巷後裔聯誼會的研究》。http://hk.crntt.com/crn-webapp/cbspub/secDetail.jsp?bookid=48441&secid=48643 取用日期：2018 年 3 月 20 日。

動各地客屬會館的聯繫，1968 年黃石華入主崇正總會任理事長後，更積極擴張客屬會館的聯繫網絡，對照 1950 年《香港崇正總會三十週年紀念特刊》與 1971 年《香港崇正總會金禧紀念特刊》兩本介紹海外客屬團體的內容，可以看見崇正會聯繫海外客屬團體已經從英屬馬來亞與婆羅洲、印尼、暹羅、美洲（紐約、三藩市、檀香山）、荷蘭等擴張到澳洲、大溪地、模里西斯與日本區，美洲聯繫增加了中美洲的巴拿馬、秘魯、蘇利南等地。

　　以客籍商人為主要核心的客家會館與以羅香林集大成的客家論述，一直是推動客家想像的重要力量，1990 年代黃石華除了持續鼓吹各國客家社團加入崇正會系統串連之外，也大力支持推動客家學術研究作為客家論述的基礎。然而隨著 1960 年代以來台灣、香港、新加坡等地推行的國語運動，影響客家年輕人的人際網絡逐漸超越過去的方言群界限，當幫群競爭需求下降，以客家為名的串連力量也隨之削弱，民間團體力量因此緩緩沉寂下來。另一方面，國家力量卻自 1970 年代開始逐漸增強，台灣的中華民國政府積極介入掌控世界客屬大會，爭取僑權的支持。1990 年代中國開始挾著原鄉優勢及豐沛政經資源的挹注，藉由競爭世界客屬總會的主導權，對世界各國客籍華人進行政治上統戰，與一直以來與中國競爭中華文化正統性與代表性的中華民國政府，開始客家想像詮釋權的競逐。當代推動世界客屬想像核心動力來自於兩岸間的政治對抗，從 1950 年代以來的反共到 1990 年代後的統戰，共同點在於建構「心向祖國」的中心化論述。除了政治目的外，經濟目的更是極為重要的附加價值。客家論述內涵並未在實質上加以著墨，主要仍是由崇正總會（民間團體）扮演支持、推動客家研究的贊助者。

　　1990 年代後中國取得「祖國」的正當性地位，展開更為物質化的「祖地」建構。承繼羅香林以降的客家中原論，為了鼓勵世界客僑回國投

資、建設僑鄉，中國華南地區「客家祖地」的建構成為新興論述重心。

　　客家研究的部分，1990 年代開始，香港崇正總會大力推動資助客家研究，繼之而起的中國政府也陸續成立許多學術研究機構。儘管 1990 年代後，學者如房學嘉、陳支平等人開始質疑羅香林的方法論，並提出新興動態文化學說，但強調祖國與中華國族主義觀點，仍是中國客家研究的主要構框敘事。2012 年開始以贛南師範學院周建新為首，結合華東師範大學王東、中國社會科學院人類學民族研究室主任曾少聰等人，共同承辦國家社科基金的重大招標研究案「客家文化研究」[25]，其內容探討客家文化內涵、客家研究新範式、客家認同構建等，也探究「客家對中華民族認同、祖國統一和中華民族團結的啟示」，透露國家力量主導中國客家研究的方向。2014 年在福建龍巖市設置的閩台客家研究院 [26]，以客家文化做為打造閩台文化交流的切入點，透過兩岸客家文化研究的交流，促進兩岸合作；同年底 11 月在福建永定成立的永定兩岸客家文化研究院 [27]，與台灣大學客家研究中心締結交流協議，積極推動兩岸客家文化的研究合作，強調團結客家力量整合客家研究，弘揚中華文化。2018 年福建客家研究院院長林

25　參考全國哲學社會科學規劃辦公室《國家社科基金重大招標項目＂客家文化研究＂舉行開題報告》。http://www.npopss-cn.gov.cn/BIG5/n/2013/0318/c358184-20824410.html、《＂客家文化研究＂基本訊息》http://www.npopss-cn.gov.cn/BIG5/n/2013/0318/c358185-20824368.html 取用日期：2018 年 7 月 20日。

26　參考中國新聞網《閩台客家研究院成立》。http://john380920.blogspot.com/2014/11/blog-post_58.html 取用日期：2020 年 7 月 20 日。

27　參考《兩岸客家文化研究院揭牌：福建省永定縣政協主席徐建國和台灣大學客家研究中心主任邱榮舉為兩岸客家文化研究院揭牌》。http://john380920.blogspot.com/2014/11/blog-post_70.html 取用日期：2018 年 7 月 20 日。

開欽出版的《客家通史》[28] 更強調「正本清源」，重申「客家民系的形成發展」，強力捍衛中原核心，打擊「台獨論述」。

　　國家力量同時影響著民間團體的成立與運作，1970 年代為了爭取僑權而成立的官方色彩濃厚的世界客屬總會；中國與中華民國政府相偕爭取香港崇正總會的支持，也是黃石華在 1990 年代能夠風光遊走在兩岸政商關係以及各國客家會館領袖間的重要原因。2005 年北京國務院僑辦支持黃石華所成立的「全球客家、崇正會聯合總會」，可以看見國家力量操作的痕跡。此時段的客家想像，除了既有的客家研究與民間團體之外，國家也加入了影響形塑客家想像的力量。在空間上更擴及世界各國的客家團體，規模遠較過去為大。

28　參考《新時期客家研究的奠基之作——閩西客家聯誼會《客家通史》出版座談會綜述》。http://hk.fjsen.com/2018-03/05/content_20785217.htm 取用日期：2018 年 7 月 20 日。

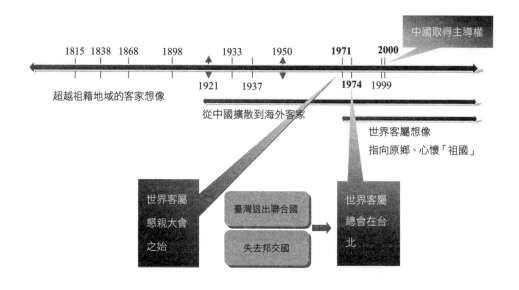

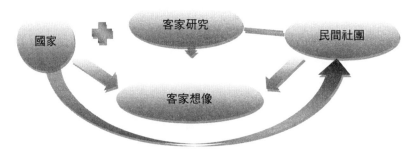

圖 4-3 〈世界客屬想像〉重要時間序列表與客家想像示意圖（研究者製表）

第 5 章

全球客家想像

　　世界客屬想像自 1970 年代世界客屬懇親大會以來，開啟兩年一次各國客屬團體齊聚一堂的濫觴。隨著世界局勢的改變，戰後新興民族國家紛紛獨立，受到新式教育成長的客家人逐漸超越過去的認同網絡，各國脈絡下的客家人有著與過去更為不同的生存條件，台灣客家則是在 1980 年代的本土化運動風潮下，開始追尋自身的母語運動，客家意識出現「以自己的母土為家」的新概念想像，強調在地公民意識。伴隨著台灣民主政治的發展，客家作為關鍵少數族群，爭取客家族群票源即成為各個政黨選舉的重要策略，客家族群也在族群現身的過程裡，爭取到國家層級支持客家語言文化政策等推展公共事務的權利。2001 年行政院客家委員會成立後，是全球第一個中央級客家事務組織，台灣強調扎根本土、強調國家公民認同基礎下所長出的客家意識，成為全球客家想像的主要敘事觀點，展現新興世代客家人的客家認同想像。

　　在當代多元族群文化復興運動過程中，以台灣為首推動的全球客家想像浮現，與世界客屬想像併行。儘管全球客家想像在形塑過程中，同時受到各種力量的拉扯，過去傳統祖籍地緣的認同事實上並未消失；中國各地客家「祖地」、「搖籃」也在中國豐沛資源挹注之下，蓬勃形成中，頻頻對外展示中國原鄉力量的呼喚。台灣則透過學術研究、媒體傳播以及海

外社團交流，以全球客家文化中心之姿，喚起海外客家華人對於客家的認同與重視，推動新一波的客家運動。本章將觀點放在台灣脈絡，首先討論台灣客家意識的形成，以台灣為首推動新興全球客家想像的過程，論及雙軌並行的世界客屬想像與全球客家想像所涉及的詮釋權與資源的競合，這同時也是當代客家想像擴散最為重要的動力來源。

一、台灣經驗與全球客家想像

（一）其實我們並不同調

　　當我們論述 18 世紀以來中國華南地區逐漸醞釀，由客籍富商與學者相互合作，在香港、東南亞串聯形成海外客家認同。隔了一個台灣海峽的台灣，所經歷的卻是截然不同歷史脈絡的發展歷程。

　　台灣在清代初期逐漸進入移墾社會，當時台灣漢人分類方式同樣是以「客民」與「土著」作為區分，相較於來台較早的土著而言，客民因為受到清初禁止攜眷以及嚴格入籍的政策影響，因此父母妻兒俱留在內地，無法被登記入籍，形成閩主粵客的現象。這群被稱作客戶的人，在清代台灣方志的記錄裡，其實還有著許多不同的詞彙像是「客子」、「山客」、「客仔」等稱謂，但已具有指涉特定一群人的特質，被方志的主筆者賦予極端負面的形象，形容他們通常是來自廣東、出賣勞力為生的傭工、喜歡聚眾而居並且好鬥的一群人。但文獻裡所出現的「客民」，其實只是被另一個主體區別出來的一群人，並不一定等同於語言與文化有同質性的「客家人」（李文良 2011：137，橫線為筆者所加）。以語言要素作為區分一直要到康熙六十年（1721）朱一貴事件發生時，才逐漸成為明確的識別指標。這群身分浮動的「客民」，向來被清朝廷官方視為頭痛的麻煩製造

者，後來這群人透過積極參與協助清廷平定動亂，獲得頒贈「義民」的方式，取得身分上的合法性─獲得登記與入籍。並隨著入籍許可，爭取到科舉學額。特別的是，因為台灣隸屬福建轄下的府，閩人以閩籍應考並沒有問題。反之，粵人在申請入籍台灣後，為了避免日後喪失回到原籍應試的權利，因此爭取粵籍學額的應試權。如此一來既不會佔到閩籍學子的學額，再者，人們也逐漸從帶有貶意的「客民」，轉向於「粵民」認同（李文良 2011：170-201）。從此確立閩粵兩籍分立的人群分類概念。

然而從省籍區分到方言分界之間的人群分類又是如何過渡？施添福（2014：23）認為康熙六十年朱一貴事件後，台灣自南而北爆發多次的閩、粵械鬥，基本上是以方言作為區分界線，促使原屬閩籍的客語人口以及粵籍福佬人從原屬的籍貫游離出來，使得閩、粵成為跨越省籍的文化概念。林正慧（2015：228-229）注意到在閩粵分立下，人群逐漸出現跨省方言認同，例如祖籍隸屬福建的汀州客，因為人數少，語言又較接近同方言的粵東客民，因此出現「汀附粵」的現象，或是粵人逐漸依附其居住地的優勢族群而隨之福佬化的現象。在規模大小不一、但「三年一小亂、五年一大亂」頻繁的分類械鬥影響下，1860 年代，台灣逐漸出現閩庄、客庄以及漳庄分立、同類聚族而居的現象（王甫昌 2003：40）。

甲午戰爭後，台灣被割讓給日本，從此開啟將近半世紀的日本殖民。為了對於台灣民情有更多理解，日本總督府於領台初期即展開對於台灣島民的觀察記錄，根據 1895 年日本參謀部門所編輯的《台灣志》裡記載顯示，當時日本人已經注意到台灣島內有「客家」（喀家）的存在，並將其視為「與支那人不同的種族」、居住地介於「生番地與支那人居住地的中間」，有「內山之客人」之稱（河合洋尚 2013：127）。但因為在 1897 年進行對於本島「喀家族」的人口戶數調查後，卻發現除了鳳山支廳外，沒有單位直接指出廣東人稱為喀家族。反而證明「廣東人、粵人和客人是台

灣民間社會通行的族群名稱，而客家或喀家全屬外來語」（施添福 2014：35）。於是 1905 年日本總督府展開一系列的戶口調查與登記制度時，即選擇捨棄客家，沿用「廣東」的概念。但是日本殖民政府挪用了「種族」詞語，混合原居地和語言的概念，將臺灣漢人區分為閩族與粵族，認為閩粵各自有其對應的語言，將語言作為決定種族身分的要項，從此戶口制度上的「閩」「粵」，則超越了祖籍分類，同時也承載語言群體的概念（林正慧 2015：295-301）。

　　隨著 1895 年日本總督府全面性統治後，台灣與香港間的貿易關係，也從清朝末年的往來頻繁，逐漸呈現遞減現象。因為成為日本殖民地，台灣轉向依存日本，貿易端也不再如同過去必需經由香港轉口日貨、再輸入台灣的路徑，而能夠直接進口日貨。隨著日本發展太平洋航線，台灣與日本、美國以及東南亞間的航運，逐漸發展出不再需要經過香港的直接貿易，甚至形成與香港間的競爭關係（林滿紅 2001）。

　　在殖民過程裡，台灣人成為日本帝國的轄下子民，影響所及，台灣人進行海外貿易時，基本上享有與日本人同等的法律地位，甚至在荷屬印尼，當中國籍華僑受到重稅徵收以及居住區域的限制時，台灣人則因為能夠比照日本、歐洲人的待遇，而獲得比中國籍華僑更好的投資環境地位。這也造成台灣人在東南亞各國裡，與印尼往來最為密切（林滿紅 1999：36）。1935 年後，日本推行南進政策，開始將眼光放往東南亞市場，並且注意到台灣人與東南亞華人有著語言與風俗習慣上的親近性，應該充分利用，因此大力扶植鼓勵台商前往，協助擴展日本帝國的貿易。林滿紅的研究卻發現，儘管文化親近性會影響移民與投資的選擇，但是政治經濟邏輯卻也可能凌駕在文化關係之上。例如 1931 年的九一八事變滿洲國的成立，以及 1937 年的七七事變使得台灣茶取代中國茶，成為滿洲國的茶供應地。這兩件對於中國同仇敵愾的「日本侵華」事件在台灣卻曾獲得正面

評價，甚至因為此舉「幫助」台灣茶農拓展市場，成為當時茶農眼中的「聖戰」（林滿紅 1998：78-80）。

日本帝國殖民統治下的台灣客家人，幾乎置外於中國華南地區客家意識形成的脈絡。台灣與中國客家論述經驗最大的落差分界來自於 1895 年，台灣被割讓給日本帝國開始。當中國華南地區興起組織客家大同會、1921 年崇正總會成立，團結客家人抗拒污名論述時；彼時台灣卻是以林獻堂等留日學生為首，向日本帝國遞交設置自治議會的請願書[1]，訴求在日本帝國統治下，討論台灣作為殖民地地位的特殊性，抗議六三法案，訴求台灣民族自決，1921 年同時也是文化協會成立的一年，由當時留日歸國的知識分子所共同組成，在台灣各地推行新文化運動。

1933 年羅香林出版《客家研究導論》，成為後續胡文虎在東南亞推廣中原客家意識的基礎，1938 年胡文虎藉此號召華僑共同響應祖國抗日運動，團結抵制日貨，號召民族精神奮起，胡文虎的星系報業集團也在中國、香港、泰國、檳城、新加坡、緬甸等地每天以頭版頭條，創造早報、晚報即時更新中國戰線最新消息，使訊息同步在東南亞各地。與此同時的台灣，所經歷的卻是日本帝國沸沸揚揚地推行皇民化運動（1937-1945）。過去在殖民統治下，日本總督府基本上採取的只是以統治便利為主要考量的同化主義，並沒有強制排除台灣本地語言的舉措。然而隨著日本帝國戰爭規模的擴張，為了能夠動員殖民地資源，作為日本帝國戰線補給之一環，1937 年後，總督府開始加強皇民化教育，藉由宗教與風俗習慣的改革、國語運動推行、更改姓名以及志願兵制度等，要求臺灣人進一步改造

1　蔣理容，2008，〈「台灣文化協會」務實的啟蒙與播種〉。http://www.peoplenews.tw/news/dfb5be01-3295-4ecc-9098-36b8d07cc36b，取用日期 2018 年 1 月 6 日。

成為「真正的日本人」（周婉窈 1994：119-124）。在皇民化運動下，台灣小學原有的漢文課在 1937 年遭到取消，全島大量增設「國語講習所」[2]，根據總督府的官方統計，從 1937 年到 1943 年，台灣的「國語解者」佔全人口的比例已從百分之三七點八提高到百分之八十（周婉窈 1994：129-131）。姑且不論統計數目篩選的真確度，不可否認的是，台灣日文普及率確實因此上升不少。1937 年月查禁漢文政策，更迫使漢文從一切報刊雜誌裡消失（葉石濤 1990：3）。以日治時期發行量最大的《臺灣日日新報》為例，該報早期尚有日文版與漢文版並存，但漢文版在 1937 年遭到廢止，隨著戰爭情勢的嚴峻，台灣島上的幾家重要報紙亦陸續遭到合併與停刊的命運[3]。在這樣的情勢下，即便日人因為南進政策以及侵華的目的，開始注意到「客家」革命勢力在中國華南的發展，1942 年有元剛翻譯了羅香林《客家研究導論》的日文版，但研究者質疑礙以當時的情勢，這本書在台灣的流通影響力並不大。儘管如此，仍有台灣讀者因為閱讀到日文版的《客家研究導論》發文駁斥羅香林的說法。少數台灣人如吳濁流、鍾理和等人皆曾透過日本在中國成立的滿州國與南京政府的關係，前往中國大陸的日本單位任職，從而在與對岸人士互動中習得對於客家的認識，整體而言，在日治時期，「客家」詞語尚未成為台灣客家人普遍性的自我族群認定（林正慧 2015：313-314）。

2　日治時代的「國語」指的是當時統治者的語言「日語」。

3　定義參考維基百科 https://zh.wikipedia.org/wiki/%E8%87%BA%E7%81%A3%E6%B0%91%E5%A0%B1 取用日期 2018 年 1 月 4 日。

（二）走出自己的路：客家運動與台灣客家本土想像的出現

　　事實上，台灣客家族群意識的發展，與台灣島嶼身處的大環境脈絡一直是息息相關的。前面提到中華民國政府自二次戰後重新接收台灣，由於台灣歷經日本殖民五十年，以及戰前同化政策的推行，戰前台灣人的日文普及率幾乎已達 70%。戰後國民政府為了將台灣人重新納入中華民國治理範圍，國語文推行則成為勢在必行的政策（黃英哲 2005：80-82）。1946 年後，國民政府委派魏建功來台成立「台灣省國語推行委員會」，推行標準國語運動，編輯國語音標準參考書、舉辦教師國語講習、以及推廣注音符號、要求在學校等公共場所裡使用國語等等工作。儘管二二八事件後，長官公署改組，魏建功也在 1948 年離開台灣。國語推行委員會隨著組織改組業務歸併在 1959 年名存實亡（梅家玲 2010）。值得注意的是，當時政府想像的敵對語言是日文，魏建功對於「方言」還是友善的，認為「臺語即是國語的一種」、「台灣人所講的是中國的方言，並與標準語系統相同」，主張應該先恢復台灣話，再藉由兩種語言在聲音、文法間的親近性來逐步學習國語（梅家玲 2010：133）。然而這樣的態勢在 1966 年後逐漸轉向，政府開始加強對於方言的控制，1976 年通過廣電法，更要求廣播以國語為主，方言應逐年減少。導致廣播、電視節目、電影皆受限於法令規定，壓抑方言節目。直到 1987 年解嚴後，隨著本土化浪潮興起，才修正過去國語運動的政策，解除在學校體罰、掛狗牌懲罰在學校說方言學生的規定（蔡明賢 2014：35-38）。此項壓抑方言政策的推行對於台灣各族群的母語傳承造成了很大的戕害，也成為日後客家訴求還我母語運動的遠因之一。

　　1970 年代是台灣國家處境最為風雨飄搖的年代，1971 年 10 月 25 日，聯合國通過決議承認中華人民共和國在聯合國組織合法代表的席次，並

且「把蔣介石的代表從他在聯合國的組織及其所屬一切機關中所非法佔據的席位上驅逐出去」（胡慧玲 2013：17）。1972 年日本與國民政府斷交、1978 年美國與中華人民共和國（簡稱中國）建交，並在同年底與台灣國府斷交，陸續還有加拿大等幾個西方邦交國斷交等，加深台灣在國際地位上的孤立。1970 年代的西方世界，延續 1960 年代的學生運動、反戰抗議、嬉皮文化盛行，但 1970 年代的台灣卻仍是充滿禁忌的年代：

> 報禁、黨禁、集會遊行禁、民營電台禁、母語禁。1970 年，黃俊雄福佬話布袋戲《雲州大儒俠》大受歡迎，當局強迫停播；1971 年，教育部函令三家電視台，每天方言節目不得超過一小時，每天只能播出兩首台語歌（胡慧玲 2013：44-45）。

1970 年代也是關注鄉土的年代，知識青年在面對國際情勢一連串的外交挫折下，對於台灣命運的關心，也觸發文化界與文學界重視「鄉土」的熱潮，反思戰後以來長期忽視島嶼自身的文化、風土、史地與語言，導致本土文化根基的破壞，重新回歸「鄉土」。影響所及，客家的鄉土研究熱因此順勢開展起來，例如 1973 年由鍾壬壽編著的《六堆客家鄉土誌》、1977 年曾秀喜編《六堆英華》，其後，陳運棟的《客家人》也在 1978 年出版，開啟全面性台灣客家研究之端（鍾肇政 2004：475-476）。

1980 年代政治反對運動盛行，更強化「台灣本土意識」的反身性思考。1964 年由客籍作家吳濁流，結合同為客籍的鍾肇政等所創刊的《台灣文藝》，以及同年六月創辦的《笠》詩刊，強調扎根在本土與現實批判的精神，是台灣本土文學的兩大雜誌，提供本土作家創作發表的重要園地（林瑞明：1996：73-76）。這兩份刊物的作家與文學評論者，許多人從 80 年代開始逐漸與黨外運動者關係密切，1986 年民進黨成立後，更進一步

參與反對政治運動，成為建構台灣文學論述的主力，與形塑台灣民族主義重要的部分，葉石濤 1987 出版的《台灣文學史綱》，以及彭瑞金 1991 年的《台灣新文學運動 40 年》，可謂台灣文學論述「台灣化」的代表（蕭阿勤 1999：115-116）。吳濁流過世後，接替吳濁流編輯《台灣文藝》的鍾肇政，以及《笠》詩社等諸成員，李喬以及彭瑞金等人都是客籍作家與文學評論者，同時也是建構客家文學、提倡台灣客家意識的重要人士。

　　1980 年代強調、推動本土意識與在地化思考的過程中，許多客家人開始反思、重視自身族群的歷史，正視客家語言與文化流失的危機。有別於承襲自羅香林指向中原，強調客家源流的漢人中心論，客家研究者嘗試從在地觀點出發，著眼於客家族群在台灣開發史上所扮演的角色，台灣客家研究陸續如雨後春筍般地出現，1990 年代前後出版了陳運棟（1989）《台灣的客家人》、楊國鑫（1993）《台灣客家》、台灣客家公共事務協會（1993）《台灣客家人新論》以及鄧榮坤、李勝良合編（1997）《台灣新客家人》等強調以台灣客家為主體的客家論述。在 1980 年代的本土化刺激下，以台灣全體客家人為範圍的「泛台灣客家認同」想像逐漸形成。過去儘管客家人有集中居住的現象，但仍分散在桃竹苗、南部高屏以及花東海岸平原的部分地區，區域之間彼此少有聯繫，1980 年代本土化復甦熱潮同時帶動本土性宗教團體的興起，各地進香活動與寺廟串連盛行，1988 年在新竹義民廟舉行的兩百週年紀念法會，首度串聯集結台灣各地的義民廟，讓客家人開始意識到台灣各地客家人的存在，奠定泛台灣客家想像的基礎（王甫昌 2003：133-136）。客家想像也從過去地域性認同逐漸轉向為族群性的認同。

　　閩南與客家之間的族群關係，自清代、日治以來，充滿著大小衝突不斷，彼此間衝突矛盾關係一直以來經常被執政者利用作為分而治之的對象。但隨著大大小小械鬥後平息後，人群逐漸往各自所屬的方言群遷移聚

居，導致閩庄與客庄間的界線分立區隔，呈現井水不犯河水的狀態。當少數移民進入都市後，難免再次遭逢族群互動的震撼，早期遷移到台北通化街的客家居民，因為在人數上、以及經濟上都處於相對弱勢的地位，許多人都曾經有在學校受到閩籍同學歧視，出社會後因為語言的限制做生意受阻、或是被閩南族群稱呼為「客人仔」等不甚愉快的經驗（林怡君等1998：66-67）。但是在這座島嶼上，閩南人與客家人仍是命運共同體，必須攜手共同對抗更大的統治對象。在日治時代彼此共享的是「本島人」的命運處境，與「內地人」（日本人）作為對照。吳濁流的小說《亞細亞的孤兒》，即透過主角胡太明針對當時本島人面對內地人在殖民地社會的絕對優勢，發出不平之鳴。1920 年代，台灣的知識分子思考著從初期武裝抗日到文化抗日路線的轉變，爭取台灣人在日本統治下的議會自治權，積極組織台灣文化協會，客籍的賴和、彭華英、黃旺成等人皆曾是其中一員。為了推動台灣人的文化啟蒙運動，他們在台北、新竹、台中、台南等地皆設立讀報社，辦文化講習會，甚至成立「美台團」，訓練青年擔任辯士至全台各地巡迴放映電影，引起各地民眾熱烈的共鳴[4]。

　　閩客族群戰後面對從中國大陸撤退來台的國民政府，共享相對於「外省人」的「本省人」記憶：經歷二二八事件、白色恐怖以來的肅殺，以及受到國民黨本土語言政策的壓制噤聲。1980 年代後台灣人在爭取本土化與政治民主化過程，為了對抗國民黨的中國民族主義論述，建構台灣民族主義的認同敘事，以凝聚台灣人認同。在這樣的過程裡，政治反對運動者漸漸將多數人使用的「福佬話」定位成「台灣話」，並且將這個元素普遍運用在群眾運動的場合作為動員的語言工具。

4　吳三連台灣史料基金會，《台灣文化協會的成立》。http://www.twcenter.org.tw/g03_main/g03_00 取用日期 2018 年 2 月 5 日。

　　1986 年民進黨成立後，為了凸顯本土語言以對抗國民黨的壓迫，反對黨在許多群眾運動場合堅持使用「台灣話」，但是同樣處於「被壓迫的本土語言」的客家話卻似乎被排拒在「台灣話」之外，使得許多客家人開始對於這樣的論述感到不安（王甫昌 2003：137-138）。尤其是選舉造勢的演講場合，候選人或主講人都自然地使用福佬話，無視其他語群的觀眾，甚至連在客家地區辦後援會造勢活動時，亦不自覺使用福佬話。這種經驗事實上不僅存在於台灣的客家社群，即便是在海外台灣客家人均遭逢過類似的經驗，戴國煇（2011：244-245）回憶 1960 年代中期日本東京留學生運動最盛時期，就有客籍友人向戴氏抱怨留學生群體內部福佬話優勢的困境，對方因為使用客語被抱怨「要說人家聽得懂得語言」，使用北京話卻被要求「講台灣話」，因而感到挫折的經驗：「台灣話！台灣話！<u>到底我們的客家話算不算台灣話呢？</u>」（橫線為研究者所加）。

　　類似事件甚至出現在雜誌刊物的論文裡，以一種不經意地、甚或無意識中將客家人排除在臺灣人之外的分類方式呈現。1997 年第 20 期《醫望》雜誌刊載了一篇陳叔倬發表探討台灣住民遺傳血緣關係的論文，文中採集血液比較原住民與漢人間的血緣距離，就直接區分台灣、客家、原住民做類型比較。此文刊登後引起了居住美國的客籍醫師朱真一的投書抗議，要求雜誌必須為刊登文章將「客家台灣人」以及「原住民台灣人」排除在「台灣人」之外的用詞道歉。總編輯王浩威懇切回信解釋因編務繁忙，為將台灣人化約為福佬人的疏忽而道歉（醫望雜誌 1997：14）。楊長鎮（2007：405）指出台灣客家人認同的焦慮正是來自於過去同樣受到國語政策打壓的本省人，面對 80 年代以來強調新國族想像以本土化為核心，但是在公共與政治場合卻面對新興的福佬話優勢感到相對剝奪感。

　　中國華南地區興起的以羅香林集大成的客家想像論述，是為了對抗來自廣府人等外部人群的敵意衝突，客家人努力證明「客家是純正漢

人」。1980年代末期興起的台灣客家運動，則是來自於台灣客家人的隱形化危機，面對本土化運動以來的一種被排除在台灣人想像之外的挫敗經驗，要證明強調「客家人也是台灣人」、「客家話也是台灣話」。徐正光（1991：4-7）指出客家人長期以來在台灣社會裡扮演面貌模糊的隱形人角色，在公共場合裡流利地使用閩南話或北京話，避免使用自己的母語；在社會與政治運動的部分較少參與，即使積極參與卻很少突顯客家人身分。這樣的隱形人身分其實有其歷史上結構原因，像是客家人在移墾史上因為渡台時間較晚，人數比例相對少，處於先天發展弱勢；清代以來大小械鬥民變所累積的族群衝突、以及統治者的分化政策等，許多客家人為了生存，選擇隱藏自身族群身分；自1960年代以來，台灣經歷劇烈的都市化與工業化變遷，越來越多客家子弟離開傳統客家農村，進入都市就學與就業，受到國家強調一元化語言文化、打壓方言政策影響等。在諸多不利的結構條件下，年輕一代客家人的語言大量流失，客家族群面臨文化斷層危機，這種瀕於滅亡的族群危機感成為1980年代末期客家意識覺醒運動的心理基礎。

1987年7月戒嚴令解除，民間社會力猶如洪水潰堤，台北街頭進入台灣社會運動風起雲湧、蓬勃發展的年代，客家人在工農運動中佔了極高參與比例，工運以台北都會、桃竹苗以及高雄為重鎮，其中桃竹苗區就是以客家人為主要成員，1988年台鐵、台汽、苗客等罷駛案，客家人都在其中扮演重要的角色。農運方面也分成農權總會以及農民聯盟系統兩大主力，以東勢山城、六堆以及新竹丘陵地為基地的農盟系統即是以客家人為主要運動成員。客家草根性動員力量也順勢匯入1988年的客家還我母語運動（蕭新煌、黃世明2008：161-162）。

1987年10月《客家風雲》創刊，被視為客家族群意識復興的重要現象。最初是由幾個台大政治所的研究生邱榮舉與《中國時報》記者相互串

聯，以及自立晚報的魏庭諭、陳文和等人，在解嚴後共同辦雜誌，要求重
建客家人尊嚴：

> 剛開始創刊時，客家鄉親都有一種文化危機感，因為客家的聲音都不
> 見了，客家的見報率也非常的低，所以有種危機感，有危機感加上解
> 嚴，一切事情都好辦，大家同心協力。所以辦了一年左右，就串連了
> 台北地區大部分的客家社團，辦了一次還我母語大遊行（黃子堯訪談
> 稿 1990：203）。

除了辦雜誌以外，1988 年中期後，以《客家風雲》雜誌為中心的客
籍人士組織「客家權益促進會」，進一步集結許多團體，在 1988 年 12 月
28 日，由客家風雲雜誌社以及各地客家社團、工農運人士共同發動首次
客家人上街示威的還我母語運動，當時的三大訴求為「全面開放客話廣
播、電視節目，實行雙語教育、建立平等語言政策，修改廣電法廿條對方
言之限制條款為保障條款」（楊長鎮 1991：193）。基本上是以搶救客家語
言文化為基調的運動。羅榮光（1991：29-30）描述當時客家人上街遊行
時，宣傳單上文字寫的是：「客家人要與福佬人、原住民和外省人，一起
做台灣的主人！」。

母語運動是一種帶有宣示性定義自我的運動，向國家要求群體的文
化認同必須被承認、語言權必須被平等對待的權利。客家人在母語運動訴
求客家族群的尊嚴，要求國家修正不公平的語言政策，宣示「客家人同
樣是台灣主人」的認同定位。在運動過程中，客家也從過去鬆散的人群關
係，進一步凝聚共同追求文化政治權利的族群想像。以鍾肇政為首，在
1990 年間創立「台灣客家公共事務協會」（Taiwan Hakka Association For
Affairs），四項主旨即為：母語解放、文化重生、民主參與以及奉獻本土。

顯示客家運動內涵著重於反對國家語言政策以及弱勢少數族群文化身分意識的覺醒兩個層面（蕭新煌、黃世明 2008：163）。鍾肇政標榜無黨無派的在野精神，希冀「尋回客家尊嚴、發揚客家精神」。批判過去「老／舊的客家人」鎮日沉緬在昔日光輝裡，聚會時喜歡屬說歷史上客家人的豐功偉業，在人前卻是自卑掩飾客家身分的一群人。強調客家人必須要有「新的胸襟、新的識見、新的行動」，鼓勵人們勇於承認自己是客家子弟、勇敢在公開場所說客家話。身為台灣人的一分子，客家人必須共同關心台灣政局變化，齊心合作；並且勇於參與新的行動，努力傳承客語、積極關心客家運動（鍾肇政 1991：28）。鍾肇政因此提出「新个客家人」觀念：

> 新个客家人之出現，此其時矣！
>
> 我們雖未敢以此自許，然而我們確不願徒然陶醉於過去創造歷史的萬丈光芒中，更不願自滿於以往英才輩出並管領風騷；我們所深信不疑者，厥為客家潛力至今猶存。在此世局詭譎、社會擾攘、新的人文景觀亟待建立之際，我們願意為尋回我們的尊嚴，再創我們的光輝而努力，更願意與其他族群—不論福佬、各省抑或原住民各族，攜手同心，為我們大家的光明未來而戮力以赴（鍾肇政 1991：20）。

鍾肇政心目中的新客家人形象，強調客家尊嚴與認同，客家人要與台灣其他族群共同合作打拼，在〈新个客家人〉歌詞裡，更清楚地闡釋台灣客家人在經歷艱辛來到台灣，就要認同台灣的土地，以此為家：

> 莫嫌這塊土地憑細　嗯个命脈就在這
> 莫嫌這塊土地憑瘦　嗯个希望就在這

嗯大家就係新个客家人

用嗯个應景爭自由　再造客家精神

用嗯个熱血爭民主　再創客家光輝

嗯大家就係新个客家人（鍾肇政 1991：83）

李喬（1991：31）指出，台灣客家人在台灣發展史上，因為原鄉意識使「傳統客家人」（老客家人）在台灣處在一種「身為客卿」的困境，認為台灣人主體自覺意識逐漸形成之際，客家人必須要正名自己的立場：

一、客家人是「台灣人」主體之一。……即「台灣人」——包括（一）原住民語系人，（二）福佬語系人，（三）客家語系人，（四）中國大陸語系人。……二、客家人要做以色列人，不做吉普賽人，……三、台灣的前途由台灣居民自己決定」（李喬 1991：32）。

台灣的客家論述在經歷 1980 年代本土化、民主化運動之後，逐漸發展出另一種有別於中原正統的漢人論，偏重關注台灣自身的獨特性與在地性，漸漸與傳統原鄉論述（客家中原論）有別：

吾台前荷西、滿清之統治，其後的一百多年來則是日本、國府相繼治理，四百年來政權更迭頻仍，益以台灣的自然環境使然，容易接納外來文化的衝擊及影響，因而不獨早已步入現代化境界，亦且建立與中國大陸華人世界孑然有異的海島型文化。在這當中。吾台客家自亦同步逐次蛻變，生活上思維上均與原鬱朏専擔焰汧枢羌，至此屬於吾台客家之「台灣客家學」急需開展，當數自明之理（鍾肇政 2004：468-469）。

　　2000 年政黨輪替是個重要的轉捩點，延續 1980 年代客家社會運動在公共領域的行動力量，客家運動進入制度化實踐階段。2001 年全球唯一中央層級客家事務機關—行政院客家委員會（2012 年改制為客家委員會）成立，2002 年的年度施政目標 [5] 第一項即在於回應母語運動以來，客家人對於客家語言流失的焦慮，由國家建立語言復甦的制度化機制，培訓客語師資等，活化客家語言。其次推動客家文化研究，展開台灣客家學術研究建制化的工作。客委會設立以來，不僅推動客家學術研究交流、國內客家活動舉辦，對於海外客家人的連絡與聯繫更扮演重要角色。在籌設客家學術研究機構方面，2003 年以來陸續成立國立中央大學客家學院，開啓以社會科學方法論作客家研究之先，繼之成立交通大學客家學院與苗栗聯合大學客家學院等，以及相關客家研究系所如國立高雄師範大學、國立屏東科技大學等客家研究所，與國立台灣大學、成功大學等大學客家研究中心等，奠定客家學術研究的制度性基礎。除了開設客家研究課程外，亦補助客家學術研討會、客家文化資產相關書籍出版、鼓勵舉辦客語研習等，推廣客家文化。

　　學術研究機構制度化後，客家學術研究論文每年大幅度地增加。張維安、劉堉珊（2015：244-245）指出以客家作為方法的意義，即在於透過研究、釐清客家特質，分析客家與台灣社會文化的關係，看見台灣社會的多元性與豐富性。藉由客家族群的位置思考多元族群社會的意義，我們才更能理解台灣社會的構成。從溝口雄三教授的《作為方法的中國》的核心問題思考中國研究對日本的啟發，張維安與劉堉珊也從這樣的問題發想「以客家作為方法」，台灣的客家研究對於台灣、甚至是華人世界的意義。

5　行政院客家委員會九十一年度施政目標與重點 http://web3.hakka.gov.tw/ct.asp?xItem=60&ctNode=2391&mp=1 取用日期 2018 年 2 月 22 日。

　　然而，台灣在國際地位的不確定性，使台灣國族認同立場區分成兩派，在客家認同想像呈現兩種光譜：一派是承繼羅香林客家中原論，在中華國族體系下強調「尋根、溯源」的敘事傳統，1950 年代以來高舉中華民族法統的國民黨，1970 年代為了爭取海外客家華僑「心向祖國」成立官方色彩濃厚的世界客屬總會，該會歷來的理監事向來都是國民黨籍的客籍政治人物，如翁鈐、吳伯雄、鍾榮吉、劉盛良、邱鏡淳等人，扮演國民黨內部參與僑務、客家政策的重要推手。另一派則是 1980 年代末歷經本土化、民主化後，所形成台灣意識國族認同，將客家人到台灣的開墾史敘事鑲嵌於台灣民族主義裡，強調落地生根的台灣客家認同。透過客家移民在地化的論述，強調客家人的歷史地位，成為台灣主體性論述的一部分。林吉洋（2007）指出，中原客家與台灣客家並非是「必然」衝突，兩者間的差異在於歷史敘事裡著重不同時間歷程的故事，中原客家描述的是1930 年代以來漢人中心史觀下的族群遷徙說，強調客家民系與源流觀的中華正統性，努力正名客家是漢人。台灣客家敘事則著重在客家人遷徙台灣後的拓墾，以及客家在當代台灣社會所面臨的認同危機，強調客家人必須透過積極參與公共事務，才能擺脫過去污名、重建客家認同，在社會資源競爭中爭取生存發展的空間。兩者間的對立，來自於兩種國族想像體現在認同政治衝突，與客家認同敘事的競爭。另一方面，儘管兩派間在國族認同立場有所差異，但共同生活在島嶼上的經驗，卻也吸納台灣在地性與本土化的認同，強調創新與台灣特色的客家文化樣貌。

　　儘管台灣客家認同想像的路線上有所歧異，但整體以觀，台灣客家認同意識的出現，與整個台灣社會政治發展密切相關，蕭新煌直接指出：

　　我覺得民主化、本土化是大前提。沒有民主化、本土化就沒有客家意識的提升；沒有客家意識提升的需求，就沒有客家風雲雜誌，沒有客

家風雲可能就不會有客家母語運動；之後就沒有客委會、就沒有客家
學術研究的制度化。[6]

1980 年代以來逐漸形成的台灣客家意識與當代台灣客家經驗的特殊
性，成為奠定推動全球客家想像的礎石。

（三）台灣客家論述與全球客家想像

客家文化運動訴求客家族群的多元文化權利，讓向來隱身在台灣社
會的客家族群開始現身，提升客家能見度，也凝聚台灣客家族群意識，提
升客家族群的認同與尊嚴。展現在語言、文化、產業以及客家知識體系
的重建與創新，這些經驗對於台灣作為一個多元文化的社會，具有重要意
義，唯有在一個邁向理性的多元文化社會裡，客家文化運動理念才能被真
正落實，成為認識台灣社會的途徑。台灣客家文化復興的經驗以及所匯聚
的能量，推動全球客家想像，透過客家社團、學術研究機構的交流切磋，
逐漸喚醒周邊國家客家人的客家意識（張維安等 2016：86-87）。2001 年
客家委員會成立，作為全球唯一專責客家族群事務的主管機關，具有劃時
代的意義，肯定客家族群的多元文化權，首度將客家事務的整體發展納入
國家施政計畫裡：「以振興客家語言文化為使命，以建構快樂、自信、有
尊嚴的客家認同為信念，以成為全球客家文化研究與交流中心為目標」。[7]

2002 年客委會年度施政計畫，除了回應客家族群自母語運動以來最
在意的客家語言復甦政策，將其列為第一項要務之外，也列舉辦理客家政

6　蕭新煌訪談稿（2009：9）。

7　客家委員會簡介 https://reurl.cc/kVNWNK 取用日期 2021 年 1 月 7 日。

策座談、培訓客家語言文化節目、獎助客家文史工作團體，舉辦客家文化節、規劃客家文化園區等施政項目。其中第二項、第四項與第八項[8]，則分別是推動客家文化研究、製播客家傳播媒體與海外客家交流的事項：

> 二、推動客家文化研究闡揚客家文化：協助籌設客家義民大學或成立客家相關系所，開設客家文化研究課程，辦理客家文化學術研討會，出版客家文化資產叢書資料及辦理客語文化研習，藉以闡揚客家文化。
>
> 四、傳承客家優良民俗擴大文化分享：辦理客家演藝、節慶與宗教、禮俗活動；培訓客家語言文化節目製播、主持及採編人才；製播客語文化節目；輔導成立全國性客家網播網，以期擴大客家文化之分享。
>
> 八、增加海外客家文化交流促進族群和諧：組團參加世界客屬總會相關會議；邀請海外客家團體或人士回國參加國家慶典或客家活動；輔助客家音樂表演到海外訪問表演，組團參訪海外客家社團與相關活動……

　　客屬想像的推動，需要有客家研究做為論述基礎，以及重要組織與海外客家人彼此的串連互動與推廣。全球客家想像的浮現，客委會政策與學術界的客家論述是最重要的關鍵。客家學術研究的建制化，是奠定客家論述的重要基礎。客委會施政計畫裡的第二項、第四項與第八項更是相輔相成的關係，過去胡文虎在東南亞各地號召成立客屬公會、大力推廣支持羅香林的《客家研究導論》，將書籍分送至新馬各地的客家會館、與華文學校等地，利用旗下報業協助傳播客家意識。

8　行政院客家委員會九十一年度施政目標與重點 https://reurl.cc/E28yqg 取用日期 2021 年 1 月 7 日。

　　1990 年代崇正總會出版的《崇正導報》亦曾在海外客家社團訊息交流扮演重要的角色。客委會新成立的客家電視台更利用新興傳播媒體作為媒介的傳播功能，提供客家觀點與視角，海外客家行腳等相關節目的製播，更讓觀眾跟隨著主持人的腳步，如臨其境地認識世界各地客家人的生活，凝聚人們對於全球客家想像的認同。除此之外，客委會也積極邀集海外客家團體彼此交流與串連，全球客家想像強調全球各國的客家人分享客家在地化的經驗，彼此共感交流，連結彼此認同的是同為客家的身分，而不再指向回歸原鄉與祖國想像。換言之，當代全球客家想像的內涵，可以從兩個面向進行觀察，一個是客委會的政策、媒體製作與海外交流行動（國家力量），另一個則是台灣客家學界論述（客家研究），客家學界與海外客家團體的互動交流。

（1）客委會政策與海外客家團體交流

　　2000 年台灣政黨輪替，甫成立的客委會承攬國內客家族群的業務，也包括海外客家的部分。民進黨初次執政亦承繼過去國民黨政府所累積的海外客家社團網絡，因此參與世界客屬總會等籌備的懇親大會等相關會議仍然被列為客委會的年度業務。儘管如此，當時客委會嘗試採用不同的模式推動海外客家交流。2002 年舉辦第一屆全球客家文化會議，是台灣政府首度使用「全球」客家的概念。[9] 邀請各國客家人一起探討客家人在所

9　雖然黃石華在 1998 年成立「全球客家、崇正總會聯合會」也使用「全球」一詞，但他對於全球的想像與世界客屬懇親大會並沒有太大的區別，基本上是在與中國共同支持下成立的社團組織，用以與國民黨系統成立的世界客屬總會互別苗頭，爭取領導權。

在住居國的族群政策，共同商議面對全球化客家時代客家文化延續的問題。客委會主委葉菊蘭的致詞裡（2003：1）即清楚區分「懇親聯誼大會／鄉親身分」與「文化會議／公民身分」概念間的異同，並且強調全球客家網絡關係，與世界接軌：

> 「過去，散居世界各地的客家人雖然經常有機會聯誼懇親，以鄉親的身分發展友誼，凝聚『全球客家一家親』的認同，但是，2002 年全球客家文化會議，卻是我們第一次以各國公民的身分，交換在地化的經驗，探討客家居住國的族群政策，並共同面對全球化時代客家文化延續的嚴肅課題。……我們深信，全球客家文化會議的召開，有助於凝聚全球客家人的共識，並認清客家人在全球化時代裡的處境和使命，讓客家人一方面能維持住自身的客家認同，也就是我們自己的根，而另外一方面又能與世界接軌，讓客家在台灣以及世界各居地國，都能有所貢獻、獲得友誼、贏得尊敬，讓客家不但豐富台灣的多元文化，同時客家對世界的文化多樣性也能有所貢獻，成為世界文明不可或缺的文化元素」（葉菊蘭 2003：2）。

當時擔任客委會葉菊蘭主委的主任秘書楊長鎮，談起當年會使用「全球文化會議」替代「懇親大會」的脈絡，是從反思「懇親」概念的適切性出發，嘗試提出一種更為平等的公民想像：

> 我們只是在想說，我看民間在辦懇親，第一點民間辦的我們就不要辦，第二點懇親的概念適合我們嗎？所以那時候就辦全球客家文化會議。那時候就開始去想說東南亞這麼多客家人，我們不是很了解，假使說我們要爭取到他們，那方式應該不能用以前的方式，用那種我們是祖

國、我是老大，祖宗牌位在我這裡，不能再用這種方式，應該要用更平等的國際公民交流的概念去重新建立一個國際客家的網絡。……加上懇親的概念，把客家人當作是血緣宗族的概念，這個就過時的東西，應該是說現在大家都去世界各地成為印尼人，新加坡人，馬來西亞國民，所以我說應該用國際的觀念來看，不是把他們看作華僑，華僑是一種臨時狀態嘛，還是要回歸祖國的嘛！[10]

2002 年客委會主辦全球客家文化會議，著重在以「全球」客家取代「世界」客屬，邀集世界各地的客家人齊聚一堂談客家文化，分享各國客家狀況，凸顯全球客家的多元性，有別於過去傳統懇親大會背後預設把各國的客家人視為同源同種的客家人的原鄉／源流論，全球客家文化會議更強調各國客家社團之間的交流與合作。但是楊長鎮也承認，新的概念並不容易在海外客家社團中推行，尤其老一輩客家人根深蒂固的認同想像很難變動，要推動全球客家想像，必須著眼於年輕客家人較有意義：

那事實上現在僑社本身都老人家，你給他新觀念他聽聽覺得有道理，但他還是回到原來的認同。所以我覺得要去找出各國的年輕人，可能有參加社會運動、政治工作、學者、知識階層，那個你跟他討論他比較有可能反思到這個層次，不然那些老先生都一樣啊。[11]

另外一方面，民進黨政府並沒有完全放棄過去台灣曾經作為海外僑胞的代理「祖國」位置。儘管在國際情勢的現實處境下，對於大部分海外

10　楊長鎮 2016.1.05 訪談紀錄（2016：2）。

11　楊長鎮 2016.1.05 訪談紀錄（2016：7）。

客家人而言,「祖國」已經毫無疑問地就是中國。楊長鎮提到:

> 我記得 2002 年那時候客屬懇親大會在印尼雅加達辦,結果那年因為
> SARS 的關係,中國根本沒人去啊!但是呢,中國透過他在東南亞國
> 家的影響,對那些社團不知道用什麼方式啦,那年吳伯雄帶團,後來
> 有些人回來就跟我講,吳伯雄被排到會場最後面,台灣團啊!本來
> 是正統的內!冷落到最後面。這要去問吳伯雄才知道。結果中國那
> 邊……在那個會議裡面竟然把後面三屆的主辦單位都做決定了,廣
> 西、福建跟廣東。……2002 年我認為就是冷戰以來國民黨跟共產黨爭
> 奪中國正統這樣一個歷史的轉捩點。很明顯地標示了國民黨的這個挫
> 敗。台灣已經沒有辦法被海外客家的僑社當作祖國。開始轉向、向中
> 國傾斜。[12]

　　因此,在面對嚴峻的國際外交劣勢中,客委會嘗試另闢新徑,打造
台灣做為「全球客家文化中心」的行動,對於台灣面對中國崛起、日益緊
縮的外交環境,其實是一種勢在必行的突圍行動。

　　2002 年全球客家文化會議中專題討論題目是「全球化時代之客家連
結」,當時已有幾項結論,像是加強全球客家網路與資訊平台的建置,加
強全球客家社團的聯繫互訪,甚至辦理全球客家人口研究調查等等(行政
院客委會 2003:78)。後續客委會的業務確實朝著當時討論方向而進行。
2004 年籌劃苗栗與高雄兩個國家級文化園區的建置,將苗栗客家文化園
區定位為全球客家文化及產業交流及研究中心。規劃園區每年辦理客家主
題研究或文化產業的研討會,並且建立研究主題資料庫、出版,累積園區

12　楊長鎮 2016.1.05 訪談紀錄(2016:1-2)。

典藏的豐富性，具備有展示、典藏、研究與多元文化教育推廣等等功能。園區特展區規劃全球館，展示海外客家移民的生活樣貌與移民故事，第一期的展示規劃即是以「東南亞客家」為主題，陸續展出新加坡與馬來西亞客家移民特展、以及印尼泰國等等特展（傅兆書 2014：373-378）。都是以全球客家人作為關懷與研究的對象。

客委會的業務經歷 2008 年再度政黨輪替後，整體政策並沒有太大變動，國民黨籍黃玉振任客委會主委在立法院報告時，仍然延續著建設台灣為全球客家文化交流中心的構想，甚至大量擴編海外交流預算，推動全球客家合作的交流網絡：

> 由於客家人最重視文化傳承與情感認同，這正是連結全世界客家族群的重要基礎，而台灣對於客家文化的保存及傳承，較有系統、完整的推動，且本會係全球唯一客家事務的中央專責機關，長期深耕客家語言文化、建構客家知識體系，以及扮演全球客家文化交流平台的角色等，正是建設台灣為全球客家文化交流中心的基礎。[13]

2010 年時，客委會將連續舉辦幾屆的「全球客家文化會議」改成「海外客家社團負責人諮詢會議」，邀請海外客家社團的領袖來台參與推動客家事務討論，分享推動客家語言、文化與傳統的經驗，也讓世界客家聯繫更為緊密。客委會主委黃玉振在會中表示「建立全球客家連結、傳承發揚客家精神是客委會首要推動的工作」。[14] 2011 年為了慶祝中華民國建

13　立法院第 7 屆第 2 會期審查 98 年度中央政府總預算案內政委員會第 6 次全體委員會議紀錄（2016 年 10 月 29 日）。頁 371。

14　客委會，2010，〈2010 海外客家社團負責人諮詢會議台北登場〉。https://

國 100 年、客委會成立 10 週年，首度以「全球客家懇親大會」[15]的形式，邀請海外客家鄉親「返國」慶祝建國百年與客家十年，並藉此聯繫全球客家鄉誼交流。客委會邀請海外客家社團的歡迎詞裡更寫著：「在面對全球化的衝擊下，海內外的客家人應積極奮起，以客家為榮、以臺灣為根、以世界公民為己任……」。2015 年因為第 28 屆世界客屬懇親大會由台灣主辦，因此在全球客家懇親大會與海外負責人會議之外，另在苗栗聯合大學辦「2015 全球客家發展會議」[16]，會議邀請全球客家文史學術與社會團體，就全球客家的移墾史、客家文化創意產業、文化資產、客家風俗信仰方面，著重於「全球海外客家與臺灣客家文化的交流、客家文化創意與經濟產業發展以及相關議題」的討論，並規劃「NGO 非政府組織客家公共議題論壇」，「以臺灣客家全球化治理的觀點，形塑全球化的發展與決策模式與探究臺灣客家非政府組織如何融入國際社會」（橫線為研究者所加）。這些會議顯示儘管執政黨有所更替，在會議名稱上有所更動，甚至舉辦以台灣為主體邀集的小型「懇親大會」，但客委會的立場基本上已然確立：強化臺灣與全球客家的連結，提升海外客家人對於台灣客家的認同，擴大台灣客家的影響力。

---

www.hakka.gov.tw/Content/Content?NodeID=34&PageID=28694 取用日期 2021 年 1 月 7 日。

15　客委會，2011，〈「2011 全球客家懇親大會」11/15 日邀請海外客家社團共襄盛舉〉。https://www.hakka.gov.tw/Content/Content?NodeID=34&PageID=27895 取用日期 2021 年 1 月 7 日。

16　客委會，2015，〈「2015 全球客家發展會議」大器登場，客籍僑領齊聚為全球客家貢獻心力 〉https://www.hakka.gov.tw/Content/Content?NodeID=34&PageID=25295 取用日期 2021 年 1 月 7 日。

　　海外客家網的設置[17]，以促進國際客家社團的交流及分享世界各地客家發展資訊為宗旨。除了舉辦客家社團會議，客委會也意識到必須深耕客家青年聯繫，因此廣邀世界各國客家人來臺灣參與客家研習活動：例如2004年起每年舉辦世界客家青年文化研習營，邀請世界各地的客家青年來臺灣親身體驗、走訪客家庄，認識台灣客家文化，增進對於客家語言、音樂、民俗、美食等興趣，豐富對全球客家觀點的認識。2011年更名為海外青年客家文化研習營[18]，持續邀請客家青年參與至今，期許客家文化能在海外扎根發展。2005年起開辦海外客語教師研習班，推動海外客語教學與推廣。2010年起也舉辦「海外客家美食料理研習班」、2011年度的海外客家歌謠研習班，並且首度籌組客家青年文化訪問團[19]，將台灣客家文化帶進中南美洲。

　　2004年起客委會委託中央通訊社籌劃拍攝一系列《客家人向前走》相關節目的製作，實際走訪亞洲地區馬來西亞、印尼、泰國、香港、新加坡、印度以及日本等國的客家人，紀錄海外客家人的身影與其生命故事，帶入人們對於全球客家想像的橫向聯繫。2007年開始製作《作客他鄉》[20]節目，第一、二季節目主要是由素樸的大學生、客家系所研究生擔任主持

17　客委會海外客家網 https://global.hakka.gov.tw/Default.aspx 取用日期 2021年1月7日。

18　客委會舉辦歷屆海外客家活動列表 https://global.hakka.gov.tw/News4.aspx?n=E1F3E30FD0507774&csn=36A0BB334ECB4011 取用日期 2021年1月7日。

19　中央通訊社，2011，〈客家青年文化訪問團開訓才藝五花八門能量蓄勢待發〉。http://www.cna.com.tw/postwrite/Detail/88809.aspx#.Wq_a4ZNuaqA 取用日期 2021年1月7日。

20　客委會《作客他鄉》節目介紹 http://www.hakkatv.org.tw/program/14-0 取用日期 2021年1月7日。

人，親身走訪海外客家村落，集中在日本、中國大陸、東南亞等地，第三季已延伸拜訪歐洲、美洲的客家人，2018 年第四季節目已發展出有專業主持人、專業影音剪輯，透過旅遊觀光方式，帶領觀眾拜訪居住在世界各地城市裡的客家人。觀察作客他鄉節目內容的變化，前兩季的主持人親自走訪各國不同特色的客庄，透過攝影機呈現各地客家的特色文化，這些節目除了在客家電視台播放之外，同時也上傳到 youtube 提供更廣大的觀眾群欣賞，受到許多客家網友的歡迎。不僅是台灣的客家網友，中國、馬來西亞甚至越南、韓國、日本等地的客家網友也會透過網路欣賞這個系列的節目，走訪亞洲客家節目閱覽數幾乎都有幾萬次的瀏覽數，許多網友甚至會留言回覆，網友們最感興趣的部分，就是透過節目比對自身客語腔調的異同（見圖 5-1-1）[21]，反映很喜歡這種介紹各地客家人的節目，尤其是介紹該國客家人節目的時候，往往最能引起該國客家人的認同共鳴。舉例來說《作客他鄉》第 50 集 [22] 探訪砂拉越的河婆客家，就吸引很多馬來西亞的客家網友留言，有網友表示：「我是馬來西亞～馬六甲海豐客，跟你們的河婆話很接近」、也有人表示馬來西亞霹靂州的雙溪古月有 90% 的河婆客家人，但感覺口音不太一樣。古晉、砂拉越的客家人也紛紛跳出來比對自己的腔調，表達感動。這類的行腳節目，透過親身探訪，帶領觀眾認識海外各國既陌生卻又親切的客家，在同為客家的想像下，認識全球各地富有獨特性、多樣性客家群體的面貌。《作客他鄉》這個節目從 2007 年持續到 2018 年 [23]，各地客庄、客情色彩已較前幾季顯淡，偏向由年輕的主

---

21 《作客他鄉》第 50 集〈馬來西亞砂拉越 —— 河婆客作客〉。https://www.youtube.com/watch?v=wtFw616IAsQ 取用日期 2021 年 1 月 7 日。

22　同註 22。

23 《作客他鄉》曾六次入圍金鐘獎，2016 年獲得金鐘獎項「行腳節目獎」，可

持人透過拜訪居住在當地的客家人，以客家身分作為媒介，由其帶領、介紹在地文化特色，相較之下，觀眾的共鳴則偏向認同介紹者自身的打拚經驗，或為愛走天涯的個人故事（見圖 5-1-2）[24]。《作客他鄉》節目內容的變遷其實也暗喻著年輕世代的變化，全球化時代，人們移動得更頻繁，當代的遷移模式毋寧是更為個人性的，世界各地大大小小的城市裡幾乎都能夠找得到客家人，但是過去一世紀以來在海外各地形成客家人聚集的村落模

 Huiny Liew
跟我们砂拉越古晋的河婆客有点不一样
8 個月前

 TL Woon
很好，做客他乡成为当地的客家人是难免，也要有自己的传统不可丢失，再接再厉发扬光大自己文化为上策。
1 年前

 lin freeman
那砂朥越的长辈讲的客家话我还听得懂，就视频主的客家话我要很仔细听，甚至需要字幕的辅助才听得懂他讲的意思，和一般客家话的拼音一样，只是音调和用词真的走完音・・・还有一样我发现，视频主的客家话里有些用词好像带有福建话（闽南语）的用词・・比如，"都是你"的"都"字发音，视频主是讲"lòng"。我在想，会不会当地闽南语影响，参了些闽南语用词。
1 年前 (已編輯)

 Mike Chang
好感動，文化要永流傳

 Jinai Hou
偶然的看到作客他乡，非常喜欢，平实而生动展现了真实的生活和异国风采。谢谢摄制组的辛勤工作。这集看哭了，和这位大姐的情况差不多，我在美国，妈妈去世我不在身边，没有给妈妈尽孝，然后一直无法从愧疚和伤心中走出来，导致长时间抑郁无法自拔，像大姐学习乐观坚强的生活态度。
11 個月前・2
顯示更多回覆

 WY Li
大翰~~~再次重看到這集又哭了
1 年前・2
顯示更多回覆

 Grivel Meihua
做的很用心的節目，我一邊看一邊流淚,讓我們這些在異鄉漂流的人好受感動啊!
4 年前・2

圖 5-1-1　　　　　　　　　　　　圖 5-1-2
馬來西亞網友的評論截圖

惜該節目已於 2018 年 8 月停播，讓許多粉絲惋惜不已。

24 《作客他鄉》第 100 集〈法國布列塔尼〉。https://www.youtube.com/watch?v=wx8FZfbJW3U 取用日期 2018 年 3 月 10 日。

式，事實上已少見於當代新興的城市，個人性的移動取代了過去祖籍、宗族或整個村莊人的遷移網絡，年輕一代的華語使用甚至較「客語」更流利順暢，此時的共鳴是同為客家人的親切共感，認同則存在於個人敘事。

從 2002 年到 2018 年，歷經政黨輪替，客委會 2017 到 2020 的中程施政計畫裡 [25]，除了打造國內慢活客庄、協助客庄永續發展，以及推動客家語文基礎建設、推動客語生活學校計畫等，整體施政方針針對建構國家級客家知識體系以及強化海外客家交流部分展現更為具體深化：

四、建構國家級客家知識體系，深耕客家研究基礎。推動國家級客家在地知識，整合並擴大客家學術能量：

1. 發展國家級客家知識體系，推動國家型客家知識體系計畫。
2. 鼓勵學研機構跨域合作，搭建國際客家研究網絡平臺。
3. 培植客家研究人才，發展客家學術研究，開辦客家語言、文化相關通識教育及鼓勵兼具「在地性」之多面向應用課程。

海外客家交流連結的部分，除了舉辦全球性客家會議，客委會亦努力嘗試突破客家社團高齡化現象，鼓勵海外客家青年間的國際交流，透過客家公共事務的參與，推動南向交流計畫，尋求產業、藝文及語言等交流合作的機會：

25　客家委員會中程施政計畫（106 至 109 年度）頁 28-3。file:///Users/mornika/Downloads/%E5%AE%A2%E5%AE%B6%E5%A7%94%E5%93%A1%E6%9C%83%E4%B8%AD%E7%A8%8B%E6%96%BD%E6%94%BF%E8%A8%88%E7%95%AB%EF%BC%88106%E8%87%B3109%E5%B9%B4%E5%BA%A6%EF%BC%89.pdf 取用日期 2018 年 3 月 10 日。

五、臺灣客家國際化，強化客家與世界連結促進臺灣客家及青年國際交流，推動成立國際客家組織。

1. 鼓勵海外客家返臺體驗客家文化，透過舉辦全球性客家會議、客家語言文化研習活動，促進海外人士及青年來臺參與並交流。
2. 推動海外客家文化巡演。
3. 帶動海內外客家青年參與國際志工服務，導引青年參與在地公共事務。
4. 推動客家南向交流計畫，積極尋求與泰國、馬來西亞、印尼等東南亞國家於產業、傳播、藝文及語言教學等方面之交流與合作機會，並辦理東南亞地區客庄與臺灣客庄間之深度交流計畫。
5. 建立國際客家人才資料庫，針對關注國際族群多元文化議題之NGO組織，進行調查研究，以推動成立國際客家組織，協助參與國際NGO會議及活動，並與其他國家少數族群文化部門交流對談，輸出臺灣客家政策經驗。

客委會鼓勵海外客家社團、客家青年間的文化交流，輸出台灣客語教學、客家文創經驗，以打造台灣客家成為全球客家文化中心的範式，不僅將台灣與世界各國客家人相聯繫，也為台灣緊縮的外交處境另闢蹊徑。

（2）攪動一池春水——台灣客家學界與海外客家研究機構的交流

1980 年代以來逐步開展的台灣客家研究，強調在地化典範，關懷客家人來到臺灣後的在地化發展。這不僅是客委會成立後的公部門論述

重點，也是客家學院系所設立後，學者們推動客家研究的重心。劉堉珊
（2015：263-264）指出過去十年來的客家研究大致可以區分成：(1)族群
史、區域史研究；(2)族群政策類研究，以及 (3)文化傳統的技術與民俗技
藝採集等三類。其中族群史與區域史研究主要是以台灣客家為論述對象，
或是特定地方族群史；族群政策類研究議題則以地方產業觀光主，地方文
史工作者則偏向關注文化傳統技術或民俗技藝的採集。從台灣客家研究到
海外客家研究，其實是建立於在地化客家研究基礎上向外擴展，蕭新煌指
出，當客家本土化研究做到一個程度，接下來就是要向外做比較研究：

> 因為東南亞是台灣以外最大宗的客家外向移民，我們可以看到從原鄉
> 到他鄉以後的轉變，不同的在地化、本土化，不同的移民史，才能突
> 顯台灣的特色。所以那時候才開啟了所謂的比較客家研究（蕭新煌訪
> 談：4）。[26]

從比較研究的構想出發，台灣客家研究與東南亞客家研究開始產生
關聯與互動，台灣東南亞研究發展也與國家南向政策有相當關係，1988
年李登輝繼任總統以來，為了打破外交僵局，緩和兩岸關係，與中國展
開非官方的接觸，在 1990 年代正式批准商人前往投資。但是投資解禁之
後，台商向中國間投資的大幅成長引起了政府關切。1994 年李登輝帶領
一群商界人士與經濟官員拜訪印尼、馬來西亞與泰國，以南向政策平衡分
散台灣對中國的投資、貿易風險（古鴻廷、莊國土 2005：vii-viii）。南向
政策除了有分散貿易風險的功能，另一方面也有藉由貿易投資拓展台灣外
交空間的目的，以及經濟獨立自主的象徵。然而，90 年代末中國經濟起

26　蕭新煌 2018.01.09 訪談紀錄（2018：4）。

飛，逐漸取代台灣在國際上的政經地位，同時大量削弱台灣與東南亞國家間的政經互動關係。在中國力量提升的狀況下，加諸在東南亞政治經濟與外交上壓力更顯著（古鴻廷、曹淑瑤 2005：25-28）。

政府的南向政策，間接促使時任中研院院長的李遠哲於 1994 年推動東南亞區域研究計畫，成立中研院亞太區域研究專題中心（2005），由蕭新煌擔任東南亞區域研究計劃的主持人，累積一段時間的東南亞研究後，客家出身的背景讓蕭新煌思索將客家研究與東南亞研究結合，從「東南亞研究」向「東南亞客家研究」延伸，開創新興客家研究的典範：

> 作為一個社會科學家又有東南亞研究經驗的人，當然就會想到往東南亞去發展，可說是順勢。因此，我就組織了一批人去投入東南亞客家研究，這批人當中，有客家研究學者、有東南亞研究學者，其中又有東南亞出身的客家學者，算是一個理想的組合（蕭新煌訪談：7）。

從 1994 年「東南亞區域研究計畫」開始，2003 年客委會委託亞太區域研究專題中心的「海外客家基本資料調查」（2003-2004），到「苗栗園區海外研究——東南亞客家研究先期計畫」（2008-2009），並出版其成果《東南亞客家的變貌：新加坡與馬來西亞》（中央研究院亞太區域研究專題中心，2011），2017 年以該書為基礎，進一步出版《台灣與東南亞客家認同的比較》（中央大學出版中心，2017）。海外客家研究論文選集、以及後續交通大學客家學院發行的《全球客家研究》期刊等，這些研究成果亦邀集許多在地東南亞客家研究者參與，透過東南亞客家研究學術社群在工作坊、研討會的舉辦與交流，也讓台灣學者與東南亞客家學者之間的合作往來日亦頻繁，帶動東南亞當地客家研究的興起。

前一章討論的世界客屬想像，香港崇正總會組織自創會以來即有客

籍學者與富商共同組成的獨特傳統，客家研究的重要性在於它提供客家人成為客家的重要觸媒，奠定客家社團組織以客家論述向外發展的基礎。兩者之間的關係既是相輔相成卻也相互獨立。台灣的客家研究發展受到來自公部門政策、以及學院所主導的客家論述與民間文史工作者三者間的相互影響與對話。但學術研究仍然有其自主性、獨立性，甚至引領客家想像內涵的發展。客委會成立之後致力於跨國客家社團交流，意欲將台灣打造成全球客家文化中心，客委會的政策促成台灣客家學術界與公部門合作的研討會與研究計畫，多面向地推動跨國交流網絡。同時，學者對於客家研究的建議可以透過諮詢會議等方式，影響客委會推動客家政策的發展方向。例如蕭新煌針對客委會建構國家級客家知識體系的政策評估，除了參與諮詢會議、修改政策規劃作法之外，也發文闡述他對於客委會建構國家級客家知識體系的建議，期待確立台灣作為國際客家研究的學術領航地位。[27]

　　當客家研究進展到知識論的問題，定義客家究竟是怎樣的一個群體、客家文化是什麼的時候。透過與海外客家進行比較研究，才能認識台灣客家與東南亞客家，甚至是中國客家各自所擁有獨特的豐富性內涵。以客家菜為例，客家食材會受到地理環境的影響，產生在地化變異。例如被列為馬來西亞十大客家名菜的釀豆腐、豬腳醋、屬於大埔客特色的算盤子、河婆客的擂茶，都與台灣客家人所認知熟悉的客家菜有著相當大的距離。客家人的信仰除了原鄉信仰外，也有因應地方族群互動關係所創造出的在地信仰，像是台灣的義民爺信仰或是馬來西亞的仙四師爺廟、東南亞的大伯公信仰等等。客家研究的特殊性，就在於它必須是比較研究，透過比較才更能夠釐清、認識自己的特色，認識客家的群體特質。

27　蕭新煌，2016《解讀「國家級客家知識體系」》。http://www.peoplenews.tw/news/925ecedf-7d3c-44ab-9340-55fb03720444 取用日期 2021 年 3 月 1 日。

　　另外一方面，隨著 1970 年代開始客家團體的世界性串連，80 年代末的全球化現象，伴隨通訊傳播技術與交通的發達，當代跨越國界的客家想像之獨特性即在於客家既是在地的、也是全球性的人群想像，他的聯繫網絡更是世界性的：

> 客家跟台灣的本土研究有一點不一樣的地方，台灣的本土研究要真正了解台灣在地的什麼事情，這個客家其實也同意，可是客家研究有點像原住民研究一樣，原住民研究當然是要講很在地的族群跟他的土地的關係，甚至是他自己的歷史、史觀的詮釋，甚至是本身的權益都非常重視，但原住民也有一個世界網絡，就是全世界的原住民有一個中間的網絡。所以原住民最能夠國際化，就是『越在地化的人越能夠國際化』。就是說你非常的 localize，你是台灣的原住民研究，可是你可以跟加拿大的原住民研究一起去進行的。他的網絡是全世界性的，原住民的在地就是全球的基礎。所以客家本身也具有這樣的特質（張維安訪談：3）。[28]

　　曾任《客家雜誌》主編的黃子堯也有類似的看法，認為客家雜誌的立場主要是台灣觀點，強調「認同本土」，同時會報導香港與世界各地客家的活動，因為：「客家人是世界性的族群，不單是台灣有客家人，像東南亞等地也有客家族群，我們很願意做一個情感上、文化上串連起來」（黃子堯訪談 1990:205）。因此客家雜誌雖然在台北發行，訂戶卻遍及全世界，美國、歐洲、巴西等地都有其訂戶。

　　2002 年客委會首度舉辦全球客家文化會議，努力打造台灣作為全球

28　張維安 2018.01.24 訪談紀錄（2018：3）。

客家文化中心，客家學術界發行《全球客家研究》期刊，全球客家似乎成
為一個炙手可熱的新詞，全球客家想像作為一個形成發展中的概念，究竟
所指涉的內涵為何？根據 2002 年《全球客家文化會議》所發佈的大會宣
言表示，在全球化發展過程中，全球各國的客家人應該建立起對自身語言
文化的自信，成為所在國家多元文化基礎的一部分，強調客家對於世界多
元文化的貢獻[29]。2013 年創刊的《全球客家研究》期刊，發刊詞亦說明全
球客家研究的展望，強調比較研究的重要性，利用跨學科的研究方法與觀
點進行跨領域對話，希望藉由發行國際性客家專業學術性期刊，匯集相關
領域學者、進行學術研究交流，建構多元、全球視野的客家知識體系[30]。
2014 年第三屆台灣客家研究國際研討會的會議主題「全球客家的形成與
變遷：跨域研究的視野」即說明：

> 全球客家的形成牽涉許多跨域的客家人結社、活動、論述與研究。就
> 時間面向而言，此一形成與變遷過程中的概念、認同、經驗。乃至情
> 感，不僅呈現於過去，在現在與未來仍然會和廣漠的世界，相互脈
> 動。[31]

從會議宣言、期刊發刊詞到研討會會議主題說明，可以歸結全球客

29　行政院客委會，2003，《2002 全球客家文化會議大會實錄》。台北：行政院
　　客委會。

30　《全球客家研究期刊》發刊詞 http://ghk.nctu.edu.tw/about02.asp 取用日期
　　2021 年 1 月 7 日。

31　交大客家學院，2014，《第三屆台灣客家研究國際會議「全球客家的
　　形成與變遷：跨域研究的視野」》會議主題說明 https://hkcghk.weebly.
　　com/26371356962002738988.html 取用日期 2021 年 1 月 7 日。

家想像蘊含的兩層意義，客家自身特殊的雙重性（在地性與全球性）：首先，在地性指向所在國的在地公民，強調全球化發展過程下的各國客家人。著重於全球各地客家的比較研究與合作串連。其次，全球性跨越了國家界線，以「我們都是客家」的身分搭建起全球互動網絡的橋樑。在這個層次上，客家跨越了地理位置與國界的限制，也超越原鄉概念。以客家為名，就足夠成為我群（wegroup）。這其中也牽涉到不同的行動者在其中論述、交流與認同，並且仍在發展辯證中。例如蕭新煌將全球視為一個載體，認為全球客家是比較研究的客家：

全球客家的意義在那裡？台灣要提倡全球客家的概念，就應該心繫全球，而不是心繫中國。一旦以心繫全球來做全球客家研究就是一種「比較視野下全球客家研究與想像」。[32]

張維安則認為討論全球客家時，其概念包含兩層意義：

全球客家有兩層意義，一個是包含全球各地的客家，所以你可以做紐西蘭、巴西的客家研究。這個是第一個層次的客家。但是第二個層次，這是我們看著他在發展的，有一個客家，他不是原鄉的客家，他基本上是一種全球分佈客家之後，他們有一個新的概念就是我們是客家人，但是我們是各地的客家合起來的一個新的想法，就是全球客家，這個是我說的第二個層次。我們講全球客家的意思說，比方我們去沙巴，那我們就是客家人啊，我不必講我們從那裡來、也不必講住在那裡，我們都是客家的概念是，客家是全球性的一個族群想像。現在很多地

32　蕭新煌 2018.01.09 訪談紀錄（2018：4）。

方的客家人，他們其實不太知道自己祖籍在那裡，說不定也沒什麼族譜，比方說我們去沙巴問他們有沒有族譜，族譜是什麼連聽都沒聽過，所以我們在講的是全球客家（global hakka），不是全球的客家，我覺得這個東西在興起（橫線重點部分為研究者所加）。[33]

全球客家想像作為一種發展中的概念，人們帶著各自對客家的想像與解讀，在一次次行動中拓展全球客家想像的版圖。在學術單位、海外客家社團的交流與討論中，推動東南亞學界對客家研究的重視與研究觀點的深化。

隨著客家委員會與客家學術機構的合作，透過一點一滴公部門舉辦的海外文化交流活動，台灣學者與東南亞學者以及東南亞客家社團之間，形成學院交流互訪與合作的關係日益密切，透過客家學術研究機構研究計劃、國際學術研討會的推展與討論，相互影響與交流意見。劉堉珊（2015：274-275）觀察過去東南亞學者的客家研究著重在歷史資料的爬梳建構，偏重在客籍歷史人物、客家會館社團以及歷史事件的研究。相較而言，台灣學者在進行東南亞客家研究時，因為受到台灣族群經驗以及台灣客家研究所關注的認同議題所影響，著重於論述東南亞的政治社會環境對於客家認同或是族群性影響。但隨著雙邊日漸頻繁的研討會、工作坊等討論交流，東南亞學者近期研究亦發展從社群關係去理解客家與其周邊人群關係的討論，像是黃賢強、賴郁如（2013）〈廟宇策略與新加坡閩客族群的發展：以天福宮和望海大伯公廟為例〉。

2015 年開始，交通大學客家學院[34]結合台灣聯合大學系統（中央大

33　張維安 2018.01.24 訪談紀錄（2018：2）。

34　交通大學與陽明大學於 2021 年 2 月正式合併陽明交通大學，未來客家學院的稱謂可能還會再變動。本文採用當時的脈絡，仍以交大稱之。

學、清華大學、交通大學、陽明大學）與馬來西亞拉曼大學合作，每年暑假進行三週移地教學課程[35]，讓馬來西亞交換學生認識台灣史、客家文化變遷以及台灣、中國與馬來西亞的客家網絡社群比較等等。拉曼大學中華研究院的副院長黃文斌[36]表示希望透過移地教學，讓學生學習台灣客家文化轉型，提供馬來西亞參照。最近幾年來，台灣客家研究學者也透過研究計畫、研討會、工作坊的舉辦，與新加坡國立大學中文系、馬來西亞大學的馬來西亞華人研究中心、拉曼大學中華研究院以及新山大學南方學院等，建立密切的互動。隨著雙邊合作關係的持續深化，東南亞客家研究議題也開展出更為豐富多元化的面貌。

　　交流合作過程中，同時刺激當地客家人的在地認同，全球客家想像的概念一方面強調橫向連結「我們都是客家人」，另一方面也重視對於客家人遷移到各地居住國所發展出來在地適應的殊異性思考。舉例而言，馬來西亞檳州客屬公會拿督謝詩堅嘗試在浮羅山背打造的浮羅山背客家村計畫[37]，儘管客家村的設計仍然以「土樓」作為客家地標的象徵，但他也開始思索檳城客家族群的歷史，強調客家先賢來到浮羅山背在馬來西亞落地生根的敘事，成為馬來西亞客家的發祥地。甚至，針對浮羅山背的客家村是否要蓋成「土樓」也引起在地社群的討論，文史建築研究室主持人陳耀威就曾撰文反對移植土樓，認為浮羅山背的板屋材料使用的是本地容易取

35　交通大學客家學院，2017，〈台灣聯合大學系統 2017 移地課程東南亞華人社會與文化——成果發表會〉。https://tinyurl.com/yxfleoh9 取用日期 2021 年 1 月 7 日。

36　交通大學客家學院，2016，〈拉曼大學首次客院移地教學讓學生深入客家文化〉。https://tinyurl.com/y2txs2lz 取用日期 2021 年 1 月 7 日。

37　謝詩堅，2008，《檳城浮羅山背：馬來西亞第一個客家村》。http://www.hakkaonline.com/thread-68132-1-1.html 取用日期 2021 年 1 月 7 日。

圖 5-2　浮羅山背的板屋與當地客家人的經濟作物橡膠（研究者攝）

得的木材，更能夠凸顯本地客家的特色，陳的觀點引起網友很大迴響[38]。

（四）台灣內部雙軌併存的客家想像

因為台灣地位的特殊性，當代台灣客家論述除了強調自身獨特的本土、在地性的台灣客家意識，從本土性出發開展比較研究，與海外客家社團與學術機構的交流，推動全球客家想像，還有一個 1950 年代以來與戰後外省客家帶來的客家中原論述接軌，強調尋根的中原客家想像，深信尋根對於客家認同有其一定的重要性，例如范佐雙（2013：144）即深信：

客家人的尋根意識源於對客家民系的認同、對中原文化的認同，認同

是尋根的驅動力，因此弘揚源遠流長的客家文化，可是海內外的客家人的尋根意識和認同感得到滿足和提昇，從而達到增強民族凝聚力。

這種論述基調基本上與國民黨政府在 1970 年代成立的世界客屬總會相符合。世界客屬總會可謂冷戰時代以來為了確立代理祖國的位置，爭取海外華僑認同概念下所成立的團體，會內的領導階層向來都是國民黨籍的客家政治人物，至今仍積極參與世界客屬懇親大會等活動以及客家團體的聯繫。兩種論述之間，呈現出一種微妙的緊張關係。

1992 年第一屆國際客家學研討會在香港中文大學舉辦，會後眾人決議成立國際客家學會，1996 年第三屆國際客家學研討會因為新加坡學者陳松沽的建議，首度跟世界客屬懇親大會合作召開，並且由懇親大會贊助經費。從第十三屆世界客屬懇親大會開始懇親大會併行召開客家學研討會的傳統。1998 年第四屆國際客家學研討會決議由台北中研院民族所承辦，但第十四屆世界客屬懇親大會（10/6-10/8）跟第四屆國際客家學研討會（11/3-11/7）舉辦的時間日期卻完全錯開。2006 年第二十一屆在台灣舉行的世界懇親大會（10/28-10/30），更同時在中研院與台大舉辦兩場客家研究的國際研討會。10 月 29 日在台大法學院舉辦「國際客家學研討會」，台北國際會議中心舉辦的則是「第一屆臺灣客家研究國際研討會」。陳水扁總統與客委會主委李永得參與中研院場到場致詞，由客委會主任秘書代表參加台大場。前者以學者為主，後者以研究生為主，台大場由邱榮舉籌辦，梁榮茂、羅肇錦、黃永達做評論。部分世界客屬總會鄉親參與的則是台大場。客委會主委李永得甚至沒有參與 10 月 24 日世客會的記者會，引起劉盛良、邱鏡淳的不滿，並於 10 月 25 日聯合致函給客委會請求客家電視台協助世客會的轉播（范佐雙 2013：173、178）。另一方面，世界客屬第二十一屆懇親大會出版的紀念會刊裡，內容刊載的是題辭均是台北

市長馬英九以地主城市之姿展現歡迎世界客家鄉親來到台灣，以及世界客屬總會總會長吳伯雄、理事長劉盛良的歡迎詞，皆顯示世界客屬總會與國民黨的友好密切關係。

　　曾經擔任第六屆、第七屆世界客屬總會理事長的劉盛良，同時也是立法委員的身分，讓世界客屬總會在國會殿堂立院質詢佔有一定的特殊地位，可以要求客委會配合、支援這個民間團體的活動[39]：

　　劉委員盛良：95 年世界客屬總會申請到舉辦第 21 屆世界客家懇親大
　　　　會，你們要如何配合嗎？

　　李主任委員永得：我們全力配合，包括經費、人力，因為這是台灣客
　　　　家的大事情，我們非常感謝理事長。

　　劉委員盛良：希望中華民國台灣在國際間的能見度能提升，因為大陸
　　　　對於這種活動非常認真，每次活動都花將近 40 億人民幣，折算成台
　　　　幣約 1、2 百億，這還只是一個城市所花的錢，這次在台北市舉辦，
　　　　一定要好好做，因為這對客家人的地位提升及中華民國台灣的國際
　　　　地位提升有很大幫助。……

　　劉盛良也在立法院外交、僑務會期的會議質詢中，強調世界客屬總會的外交功能，要求外交部予以重視，拉抬世界客屬總會的重要性，與中國間的友好關係也成為世界客屬總會交涉的籌碼。

39　立法院第 6 屆第 2 會期審查 95 年度中央政府總預算案第 1 組第 3 次會議紀
　　錄。中華民國 94 年 10 月 26 日，頁 216。

　　劉委員盛良：中華民國的外交工作非常艱辛，應該多利用民間組織，
　　　　這對中華民國台灣的能見度及國際友誼會有所加強，否則單單由政
　　　　府發揮是很難的。……現在還有一個組織是世界客屬總會，現在全
　　　　世界的客家人將近1億人，世界客屬總會與30幾個國家有交往，而
　　　　且有40幾個分會分布在全世界，尤其中共現在很重視世界客屬總
　　　　會，一直想要拉攏，但是世界客屬總會是設在台灣的台北，本席認
　　　　為政府和外交部可以多予利用。他們每年有一次世界客屬城市領袖
　　　　會議，希望外交部往後能多多參與。[40]

　　劉委員盛良：……我的意思是外交部要多運用「世界客屬總會」這個
　　　　名稱，將來鼓勵或是編列經費以加入聯合國的NGO的組織，外交部
　　　　可以藉由此走出去。本席的用意是引導外交部走出去，因為現在外
　　　　交部沒有辦法在聯合國有立足之地，不過可以利用這樣的組織而有
　　　　立足之地，這是本席的用意（橫線為研究者所加）。

　　2008年再次政黨輪替後，劉盛良面對國民黨籍的客委會主委黃玉振，
質詢時針對客委會拒絕世界客屬總會申請第22屆世界客屬懇親大會的經
費補助案，質疑黃玉振對世界客屬總會的漠視[41]：

40　立法院第6屆第2會期外交及僑務、預算及決算兩委員會第6次聯席會議
　　紀錄時間中華民國94年12月22日，頁269-270。

41　立法院公報第97卷第62期委員會紀錄。立法院第7屆第2會期審查98年
　　度中央政府總預算案內政委員會第5次會議議事錄。97年10月27日。頁
　　391-393。

劉委員盛良：我是客家人，也是世界客屬總會的理事長，至於總會長
　　是誰你是知道的，我不便多說。……世界客屬總會做了非常多外交
　　上的交流工作，但是你卻不重視，或許你認為世界客家懇親大會只
　　具有客家鄉親遊覽、宴會的性質，但是，你知道嗎？世界客家懇親
　　大會是全世界客家人的學術研討會，待會我拿一本相關的書籍給你
　　看。在大會上，客家鄉親經驗的交流、客家文藝的展覽、以及經貿
　　的交流等都非常地好，我們不瞭解，為什麼客委會如此的輕視世界
　　客家懇親大會？我們真是百思不得其解。

黃主任委員玉振：向劉委員報告，當初客委會是協助辦理，並不是補
　　助。補助的部分，從 90 年至今，共有 16 件，總計 352 萬元，另外
　　還有 264 萬元與 470 萬元兩個案，是客委會協助客屬總會辦活動的
　　經費。

劉委員盛良：……你說有協助辦活動，但據本席所知，客委會不但沒
　　有協助辦活動，甚至還在木柵演出客家大戲，利用客屬總會懇親大
　　會的平台，對抗客屬總會的活動。

　　這其中耐人尋味的是世界客屬總會與國民黨執政後的客委會間的關
係，包括客委會主委黃玉振向劉盛良表示因為是立院總質詢時間，所以不
方便參與第 22 屆在西安舉行的世界客屬懇親大會，顯示出世界客屬懇親
大會與客家委員會定位為台灣客家立場之間的距離。與此同時，儘管世界
客屬總會在認同定位上是尋根、強調中原論的客家論述，與中國關係友
好，但與中國之間爭奪僑團的外交競爭卻仍是同時並存的：

劉委員盛良[42]：不管過去是藍是綠，<u>只要認同中華民國、認同台灣的統統</u>
<u>是我們的僑民，所以要一視同仁的協助他們</u>，不論是文化、教育、社
團、活動，我們一概參與，這點很重要。本席參加了世界客屬總會、
中華民國龍岡親義總會，光是龍岡親義總會就有 150 幾個分會，客屬
總會在外面也有 40 幾個分會，我們過去也有這樣分，<u>但經過溝通以</u>
<u>後我們就變成一家了；在中共崛起以後，他們有些人還傾向中共，但</u>
<u>經過勸導最後還是回來，所以很多事情不是能一刀兩斷的，要用我們</u>
<u>的智慧以及誠懇的態度去影響他們</u>，我認為這非常重要，希望委員長
上任後要多多運用一些真正想為僑團、僑社或華僑做事的社團。

二、全球客家想像的內涵

（一）全球客家想像作為隱性國族對抗的文化輸出手段

　　2001 年行政院客家委員會的成立，主要是基於政府回應 1988 年客家
運動以來，客家族群在多元族群社會整合下向國家要求公民文化權利的展
現成果。透過主張客家族群的語言權、文化權以及歷史詮釋權，確立客家
族群在台灣社會裡的主體性，奠定台灣作為多元化主義社會的平等基礎。
因此，客委會自成立以來的業務首要致力於推廣客家語言、文化、知識體
系、歷史詮釋等，以振興客家語言文化、建構有自信、尊嚴的客家認同為
主要施政目標[43]。展現在博物館論述部分，台灣在 1990 年代後各地興起的

42　立法院公報第 96 卷第 68 期委員會紀錄，中華民國 96 年 10 月 8 日。頁
　　114-115

43　客家委員會簡介 https://www.hakka.gov.tw/Content/Content?NodeID=439&Pag

客家文物館熱潮[44]，與 1994 年文建會的文化政策，以及 2000 年民進黨政府提出的客家政策以及客委會的推動有著密切關係，這些館舍大部分都是由政府主導經營，經費來自於客委會補助或是地方各層級單位。吳詩怡（2008）分析這些客家文物館所展演的客家記憶，大致上可分為「泛客家的視野」、「區域性客家」以及「地方性客家」三個層次，泛客家展演的是客家源流與羅香林的五次遷移說，著重在客家的脈絡以及客家何時進入台灣，台灣客家的拓墾與台灣客家族群的地域分布，其次就是從台灣脈絡呈現客家文物館所在的縣市區域特色以及範圍更小的地方性客家敘事。博物館作為論述、建構集體記憶的機構，提供族群文化論述的空間，博物館的設立，向來與國族、族群認同的想像有著密切關係，亦能影響大眾的記憶建構。台灣客家文物館舍基本上都著重於台灣客家的主體性論述方向。

　　1988 年客家運動凝聚了台灣客家的族群意識，同時催生中央層級的客家委員會成立，客委會在客家語言、文化、客家知識體系以及客家產業等各層面的創新與重建經驗，對台灣作為一個多元文化社會有重要意義，也讓客家文化成為認識台灣社會的途徑。台灣客家文化復興的經驗，對台灣周邊地區的客家族群意識，亦帶來相當影響（張維安等 2016：86-87）。

　　另一方面，2000 年台灣首度政黨輪替，民進黨政府馬上面臨台灣艱難的外交處境挑戰，自從 1994 年以來，台灣政府從「代理祖國」的身分一路撤退，加上中國政治經濟實力崛起、並積極爭取海外客屬團體後，祖國在中國的事實是不證自明的。如何維繫過去國民黨時代所經營海外客屬社團的網絡，發揮 1970 年代以來以客家為名所進行的僑務與外交功能，

---

　　eID=33588&LanguageType=CH 取用日期：2018/3/30）。

44　吳詩怡（2008）的田調整理當時台灣有 33 間客家文化設施（包含計畫、籌備或是興建中），已營運的的有 18 間。數目仍在增加中。

即成為民進黨政府必須面對的考驗。客委會嘗試將台灣打造成全球客家文化研究與交流中心，同時積極經營全球客家社團的文化交流網絡串連，基本上是在隱性兩國統戰對抗框架下的行動。

　　2008 年國民黨再次黨執政後，客委會預算仍然呈現倍增成長，並且相當比例投入在海外客家社團活動交流。國民黨籍客委會主委黃玉振2008 年在立法院進行施政報告，也重申建設台灣為全球客家文化交流中心的目標，由此可見，客委會推動全球客家文化交流的政策已經成為國、民兩黨的共識：

> 本會積極推動全球客家文化交流，透過籌辦全球客家文化會議、海外客語教師研習班等交流活動，建構海外客家網路平台，補助及辦理海內外客家事務、學術、藝文、展演等交流活動，以及派員參加海外重要會議，訪視客家社團等，連結世界客家，結合海內外客家社團，積極推動國際多元文化交流，逐步建設台灣為全球客家文化交流中心。[45]

　　以台灣為首推動的全球客家想像，強調以在地論述作為全球的基礎。共同面對當代全球客家人面對客家文化傳承危機的擔憂，透過全球客家社團的交流，嘗試彼此合作、推廣客家文化的可能性。客委會舉辦一系列與海外客家社群在文化、飲食、語言、歌謠甚至全球客家懇親會議的交流，如世界青年客家文化研習營、全球客家發展會議、海外客家社團負責人諮詢會議、海外客家美食料理研習班、海外客語巡迴教學等等[46]，以台灣客

45　立法院第 7 屆第 2 會期審查 98 年度中央政府總預算案內政委員會第 6 次全體委員會議紀錄時間 97 年 10 月 29 日，頁 371。

46　客委會海外客家活動 https://global.hakka.gov.tw/News4.aspx?n=E1F3E30FD05

家復興經驗在不同領域上與海外客家社團以及客家青年展開互動交流，一方面作為爭取海外客家社團的軟性外交策略，另一方面從客家文化復振的角度進行串連，與東南亞客家會館相互聯繫合作，推動當地客家社團、文史工作者以及客家研究者的在地客家認同想像。

　　台灣 2016 年開始推動的「新南向政策」[47]，嘗試與東協、南亞與紐澳等國家開創新的合作模式，分做經貿合作、人才交流、資源共享與區域鏈結四個方向。在資源共享的部分強調台灣的軟實力，促進交流、協助拓展台灣的商機。為呼應國家級的新南向政策，客委會也推動一系列「客家新南向考察計畫」、「客庄新住民國際參與計畫」、「東南亞客家調查研究及編輯出版計劃」、「客庄南向國際交流計畫」[48]，加強與東南亞客家地區聯繫。在客委會搭配台灣南向交流政策下，開啟了新一波客家跨國行動者間的交流模式。例如打幫你樂團 2017 年所提「台客馬客唱遊客」[49] 計畫，即來到馬來西亞的芙蓉，宣傳台灣的客家音樂，並且與在地客家歌手楊阿爽共同創作《Sungai Ujong my home 芙蓉》華語＋客語單曲[50]，推廣大馬客

07774&sms=BB5D7606AF3DDD7E 取用日期 2018 年 4 月 2 日。

47　行政院，2016,〈「新南向政策推動計畫」正式啟動〉https://tinyurl.com/yysymult 取用日期 2021 年 1 月 7 日。

48　行政院，2017,〈新南向政策〉資源共享說明 https://tinyurl.com/y5rlmzat 取用日期 2021 年 1 月 7 日。

49　客委會，2017,〈客庄南向國際交流合作成果豐碩李永德期許以客家為基底永續交流〉。https://tinyurl.com/y4tarw7n 取用日期：2021 年 1 月 7 日。

50　劉榮昌與楊阿爽共同創作的《芙蓉》，特地選址在擁有 38 年歷史芙蓉大巴剎拍攝。可惜的是 2017 年 9 月芙蓉大巴剎慘遭祝融，這首單曲則意外地為芙蓉大巴剎留下最後的紀錄。MV 參閱 https://tinyurl.com/y27a2cmd 取用日期 2021 年 1 月 7 日。

家音樂，創造台馬兩方經驗的交流與合作。森美蘭客家公會聯合會會長黃新發表示希望藉由辦理「芙蓉台客」系列的跨國客家文化交流活動，能夠激盪芙蓉在地老街的活化，反思會館轉型提供年輕人創業的平台[51]。除了芙蓉之外，曾獲台灣金曲獎「最佳客語歌手」羅思容與孤毛頭客家音樂團隊也在 2018 年 3 月應邀來到馬來西亞吉隆坡參與客家音樂祭系列活動[52]，分享台灣客家山歌與客語創作。

　　台灣在華語世界裡的影視、音樂等能力在新馬一帶所發揮的影響力，其實有相當的歷史淵源。1988 年開始舉辦的金曲獎是台灣規模最大的音樂獎，與金馬獎、金鐘獎，並列為台灣三大娛樂獎項，1996 年擴大為所有華語音樂都能參與的跨國性音樂獎項，成為台灣與華人地區最具榮譽與影響力的活動[53]。2007 年由新加坡幾位音樂樂評人士共同發起了第一屆 Fresh music Award，即是受到台灣金曲獎的影響所舉辦，藉由邀請新加坡、馬來西亞與台灣三地的樂評人等相關人士，進行華語專輯的決選。發起人之一的玉能即表示，隨著新加坡英語越來越強勢，聽中文音樂的人變得越來越小眾，在新加坡電視台幾乎沒有音樂節目，加上 2014 年以來很多唱片公司已經不再做實體發行，造成新馬地區能夠接觸到的音樂越來越少，因此嘗試透過舉辦這個獎項讓更多元化的入圍者被媒體看見，擴大效

51　E 南洋，〈黃新發：活化芙蓉老街你善用會館空間助創業〉。https://tinyurl.com/yyqz8mm3 取用日期 2021 年 1 月 7 日。

52　外交部新南向政策資訊平台，〈羅思容與孤毛頭臺客尬馬唱山歌慶元宵〉。https://nspp.mofa.gov.tw/nspp/news.php?post=130597&unit=405 取用日期 2021 年 1 月 7 日。

53　金曲獎的定義請參考維基百科 https://zh.wikipedia.org/wiki/%E9%87%91%E6%9B%B2%E7%8D%8E 取用日期 2021 年 1 月 7 日。

應[54]。馬來西亞自由樂評人月貝凡[55]也是這個獎項的評審之一，在他自選的2017 年度優質中文專輯裡，他表示這已是連續第四年「再度」將年度第一名頒給了客家專輯。並在其個人網頁表示[56]：

> 很多網友反應主編很偏心台灣客家音樂，但憑良心說台灣這五年來最精采的音樂製作幾乎都來自客家歌手的作品。實力老將如黃連煜、陳永淘，林生祥和羅思容都已經是神級的創作人，可以說每一張專輯都是精采絕倫，而且一張比一張精彩啊。新生代如米莎、黃子軒，黃瑋傑，黃珮舒，劉榮昌等也都展現了接班的無限潛力，客家音樂的前景是非常樂觀耀眼的！

客委會協助台灣客家音樂人到馬來西亞社團進行串聯與交流，有其相當的意義。就如同 Fresh music Award 發起人在專訪所指出，馬來西亞是台灣非常有潛力發揮音樂軟實力的地方，因為馬國在中文能力的保留以及對於台灣文化認同都比新加坡來得高[57]。1971 年以來，世界客屬懇親大

---

54 欣音樂，2016，〈在新加坡聽臺灣音樂是文青行為？ Freshmusic 年度大獎名單及媒體短訪〉。https://solomo.xinmedia.com/music/80123-FreshmusicAwards2016 取用日期 2021 年 1 月 7 日。

55 月貝凡在其個人網站的介紹，其經歷其實相當跨國，他是馬來西亞自由樂評人，長年在星洲日報發表音樂評論專欄。同時也擔任台灣 PlayMusic 音樂網站樂評專欄副主編、中國華語音樂傳媒大獎評審、香港 Bitetone 音樂雜誌編委、香港 3C Music 音樂雜誌編委。https://tinyurl.com/y2secxmm 取用日期 2021 年 1 月 7 日。

56 同前引註 108。

57 同前引註 107。

會所促成客家社團交流，參與者是以客籍政商名流為行動主體，以客家做為串連媒介，達到政治經濟資本的相互轉換與累積，2000 年以降，台灣以客委會為首打造台灣作為全球客家文化中心，客家南向政策以客家軟實力作為外交突圍、創新交流模式，則拓展多重領域的客家人加入跨國串連行動，激盪出更多文化創意、對於客家議題的重視，甚至帶動地方文化協會、團體興起或是會館轉型，開啟保存在地文化、傳承客家經驗的嘗試。

台灣客家學界對於在地主體性論述的重視，亦影響新馬當地學界的客家研究，例如馬來亞大學華人研究團隊成立客家研究小組、新加坡國大中文系鼓勵學生加入客家研究，2007 年黃賢強在中文系開設以客家文化為主題的「東南亞華人專題研討」課程，首度帶領研究生針對新加坡本地客家社群進行研究（藍正厚 2008：iii）。馬來西亞客家公會陸續展開出版客語調查計畫等等。台灣客家文化的復興經驗與客委會打造台灣作為全球客家文化研究與交流中心的推廣行動，為全球客家想像奠定基礎。

（二）全球客家的共同處境

不論是在發展中或已發展國家，客家母語流失與客家文化的傳承，往往跟不上現代化發展過程中的變遷速度。對於客家集體命運的共同焦慮，如何傳承延續客家文化，成為各國客家人的共同關懷。「當代客家復興運動」脈絡弔詭地興起於客家正在衰亡之中，伴隨著強勢華語情境下客家年輕人的語言、認同逐漸淡薄。面對客家傳承斷層，也讓許多真心關懷客家的人加入客家行列，成為新興的開始。全球客家想像跳脫過去傳統政治經濟利益交換的媒介，作為一種文化性、精神性的存在。面對強大的中國政治經濟實力優勢，透過客庄、客家文化、音樂、學術的交流互訪，發揮新時代客家文化軟實力的串連方式，台灣以全球客家文化中心自許，推

展海外客家社團交流，有其意義。在羅香林提供客家想像黏著劑之後，從
「我們都是客家人」，再進一步談各國客家公民在認識自身（在地化的客
家群體）的特殊性，共同面對客家在現代化過程中作為一個相對少數群體
集體命運的關心。這是台灣本土客家經驗，對全球客家想像的重要貢獻。

（三）全球客家想像內涵的認同差序層次

人們的認同想像有著不同差序的層次，不同層次與行動者互動聯繫
時所選取的想像亦有所差異，全球客家想像內部其差序認同層次依序是：

1. 祖籍地域的客家（大埔客家、惠州客家、梅縣客家）
2. 國家層次的客家（新加坡客家、馬來西亞客家、印尼客家、台灣
   客家）
3. 全球客家（以「客家」作為跨越國家邊界與全球各地的客家人連
   結的想像）

第一個層次的客家人，是最原初祖籍地域認同的層次也是最小層
次的客家，以祖籍地緣做為國家區域內部會館的串連的動員能力，比方
1973 年成立的馬來西亞大埔（茶陽）社團聯合總會。第二個層次的國家
客家，戰後東南亞各國紛紛獨立，客家人的國族認同必須隨之轉換。戰後
祖籍認同仍然顯明的東南亞，藉由過去羅香林客家論述基礎，團結國家內
部分立、各自為政的客家社團，重新將分散的祖籍認同凝聚成為客家族群
的力量，爭取所在國境內的公民權利。客家想像也存在兩種功能，一是促
進國家內部群體團結。二是對外連結，以客家為名的網絡串連，增加合
作（投資）機會。同時藉由國際客家社團的聯繫，拉抬客家社群在其所在

國的地位。例如馬來西亞客家人或是印尼客家人藉由主辦世界客屬懇親大會，爭取當地元首或是總理對於客家人地位的重視。

　　台灣客家因為台灣國際地位的不確定性，自 2000 年以來始終處於兩種意識形態併行的狀態，一個是儘管世界客屬總會不再擁有世界客屬懇親大會「宗主國」身分，國民黨籍客家政治人物依舊熱衷參與，藉由世界客屬總會與中國建立非正式關係的管道，作為外交籌碼。一個強調台灣客家意識的主體性。打造台灣成為全球客家研究與交流中心，對外展示與強調台灣客家特色，「讓世界看見台灣」，對內也讓台灣內部族群「看見客家」。儘管如此，兩黨畢竟共處在同一座島嶼上，面臨台灣在國際地位被打壓的處境，即使在意識形態有差異，但努力讓台灣被看見仍是共同目標。客委會在 2018 年 3 月 7 日的「客家日」，促成幫比利時的尿尿小童穿上台灣客家的大襟衫[58]，就是最好的例子，當天台灣團隊以「台灣心韻、客家情濃」為題，搭配台灣客家桐花與美濃紙傘，由內埔國小學生前往比利時在授衣儀式後進行客家歌謠與舞蹈表演，透過客家電視台的直播，不僅讓世界看見台灣，也讓台灣人看見客家。

　　第三個層次的全球客家想像，以「客家」做為跨越國界人群想像結合的理由。客家從一開始就是個從祖籍、鄉音、甚至飲食內部都充滿差異的人群，隨著戰後民族國家紛紛獨立，全球各地的客家在地化的過程中，發展出複雜多元的樣貌。在這樣的脈絡下，逐漸有一種新的關聯性想像興起，藉由「客家」作為人群想像的認同方式，就能夠超越祖籍、國家等各種差異成為「我群」（we group）。全球客家之所以能夠連結，不是因為原

---

58 《自由時報》，2018，〈揚眉國際！比利時尿尿小童換裝首度穿上台灣客家裝 〉。http://news.ltn.com.tw/news/life/breakingnews/2359063?from=P&R 取用日期 2018 年 4 月 8 日。

鄉（因為大家的祖籍地緣其實都是不一樣的），而是因為「客家」本身，就足以超越彼此間的種種差異而相互連結。

綜觀全球的客家人在各自所居住國裡幾乎都屬於不大不小的人群，透過國際連結，形成超越國家界線的客家人群想像，彼此支撐取暖、共同繁衍茁壯。儘管不可否認這種想像內部有其政治性與經濟性的目的，但卻也在這些微妙的角力當中，客家取得了得天獨厚的獨特資源，漸漸開創出獨立文化性的苗種。例如台灣客家研究者到東南亞，喚醒在地對於客家文化與客家研究的重視，確實是溢出政治經濟捧場脈絡外的文化性存在。

當代以台灣為首推動的全球客家想像，來自於 2000 年台灣政黨輪替、2001 年客委會成立後，陸續推動一系列的客家學術研究建制化、以及推動海外客家團體的串連所構築。強調全球的客家人定居在世界各國，歷經土著化後所發展出來的在地特色與獨特性，關注跨越現代國界，以客家做為彼此連結的全球客家想像，訴求以客家文化象徵的力量串連，共同面對全球化與現代化浪潮下的客家文化傳承危機。

從羅香林在 1950 年代所奠定下來中國民族想像架構下的客家想像，到 1971 年以來興起的世界客屬大會，基本上承繼羅香林客家論述的「世界客屬」想像，到強調在地性、相互串連的「全球客家」的新興認同想像的浮現。全球客家族群想像奠基在世界客屬想像下的發展，著重強調各國客家人適應當地特殊的生活環境與社會結構下，發展出在地獨特性，不僅語言融入了在地語言特色、食物也因為就近取材的可近性，除了承繼原鄉的特殊技法與菜色之外，逐漸納入在地特有的食材與料理方式。儘管各國的客家在土著化後都「長得不太一樣」，但將彼此串聯在一起的仍是跨越國界的「客家」作為想像連結的觸媒。當代全球客家想像超越傳統華人社團以祖籍地緣甚至原鄉想像作為串連基礎，透過分享各國不同的在地經驗以及多元文化政策，以客家為名連結凝聚全球客家人，全球化時代客家文

化的延續與傳承挑戰則成為全球客家想像的核心關懷。

　　從世界客屬到全球客家的客家想像，客家想像的內涵與形成歷史條件亦有顯著差異。當代在中國與台灣爭取華僑與外交軟實力的獨特競爭架構下，許多國際客家社團及國際客家學術研究的交流場合，處處可見以客家為名的客家詮釋權競爭。也因為來自中國與台灣的豐沛資源，更積極地串聯了世界各國的客家社團，歐洲客家、全球客家、世界客家等等各種不同名稱的客屬懇親大會在各國輪流召開著。與此同時，儘管在獨特的兩岸競爭架構下，中國與台灣政府分別提供豐沛的政經資源挹注，客家族群經濟、客家學術研究看似蓬勃興起，卻依舊面臨客家年輕世代的斷層困境。

　　全球客家想像的浮現來自於許多因緣際會的歷史機會結構，以及個別行動者各自努力投入的貢獻，結構與行動之間其實是相互構成的，兩者間不可彼此化約。儘管香港崇正總會在 1920 年代以降海外客屬想像的推動扮演相當重要的關鍵角色，在這之前土客械鬥以及傳教士的紀錄，既定義了客家，也協助客家概念的傳遞。香港崇正總會裏的幾位重要行動者胡文虎與羅香林，前者推動各地客屬團體的成立與串連，奠定世界各地客家人互相聯繫的基礎。後者則提供客家論述強調客家族群是純種漢人歷經五大遷徙的起源神話。來自歷史社會結構的歷史事實與特定教會團體的貢獻加上重要行動者的行動與溝通，促成海外客屬想像的形成。全球客家想像的浮現，亦來自於多重因素的共同促成：在世界客屬想像提供天下客家一家親的論述基礎上，透過科技媒介物的技術革新，使得客家想像的概念更能無遠弗屆地向外擴散，超越空間時間的限制。兩岸競爭架構以及當代台灣獨特的族群政治提供客家獨特發展的位置，讓客家取得豐沛的政經資源挹注，並因此促成後續世界客屬大會、客家學術研究以及兩岸客家博物館等的舉辦與興建，當代客家年輕世代的流失與客家文化的傳承困境更成為全球客家想像召喚客家人的契機——重新學習客語、提倡客家在地文史的

保存與研究，以及客家社團的串連。

　　但全球客家想像論述建構的發動者，最重要的力量來源仍是以客委會為主要推動者的國家力量，以及建制化的客家學術研究機構，積極發展客家研究，提供全球客家想像的論述基礎，此時民間團體的力量相較於過去相對弱化。空間部分基本上仍呈接著前面所累積的客家版圖，並沒有太大的增減。儘管羅香林的理論在當代學界遭受到很多的挑戰，羅香林畢竟歸結發展出一套完整關於客家起源於中原的貴冑南遷神話，透過組織與重要客屬人士的推廣，成為當代全球客家人成為客家的想像基礎。另外一方面，全球客家想像作為一個新興關聯性想像的興起，超越尋根聯繫，強調以在地化的客家作為彼此認同的連結。這樣的新興全球客家想像仍在形成當中，儘管它依然同時受到來自於中國原鄉力量召喚的拉力所影響。

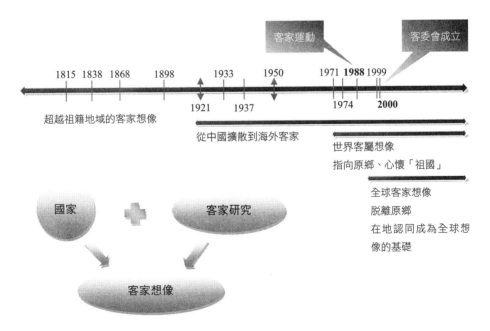

圖 5-3　〈全球客家想像〉重要時間序列表與客家想像示意圖（研究者繪製）

第 **6** 章

以客家之名攜手前行

　　從海外客屬想像到戰後 1970 年代世界客屬懇親大會開始客家社團跨國界串連，海外客家人一直以來都是參與其中的重要行動者。當國家力量開始介入，中國與台灣兩方各自以祖國之姿，藉由懇親大會與各種招商會議、交流活動召喚海外客家華人，客家成為兩岸政府爭取海外華人社團的重要媒介。海外客家人又是在什麼脈絡下整合客家社群，遊走於兩岸之間？由於海外客家華人有 85% 的人口集中在東南亞，礙於研究者自身能力限制，本章將以新加坡與馬來西亞兩地客家華人為例，探究新馬客家華人以客家為名，運用跨國網絡的策略。

一、新馬客家華人跨國網絡的運用策略

（一）戰後發展脈絡

　　第二次世界大戰以前，新馬兩地的華人多以華僑身分自居，在地組織以地緣性會館或是血緣性宗祠為主，這些組織協助華僑與原鄉的聯繫，提供華人在異鄉養生送死的功能。在城市華人的歷史裡，通常最需要透過組織會館達成經濟、宗教與政治功能的，往往都是少數群體。因此客家人

在檳城、麻六甲、新加坡等都會區，都是最早創立地緣性會館組織的群體，1801 年在檳城成立的嘉應會館，即是馬來西亞最早成立的客籍會館（Yen 1995；吳華 1980：117）。為了凝聚成員間的團結向心力，象徵忠義的關公是會館普遍的祭祀對象。由於新加坡殖民政府並不重視移民教育，各方言群必須透過會館辦學提供移民子弟的教育，同時維繫移民特殊的文化與認同體系，20 世紀初期新式學堂的迅速擴張，老師幾乎都是直接從中國聘來，除了教授語言，也將新中國的觀念帶到南洋。1917 年在中國展開的「國語」運動，國語逐漸取代方言成為學校正規的教學媒介語言，也在 1920 年代影響星馬地區的華文中小學，加上華校的課程與教材皆來自於中國，以中國教育體制為依歸，馬來亞華校所培養的學生，自然認同於中華文化以及中華民族意識，並且與祖國關係密切（古鴻廷 1994：70-81）。

對當時海外華人來說，儘管和家鄉之間有物理距離阻隔，但是隨著 19 世紀以來電報、輪船等通訊與交通技術的革新，南洋與中國大陸僑鄉之間有著更多連結，1881 年創刊的《叻報》、1905 年《南洋總匯報》（後改名為南洋總匯新報）、1907 年《中興日報》，甚至連孫中山也曾以「南洋小學生」為筆名，參與《南洋總匯報》與《中興日報》間立憲派與革命派間的論戰，爭取華僑支持。透過華文報紙即時同步更新中國消息，遠在南洋的人們能夠在日常生活裡閱讀、想像著祖國家鄉訊息，立憲派與革命派間的論戰也激發華僑從地方幫群意識上升到國家意識，增加華社內部的凝聚力（尹瑤 2016），強化南洋華人的中國認同，關心中國事務成為當時南洋華人的重心。

戰後許多東南亞國家紛紛獨立，則是華僑認同轉向華人認同的關鍵年代。中華人民共合國成立後，1954 年中國政府改變血統主義的僑務政策，鼓勵華僑加入居住國國籍，新馬華人面臨國家認同選擇，從對中國的

效忠，轉換成為所在地國的公民，在政治上切換與中國的關係。1959 年
後出生的新加坡人，生長於新加坡獨立建國的時代，儘管父母是中國移
民，對於「家鄉」仍存有情感，但他們國族認同歸屬「新加坡」，會館與
幫群對他們而言已不如過去父母輩來得重要（李威宜 1999：109）。新加
坡人的認同變遷，與新加坡國家政策發展有著密切關係，新加坡在 1963
年與馬來亞合併成聯邦，1965 年獨立後，1967 年新加坡恢復殖民時代以
英語為尊的政策，1960 年代新加坡政府將過去會館所辦的學校、義學納
入國家教育體系，要求會館辦學必須接受教育部規範，加上會館土地相繼
面臨被徵收、徵稅或被迫遷移等等，處境日益艱難，會館的教育事業因此
漸漸走進歷史。社會基礎的改變，本土化加上世代隔閡，年輕人不再有意
願參加帶有移民色彩的組織。許多會館逐漸變成老人俱樂部，面臨後繼
無人甚至關閉的困境。直到 1984 年新加坡政府企圖整合華人社群，1986
年成立「新加坡宗鄉會館聯合總會」，以一種從上而下的主導整合所有地
緣、血緣和業緣會館的方式，企圖將年輕社群重新拉回傳統社群（儘管
此時的「傳統社群」已非過去既有的幫群，而是全新的「新加坡華人族
群」）才帶來轉機的曙光（李威宜 1999：125-165）。

　　為什麼新加坡政府在 1980 年代會有如此的轉向？亞太地區最重大的
變化是中國的改革開放以及經濟崛起，海外華人開始重建與中國僑鄉的經
貿關係，隨著新加坡經濟日趨區域化和全球化過程，80 年代越來越仰賴
國際市場（亞洲市場），更需要以血緣、地緣和方言為聯繫紐帶的華人原
生性身分認同作為跨越國界、提供經濟發展的平台。新加坡政府重新思考
利用華人社群連結紐帶，藉由鼓勵華人社團與祖籍地的聯繫，爭取新加坡
在全球化進程中能夠獲得更大的生存空間。在國家的支持下，新加坡華人
走上國際化、跨國網絡的發展（劉宏 2003：29）。

　　1991 年兩年舉辦一次的世界華商大會就是由新加坡中華總商會首創

主辦，作為聯繫世界華商經濟的網絡平台，新加坡資政李光耀1993年在第二屆華商大會上致詞直言：「我們如果不利用華人網絡來更好地把握這些機會，這將是愚蠢的」（劉宏2013：61）。許多華人宗鄉社團紛紛透過參與或是主辦世界性的聯誼懇親大會，與世界各地的華人社會建立經濟貿易的網絡關係，新加坡的宗鄉社團因此有了新的功能定位與發展，客籍華商也是在這個脈絡下重組跨國網絡關係。

　　Skinner（1968: 191-207）分析海外華人社會領導階層，指出這些具有影響力的社會領袖，有85%來自於華商階級，並具有連鎖董事職位（interlocking directorship）的特性。當華商的經濟實力越強大，就越有機會位居要職，有影響力的華人領袖會運用社團或商界職位組成牢固的關係網絡。例如新加坡客屬總會的副會長以及應和會館總理楊溢璘，就曾經擔任新加坡中華總商會會長與崇僑銀行的常務董事。華商一直都在新馬華人社會裡扮演極為重要的角色，建構區域以及全球社會與商業網絡既是華人企業家的優勢，也是華人資本主義的特徵（劉宏2003：47-165）。客商跨域建立政商網絡的例子並不少，自19世紀末擔任新加坡總領事的嘉應籍客人黃遵憲，推薦大埔籍客人張弼士擔任檳城總領事開始，就曾經形成長期壟斷檳城領事的客家集團（1893年到1930年）。張弼士、張煜南、謝春生、梁碧如、戴欣然與戴淑原等，這群人的生命軌跡都是從中國梅縣、大埔移民到東南亞，先後在南洋發跡致富成為富商與僑領，再回到家鄉投資、興學，形成跨域的政治商業網絡。他們之間的關係非常密切，有事業夥伴，也有翁婿關係，更重要的是，他們透過擔任檳城領事、管理極樂寺的擴建以及籌辦監理中華學堂，達到政治、經濟、社會與文化資本的相互積累，鞏固客幫的經濟勢力。這種由富商支持文教與慈善事業，再進入華人社會領導階層的模式，是新馬華商晉升上流政商階層的管道（黃賢強2002：215；黃賢強2011）。

　　另外一方面，新加坡華商自 1980 年代開始積極利用血緣、地緣或是方言紐帶關係進行國際間的串連，同時也發展出清楚的在地公民認同。以新加坡主辦第十三屆世界客屬懇親大會為例，主辦方嘗試與新加坡歷史博物館以及協辦單位廣東省博物館合作策劃，在國家博物館展出的「客家文化源流展」，就以「客家在東南亞」為主要敘事軸線：「展示客家人的歷史和文化根源，更以圖文和文物展現了客家先賢南來開埠、落地生根的歷史情貌。這對我國青年一代在「從過客到公民」的歷史教育方面準備了豐富的教材。」（世界客屬第 13 次懇親大會紀念特刊 1996：103-104）。連開幕典禮的倒沙儀式都別富意義—邀請世界各地的客家人帶著沙來灑在世界地圖上，凝聚全世界客家人的鄉情。儘管中國陝西代表團特地攜帶黃帝陵的沙：「象徵我們都是炎黃子孫」，但策展單位的倒沙儀式卻也翻轉了對於「客從何處來」的提問想像：「細沙的鄉情告訴我們，客從世界各地來。」（世界客屬第 13 次懇親大會紀念特刊 1996：109）。籌劃客家學術研究的部分，大會積極與新加坡在地學術研究單位如新加坡亞州研究學會、新加坡國立大學中文系漢學研究中心、新加坡南洋理工大學中華語言文化中心等，以及香港中文大學海外華人研究社、國際客家學會合作，推動東南亞客家學的研究。耐人尋味的是，大會期許透過客家研究提供從文化研究「轉化」成物質力量，「帶動經濟振興」（世界客屬第 13 次懇親大會紀念特刊 1996：52-53）。顯示懇親大會的經濟目的才是最重要的考量。

　　馬來西亞華人的國家認同，隨著馬來西亞獨立與中國政策轉變，讓華人對於中國的政治認同劃上句點。1964 年成立的沙巴客屬總會會刊第一期，特地刊載〈敬告本州同屬父老兄弟姐妹書〉，展現效忠馬來西亞的政治宣言：

　　我們成為獨立國民享受權利須盡義務

……自從去年九月十六日開始，我們已成為馬來西亞新興國家的國民了，從此我們要盡國民的義務，跟著也就可以享受國民的權利。今後我們對於馬來西亞的興替存亡，以及沙巴州的盛衰否泰，都已肩負了無可諉卸的職責，所以我們再不能像以往那樣的可以不聞而只顧個人的問題。從此整個國家和地方的問題，既然都需要我們盡其應盡的責任，那麼，我們為了能多所貢獻，克盡國民的天職，便有精誠團結，互相砥礪的必要，此為我們要籌設同屬總會的理由之一。……（沙巴客屬總會籌備委員全體同人 1964：1-2）。

同時，沙巴州客屬總會也在〈沙巴州客屬總會成立宣言〉重新定位客屬團結，是為了效忠沙巴與馬來西亞的社團，今後必盡力協助政府推行政令：

我們沙巴州已透過馬來西亞而獨立，使我們或先或後寄居本州的同屬人士，都成為馬來西亞的國民一分子，將我們過去只有客體身分的僑民，轉變為主體的國民身分。……凡屬國民都有保衛我們國家領土完整，主權獨立的責任……（沙巴州客屬總會同人 1964：3-5）。

1969 年的 513 族群暴動事件是馬來西亞政治發展的分水嶺，1971 年到 1990 年的新經濟政策讓巫統菁英掌握全面掌握了國家機器，透過政治干預重組馬來西亞的經濟結構，規定政府職位必須反映族群人口比例，私人機構也必須任命馬來人與土著。非屬土著的客家華人面臨政治參與的邊緣化，以及隨著經濟政策重組而來的嚴酷生存考驗（許德發 2007：237-238）。遭到政治與文化權利排除的華人因此在 1970 年代開始爭取華社權益，並催生華人大團結運動。1980 年代是華團積極發聲爭取權益的重要

時期，反抗國家機構政策將華團排擠到國家政治版圖的邊緣。直到 90 年代馬哈迪政府提出文化開放的政策，展現對於族群文化的包容，華人的文化活動才受到較彈性的對待（祝家豐 2010）。1975 年霹靂客屬公會提議發起馬來西亞客家公會聯合會，當時曾敦化局紳呼籲組織全國的客屬總會，凝聚大馬客家人的力量，「以便在華社事務中擔當一個有用的角色」，這個提議得到全馬各地客屬公會的響應，於是在 1976 年成立馬來西亞客家公會聯合會，積極參與華社事務（世界客屬第十五屆懇親大會紀念特刊 1999：174-175）。

　　2001 年馬來西亞客家公會聯合會《客家會訊》出刊，藉由會訊串連馬來西亞 62 個屬會，方便屬會間的訊息交流，加強團結。同年客聯會會長拿督吳德芳出版《從落葉歸根到落地生根──蕉風椰雨客家情》，這本紀念特刊源起於馬來西亞客家公會代表團在 2000 年世界客屬懇親大會順道參訪中國梅州市華僑博物館的展示，發現加拿大、新加坡、泰國等國都有展示自己國家的客家展廳，卻獨缺馬來西亞客家的展廳。於是向博物館提出由客聯會負責籌劃展示馬來西亞客家人飄洋過海到馬來亞開荒拓土的史蹟，讓世界其他國家的人們認識馬來西亞客家人的奮鬥史（吳德芳 2001：24-25）。有別於過去客屬會刊裡多是台灣中華民國或是中國政界及元首人士的題詞或照片，該刊首圖刊載的是馬來西亞最高元首與首相的照片，以及馬來西亞聯邦獨立慶典照與馬來西亞全區客家人的分布圖，顯現以馬來西亞為範圍的在地客家想像已出現。

圖 6-1　馬來西亞客家人聚居地點分布圖（研究者翻拍）

（二）客家作為整合內部社群的力量

　　1990 年代中國閩西寧化石壁「客家祖地」的建構以及汀江「客家母親河」的打造，事實上與馬來西亞柔佛客家人有著密切關係。安煥然（2009）在〈馬來西亞柔佛客家人的移植及其族群認同〉文中指出，1930年代胡文虎曾經在馬來西亞各地大力推動創辦客屬公會，藉由推廣羅香林的《客家研究導論》強調客家族源，宣揚客家族群意識以促進客屬之間的團結。柔佛也在這波熱潮下，成立了 12 間客屬公會，然而戰前如火如荼的客家公會成立運動，卻受到日本入侵馬來亞而中斷，戰後柔佛客家社群整體上仍然是處於客屬認同與祖籍地緣認同併立的狀況。柔佛客家社群內

部社團林立，甚至在 1980 年代末紛爭不斷，在社團領導群需要重組的時刻，建立一個超越祖籍、地緣、血緣的集體認同，能夠讓這些內部紛爭不斷的客家社團在「客家共祖」的想像下，放下歧見共同參與「祭祖」活動，對於新山客家社群的重新整合有著重要意義。1990 年代馬來西亞客家聯合會會長、新山客家公會會長拿督蕭光麟與中國政協委員姚美良局紳組織帶隊「馬來西亞客家文化尋根訪問團」前往寧化石壁村，並擔任客家公祠祭祖大典的主祭，後續姚美良、姚森良兄弟持續推動，連續舉辦 22 屆世界客屬石壁祭祖大典，從此帶動馬來西亞客家人返鄉尋根祭祖的風潮。在這個過程中，閩西寧化石壁的「客家祖地」是否為真並不重要，整合柔佛客家社群的功能才是核心。換言之，當代看待馬來西亞客家人興起的尋根謁祖熱，必須看見其背後的動力。

　　在文化搭台，經濟唱戲的時代裡，「客家」成為海外客家社團聯繫運用跨國網絡的重要元素。客商文化的運作邏輯展現在積極參與世界客屬懇親大會，以及爭取大會主辦權。例如 1990 年在亞庇舉辦的第十次世界客屬懇親大會，沙巴州首席部長拿督斯里百林、亞庇市市長拿督章伯才都前來參與開幕致詞，沙巴州的政要們在懇親紀念特刊的題詞都特別著墨在「吸引國際貿易、投資與開拓聯營計畫」、「促銷沙巴的旅遊業和文化特色」與國際親善的部分，除了懇親大會例行的鄉情報告之外，大會期間更直接安排「沙巴木材下游工業研討會」、「沙巴農業投資研討會」、「沙巴旅遊業研討會」等，旅遊業與投資列為最重要的主題（世界客屬第十次懇親大會 1990）。

　　1994 年馬來西亞客家聯合會會長蕭光麟帶隊參與中國梅州舉辦的第十二次世界客屬懇親大會時，馬來西亞代表蕭光麟在大會鄉情報告致詞時即表示馬來西亞客家公會聯合會（簡稱大馬客聯），選擇在新山興建國際客家歷史博物館的計畫，作為弘揚客家文化與中華文化的行動，希望得到

世界各地客家鄉親的認同與支持，其次，大馬客聯相當重視中國政府改革開放，甚至成立客家投資集團，計畫回客家地區投資發展，希望能夠得到回響（世界客屬第十二次懇親大會紀念特刊 1994：51）。

劉瑞超（2017：105）以迴流循環網絡（Network of recycling and circulation）的概念，分析這些積極參與經營中國與台灣等跨國網絡的人，其實都是馬來西亞在地的政治菁英階級，透過本地資本的積累獲得在地網絡的一定位置（像是全國或州級的客家公會聯合會、商會等），累積資本參與中國與台灣等地跨國連結的網絡以獲得更多的資本（投資收益或是政治頭銜），再迴流用以鞏固在地網絡的位置，強化其在地優勢。儘管1930年代的胡文虎曾經致力於推動客家公會，促進客屬團結，因為受到戰爭因素中斷數十年後，祖籍地緣認同依舊是柔佛客家人重要的認同媒介，這解釋了在柔佛當地時有內部紛爭的不同祖籍客家人，為何會在1990年代出現以姚氏兄弟為首，推動馬來西亞客家人前往閩西客家祖地尋根的新客家運動，重新運用客家認同作為一種超越祖籍、血緣性社團的社群想像，以達成凝聚客家社群、加強客屬團結的行動。

（三）既世界也全球，遊走在台灣與中國之間

新加坡1980年代以來宗鄉總會的復興，會館在華族復興運動中逐漸轉型，扮演傳承傳統文化的角色。馬來西亞華人則是為了回應1970年代馬來西亞推行新經濟政策，獨尊馬來文化，壓制華人傳統文化，於是在1970到1980年代紛紛成立華人社團組織以及全國性的社團，凝聚華族團結，1990年代馬來西亞多元種族文化政策影響下，華人努力恢復曾經被迫中斷的傳統文化。儘管這波復興、團結運動強調的是整體華族的認同想像，客家認同很難在其中得到彰顯，但受到台灣、中國興起的客家熱潮影

響，新馬客家人亦嘗試找回消逝中的傳統文化，台灣與中國的客家經驗與
傳統也成為當地客家人取經、合作的對象。

　　2003 年馬來西亞客聯會通過設立客家文物館的提案，經過多年規劃
與籌備，馬來西亞首創的客家文物館在 2006 年開幕。客聯會總會長拿督
吳德芳（2006：6）在《馬來西亞客家文物館落成紀念特刊》發刊詞強
調「發掘本土客家文化」，透過三個方面記錄客家人在馬來西亞所做的貢
獻，一是出版馬來西亞客家人的文化與歷史書籍，二是設立客家學研究
會，三是在檳城設立馬來西亞客家文物館。檳城是客家人南來第一個落腳
的城市，也是馬來西亞最早成立客家社團的州屬，在此設立首座檳城文物
館尤有意義。反映全球化的時代，馬來西亞華人社團走向國際化與區域化
的同時，本土化意識同等重要。馬來西亞客家文物館設於檳城客屬公會大
廈三樓，展覽的敘事軸線從太平天國開始，拉開客家先人來到馬來西亞的
序幕，太平天國與辛亥命都是由客家人領導的兩場革命。其次介紹馬來西
亞客家人在馬來西亞的開拓史，從錫礦與橡膠經濟產業、中藥業發展，闡
述客家先賢以及客家對馬來西亞政經文教的貢獻等等。檳城客屬公會亦與
台灣中央大學客家學院的師生合作，展開一系列浮羅山背客家村的田野調
查，考察客家人在浮羅山背的歷史，為將來成立浮羅山背生態村與博物館
奠定基礎[1]。

　　劉瑞超（2017：155-172）討論東馬來西亞沙巴的客家麒麟團的文化
復振活動，由於沙巴在 1970 年代華人舞龍、舞獅、舞麒麟等傳統文化遭
到國家政策禁止，直到 1980 年代人民黨執政後，傳統文化才逐漸解禁，

1　客委會，《海外客家人奮鬥故事》系列：〈以千秋之筆為馬來西亞寫歷史—
　　謝 詩 堅 〉http://www.randl.com.tw/hakka/pro.php?offset=2&main_id=1&mid_
　　id=19&cateid=56 取用日期：2018 年 4 月 1 日。

圖 6-2　馬來西亞〔客家文物館展示〕（左）客家人革命敘事強調太平天國與
　　　　孫中山；（右）客家錫礦產業的採礦用具展示（研究者攝）

然因老一輩的麒麟師傅已逐漸凋零，傳統舞法與樂器搭配技巧都沒有被傳
承下來。2002 年沙巴客聯會開始呼籲各縣屬會成立麒麟團，此時正是中
國廣東麒麟團的興盛期。2008 年斗湖客家公會跟隨著沙巴客聯會組織麒
麟訪問團前往有「廣東省麒麟文化之鄉」的惠州小金口，參與廣東省所主
辦的麒麟文化節暨麒麟舞大賽，表示：「希望能回到祖國拜訪取經，彌補
現有不足之處，找回原有的傳統精華」。這次的「中國取經」之路，除了
結識許多廣東的麒麟團隊之外，斗湖客家公會更聘請中國深圳市阪田永勝
堂總負責人張志明師傅擔任技術顧問，張志明負責的阪田永勝堂麒麟團隊
每年都受邀來到沙巴訪問，與沙巴客家社團交流互動。

　　客家本身就帶有跨越祖籍地域的特性。相較於地緣性團體，客家人
透過方言認同紐帶，更能夠轉化地方認同，有助於客家社群突破具體的地
理空間限制，建構超越地域甚至跨國的全球網絡，形成地方—全國—全
球—祖籍地之間的多重網絡的文化認同，成為海外華人最早走上全球化的
族群，組織全球性的客家認同與聯繫網絡（劉宏、張慧梅 2007：80）。

二、當代客家想像的挑戰

（一）當代客家想像認同的存續與實踐

客家想像源自族群間的衝突與競爭關係，香港崇正總會推動的客家想像，藉由號召客家人間的團結來對抗客家污名論述，同時開創新的經濟合作可能性。新興全球客家想像則在獨特兩岸競爭條件下興起，當代客家想像的重要課題，在於客家集體認同情感與客家群體文化的存續與實踐。接下來本文藉由觀察新馬客家會館面對生存環境衝擊，傳承客家文化的嘗試與在地性適應，提出客家想像作為一種象徵族群意識操作的可能性。

1. 當華人性凌駕方言群認同

整體來說，東南亞客家人在二次戰後受到來自歷史、社會與政治等環境結構限制，僅管生存結構環境變化各有差異，但共同處境卻是面對整體「華人性」（Chineseness）的興起，當「華人」認同凌駕於「方言群」認同時，客家認同也隨之被淹沒在華人分類裡（蕭新煌、張維安、范振乾、林開忠、李美賢、張翰璧 2005：192）。客家語言與文化無法在公共領域裡彰顯，客家認同也面臨雙重隱形的狀態（張維安、張翰璧 2005）。

東南亞客家人面臨來自各層面的生存結構變化，即使在客家人佔族群多數的地方，也難以置外於這波自二次戰後興起的整體華人性趨勢。以東馬的沙巴為例，客家社群因為與巴色教會間的密切聯繫，大批家庭移民舉家跟隨教會的牽引來到沙巴移墾，因而在當地客家、廣東、福建、潮州與海南的五個華人方言群裡人數居最多數。1963 年沙巴加入馬來西亞聯邦時，客家人占了全沙巴華人人口的 60%，2000 年的時候，客家人仍

然占據全沙巴華人人口的 58％。因為客家人在沙巴人數的優勢，客語成為沙巴華人社群的通用語言（黃子堅，2011：367、394）。當年協助客家族群大舉移民落腳沙巴的巴色教會則被喻為客家認同的堡壘。但是 1950 年代中期開始，客語在沙巴通用語言的優勢卻慢慢有了變化。黃子堅（2011:394-396）指出，巴色教會的客家認同分別受到來自現代化英語教育以及華語的挑戰，許多客家基督徒因為就讀英語學校或是華文獨立中學的關係，不再習慣使用客語，進而要求原本以客家話為主要媒介的教會提供英語與或華語禮拜。其次則是由於教會宣道擴張，非客家人的加入也讓教會必須提供華語服務，教會的客家根源與認同也隨之改變。

林開忠（2011：404）進一步說明，客家話要成為當地的優勢語言，通常是在客家人佔人口相對多數的鄉村地區。雙重隱形的客家認同危機較常出現在客家人相對稀少的城市，但即便是客家話較強勢的鄉村，近年來也面臨大量年輕人出外謀生，客家年輕世代跨族群通婚比例持續增加，使客語在家庭內傳承遭遇相當的挑戰。儘管如此，林開忠仍樂觀認為，只要客家話能持續作為社區的共通語，客家話的傳承就沒有問題（林開忠 2011：434）。

縱上以觀，不論是在客家人居於優勢的鄉村，或是較邊緣的城市，客家族群都無法避免來自國家政策和市場語言競爭，甚至私領域內部傳承的挑戰。當華文教育體系以華語作為主要的溝通語言時，也挑戰過去透過會館辦學凝聚方言群認同的方式，客家後生的客語使用與認同因此受到影響。在學校以外的公共領域，語言使用則受到該地區優勢語言的影響，客語的使用往往退守至家庭。在家庭私領域裡，客家文化在日常生活中的傳承實踐，近年來也受到來自族際通婚的內部挑戰。張翰璧、張維安（2011：214-215）對於海外客家文化的傳承、年輕人是否能夠保持自身的文化特質感到憂心，認為客家語言與傳統習俗正面臨傳承問題而漸趨衰微。曹雲華甚至更悲觀地認為：

工業化、城市化、現代化、全球化對方言和建立在方言基礎上的東南亞華人文化分支的衝擊可能是毀滅性的，客家文化正面臨著前所未有的挑戰，也許再過 10 幾年或幾十年，在東南亞就再也聽不到客家話了，客家文化也將隨著進入歷史博物館（曹雲華 2008：68）。

2. 需要重新再定義的客家性

林開忠（2011：434）定義日常生活裡的客家性，展現在客家語言、飲食、祖先崇拜、宗教信仰及婚喪禮俗上，保留在家庭、歲時祭儀裡，成為客家世代界定與再界定客家身分的媒介。換句話說，林氏定義的客家性其實是相當私領域的，亦即，客家性必須透過日常生活裡的反覆操作實踐被確認與界定，無可避免的，客家性在當代社會勢必會面臨到相當嚴峻的挑戰：當客家後生們紛紛離家、離鄉，求學、工作或者定居，甚至是跨族群通婚；當客家後生的客家話不再流利，甚至在許多跨族群通婚的客家家庭裡，家庭內部沒有機會使用客語、人們所認知的客家菜口味及飲食記憶，也會隨著非客籍母親的烹飪方式而產生改變。換言之，當客家人進入一個全球化移動更為迅速激烈的時代，客家人不再如同過去穿藍衫、唱山歌，吃客家菜，以客家話交談，不再居住在如同過往族群群聚的社區生活、過去由客家社群獨佔的產業如中藥業、當鋪等，也開始有所轉變。當客家社群的生活思考方式都隨著工業化、現代化甚至全球化的腳步劇烈改變的同時，客家文化與客家認同真的會隨著時代變遷而消失嗎？或者它可能會以一種新的符碼姿態展現？

Constable（1994: 77-79）研究客家歷史與其認同建構，區分客家族群性與客家作為一個族群團體，認為僅管人們普遍將客家族群性視為根深於古老的過去，但是客家被標誌為族群，一個分享共同的忠誠意識團體，

其實是不久之前才發生的事。所謂「客家」，並不是一個與其它族群壁壘分明、擁有具體一致性的群體，即使同樣是「客家人」，因為祖籍地的不同，「客語」內部有各腔各調的差異而難以相互理解。在客家公會開會時，僅管會員們都是客家人，但會議所使用的溝通語言有時也因為會員彼此間的客家話無法互通，全程使用華語的狀況（林開忠、李美賢 2006）。飲食亦然，馬來西亞境內客家移民依祖籍地可區分為惠州客、河婆客、大埔客、梅縣客等，隨之客家菜色也各有特色，大埔客的算盤子、惠州客的炸肉、永定客的盆菜及河婆客的擂茶等等。儘管這些菜肴彼此間相互影響流通，但仍有細微食材的差異，例如河婆客家人的擂茶以茶泡飯，偏青綠色，惠州客家人擂茶則是以茶泡米香，顏色較深。1860 年代吉隆坡的森美蘭內戰（海山與義興公司征戰），即是惠州客與嘉應客之間的械鬥（李業霖 1997：148-152），反映當時人們的分類意識想像其實是祖籍差異，而非方言群認同。當客家作為一個想像群體，當代客家年輕人不再熟諳客語，客家族群的生活方式面臨劇烈變化，人們對於客家文化的傳承感到焦慮，所念茲在茲期待傳承留下的客家性又會是什麼？

林開忠、蕭新煌（2008：71）從馬來西亞客家後生對客家菜記憶及與「客家意識」之連結研究發現，馬來西亞客家人的客家認同，除了客語之外，更多是來自於對於父祖輩的祖籍所發展出近似的「原生情感」（primordial sentiment），將祖籍視為一種與生俱來，不可改變的事實；相較而言，客家語言、飲食、衣著甚至祭祀僅作為客家文化的「表徵」，並非核心。文化表徵則成為一種確認並且強化人們客家認同的媒介。

這群內部充滿異質性的人們共通認同不是遷移為客，而在於渴望成「家」的盼望。過往傳統的客家性，展現在宗族祭祀、飲食等私領域的「家」事上，新加坡與馬來西亞的客家人透過會館在異鄉構築擴大的家想像，奉祀忠誠義氣的關公確認擬「家人」間的網絡連結。客家會館既養

生也送死、興學辦教育，成為離鄉客人的異鄉之家。當代客家性奠基於承自父祖輩而來的原初情感性連結，分享與父祖輩共通的遷移經驗，但是在現代化、全球化變遷迅速的時代，人們離家求學、工作，儘管同樣充滿著移動經驗，卻可能以不同於過去傳統的方式與實踐展現。當代客家人對家的想像，不僅只是抽象地承自父祖輩鄉愁式的原初性情感認同，是一種歷經特殊的歷史脈絡與集體命運所產生的集體情感，超出具體實質的空間，這樣的情感並不一定召喚人們回返祖先所在，而是在所生存的土地上，形成一種以客為家的心理模式。這種家想像的實作，以一種象徵符號（symbol）與能夠簡單操作的模式呈現，像是偶爾參與客家會館舉辦的客家美食嘉年華、客家山歌比賽這些節慶活動，結束後回歸日常生活，類似象徵族群意識的實踐。Gans（1979: 17-18）提醒這類群體組織的存續必須透過創造傳遞族群象徵符號（symbol）的使用（例如客家食物、標榜客家價值與傳統等），這些象徵甚至需要透過研究（甚至是在博物館裡找尋）抽象化某些文化傳統，滿足族群的鄉愁（nostalgia），才能產生足夠支撐族群活動的力量。同時，這種文化實踐方式，必須是「可操作的」，並且是最簡化的，不需要求成員的積極參與，才足以維持象徵族群意識的存續。

3. 變動的客家性——在地適應的阿米巴（Amoeba）[2]

當代客家性超越象徵族群意識的預設，除卻在族群文化傳統層次取

2　阿米巴（Amoeba）變形蟲是一種類單細胞的生物，身體僅由一個細胞構成，沒有固定外形，可以任意改變體形。本章藉由阿米巴比喻客家人在各地的適應所呈現的變化（參見維基百科對阿米巴的定義說明 https://zh.wikipedia.org/wiki/%E8%AE%8A%E5%BD%A2%E8%9F%B2）

其象徵（symbol）之外，它更納入在地性的變化適應。東南亞的客家人在適應當地特殊的生活環境與社會結構下，發展出在地特殊性，新馬地區所展現的客家族群特性即有別於過往對於客家本質性的預設。本節以阿米巴（Amoeba）為喻，透過觀察客家會館與客家飲食文化的變化，嘗試處理當代客家族群在新加坡與馬來西亞，因應整體社會結構生活環境的變化的生存策略所展現的樣態。

（1）客家會館的家想像實踐

　　二次世界大戰後，客家人在馬來西亞與新加坡的生存環境與結構面臨到不同的衝擊與變化。過往傳統客家會館主要在於滿足移民社會對於養生送死的期待，以及安頓移民、興學辦教育的功能，當這些功能都被政府提供的社會政策與新式教育所取代，甚至政府政策管理更全面完備時，會館運作即面臨衰亡危機，以新加坡豐順會館的會員人數統計為例，1990年代會員人數降到 300 人，2007 年，年齡從六十六歲到七十五歲的成員佔總人數的 33.1%，十六歲到三十五歲的成員甚至下降到 1.5%（汪芳紅2008：156-159）。新加坡政府自 1979 年推行「講華語運動」，鼓勵華語並減少方言的使用，更導致新加坡人祖籍觀念淡薄，會館辦校的就學人數也連帶下降。許多會館更是在這段期間慘遭淘汰，會館如欲存活，則不得不開始嘗試轉型（吳筱婷 2008：132-152）。

　　因此，當代客家會館即面臨重新自我定位的挑戰。為因應社會變遷，客家會館紛紛強調承傳客家傳統文化的文教功能。舉例而言，新加坡的茶陽會館 2002 年以來陸續建立客家文化研究室、茶陽客家文物館與圖書館，既保存會館史料，同時收藏展示新加坡大埔客家人的在地文物，並且廣泛蒐集各地客家文化的重要史料，期許會館的角色能夠超越以往物質或者例常性的節慶活動舉辦，扮演協助推動客家文化研究的協作平台，並且

積極推動客家文化的學術活動與交流，同時與新加坡國立大學中文系維持
著密切的合作關係，共同舉辦工作坊、組織客家文化考察團等，2007 年
更推展一系列新加坡本地客家社群的研究（藍正厚 2008：iii）。鑑於會館
參與成員日漸老化、後繼無人的壓力，茶陽會館在 2002 年 12 月 3 日正
式成立青年團，從邀請董事子女加入籌備委員會開始，領導階層陸續將權
力下放，放手讓青年團自己籌劃各項活動與交流，期待能為會館注入年輕
的新血，共同參與會館的事務。甚至為了擴大招募成員，茶陽會館也創新
採取「門戶開放」的方式，讓年輕人不分種族與籍貫皆可加入青年團成為
準會員。只有在合格會員的資格部分維持其底線─限縮唯獨會員才能享有
選舉投票權，並且加入董事部（王力堅 2012：149-162）。

　　新加坡永定會館在九十周年紀念特刊，也重新定位當代永定會館的
角色與使命，解決會館領導人斷層的危機，凝聚年輕世代新加坡人的客家
認同是為當務之急。永定會館青年團胡長安[3]（2008）看見土生土長於新加
坡的客家後生並不必然擁有承自父祖輩而來的原初情感認同，認為會館必
須扮演傳承文化習俗與價值觀的功能，透過提供年輕人參與的活動，讓年
輕人能夠在參與會館的過程中，累積對會館與家鄉的情感連結。永定會館
甚至定位其使命為建立「祖籍地之外全球永定人的另一個家園」：

　　新加坡永定會館必須超越所在地的範圍，借助於互聯網，借助於全球
　　化，成為世界永定人的會館，為世界永定人服務。我們放眼未來，同
　　世界各地的閩西永定鄉親組織建立聯繫，攜手發揚閩西客家文化，並

3　胡長安，2008，〈新加坡永定會館九十年〉。《永定鄉訊》131 期。http://
　　www.fjhb.net.cn/web/qkxx_detail.asp?vid=324&catalogid=88 取用日期 2013 年
　　4 月 30 日。

　　　　為大家各方面的進步和發展共同努力。在未來十年，我們努力把新加
　　　　坡永定會館擴展為祖籍地以外全球永定人的又一個精神家園和經濟、
　　　　商業、文化、思想、鄉情等交流的海外聯絡站。[4]

　　永定會館從協助中國新移民開始，提供諮詢服務，甚至介紹工作，
幫助新移民在新加坡安家落戶。永定會館更是早在社會開始關注、討論
中國新移民生活等相關議題前，就將中國新移民納入其會員成員。胡長安
2006 年策劃成立永定會館青年團，在其團長任內即促進新移民與在地客
家人的交流，吸引年輕新血的加入。2009 年青年團的人數已有 50 多名團
員，新移民即佔了 40 位，慢慢地，這些新移民開始進入領導層，擔任更
重要的角色，時任青年團副團長的徐永源，本身就是新移民的背景（吳紅
勤、鄒路、姚娃、華萍、李葉明 2009：14-15）。

　　細看這些客家會館所作的嘗試與努力，僅管著重面向各有不同，卻
能看見不同客家行動者對於家想像的操作實踐。茶陽會館擔任文物股主任
的何炳彪先生針對茶陽客家文物館七、八樓分別展示新加坡大埔客家在地
文物及原鄉文物的安排構想，表示起初策劃的想像是以呈現新加坡在地客
家的歷史文化為主體，期待能讓新加坡年輕一代的客家人透過參觀文物館
能夠認識並且傳承客家文化特色與傳統。但受限於過去文物資料收藏的匱
乏，只好添入原鄉祖籍想像的文化物件，添補在地文物的不足（王力堅
2012：150-152）。胡長安推動永定會館廣納新血，鼓勵老會館與新移民
間的交流的概念，欲建立一個「祖籍地之外的第二家鄉」。在過去父祖輩
人所認定的異鄉，重新建立起他們的家認同。筆者曾在 2009 年拜訪永定
會館，對於與會列席者許多年輕的新移民面孔印象深刻，事隔多年後，永

4　同上註。

定會館的臉書活動依舊熱鬧，會館辦理很多例常節慶活動或比賽，照片裡有笑開懷的老老少少，年輕人跟孩子。年輕世代的客家認同不意味斷裂，從認識新加坡在地客家人的歷史與文化傳統開始，從張開雙臂接受如同過往長輩們遷移異鄉的新移民開始，加入對於原鄉客家文化的認識連結，立足腳跟在此時此地的新加坡，當代新加坡客家社群的家。

（2）融合在地元素與四方族群特色的客家飲食文化

馬來西亞客家人的飲食除了承繼原鄉特殊技法與菜色之外，在日常生活中，也逐漸納入在地特有的食材與料理方式，這些來自不同祖籍的客家菜肴匯聚一堂彼此間相互影響流通，形成有特殊在地特色又豐富多元的馬來西亞客家菜。例如冬至圓的做法就添入了一些在地的變化：

> 冬圓就是湯圓囉，買那個在米粉啊，自己摻唷。煲點滾水啊！放一點那個斑蘭……斑蘭葉，放一點薑、糖放進湯裡，那個湯就可以了，湯圓是全是白的，青色的湯。[5]

原先屬於河婆客家人特色的擂茶，也在來自各籍貫的客家人在東南亞交會影響下，成為其他籍貫的客家人共同分享的客家料理，並添加各自的元素，擂茶也因此出現許多「不同版本」，有趣的是，他們都清楚這道菜色來自河婆客家，但也對自己籍貫所摻入新元素有所認知，像是海陸豐客家人的 F6 就能清楚區分海陸豐的擂茶跟河婆客家擂茶的差異：

> 我們的擂茶呢，我們的那個米，我們……不是泡飯的，有時候他們是

5　2011 年 4 月 20 日在馬來西亞沙登新村進行的客家婦女訪談資料（F2）。

泡飯泡豆，我們是「米香」（bi-phang），我們是用米香來泡。茶擂了過後加一點點，那個米拿來爆香。然後有放薄荷阿。薄荷 mint，而且有很多種薄荷，我們是特別那一種大片葉子的，另外一種薄荷，還是毛毛的嘛，那個我也知道，那個有些人拿來治咳嗽之類的嘛。薄荷有幾種。還有一種薄荷有刺的，小小片有刺，我們的海陸豐有加下去，這樣切切切摻下去。我們有放菜豆，菜豆切了又炒，還有菜心，放冬粉、炒蝦米，還有花生，還有什麼？芝麻！有時會放一些菜脯。那偶爾也會……我們後代的……我兄弟這一代會放一點胡椒粉，original 的應該是放那個薄荷。他們的擂茶好像是比較青色的，我們的擂茶是比較草黑色的。因為我們放多花生，花生要爆香的。……黑青色這樣子啦，巧克力青啦，巧克力青色，他們的很青的。[6]

惠州客家人的擂茶特色則介於海陸豐與河婆客的中間：

我們是……沒有放那個……，沒有放那個薄荷阿什麼的，那味道不一樣啦。我們的很少加飯，吃那個爆米花（即米香〔bi-phang〕）。就把爆米花，然後茶倒到爆米花裡面這樣子。[7]

除了納入不同祖籍地的客家飲食特色之外，客家人的飲食習慣也會「摻入」其他族群的生活方式，例如受訪者 F3 家中長輩，早餐維持吃飯的習慣，搭配隔夜菜食用，但年輕人的早餐形式已改變：

6　2011 年 4 月 21 日在馬來西亞沙登新村進行的客家婦女訪談資料（F6）。

7　2011 年 4 月 21 日在馬來西亞沙登新村進行的客家婦女訪談資料（F8）。

　　我們早上平常吃麵包的，吃麵包然後喝麥片這樣子。偶爾我們星期日也會去吃肉骨茶，我爸爸講這是福建人的習慣來的，早上吃飯去吃肉骨茶，去吃飯這樣子。[8]

出生於馬六甲的 F6 也能意識到同樣稱為「客家菜」的內部歧異性：

　　馬六甲有摻了一點點其他的食物，本土客家食物是有啦，不過到我媽媽那一代就摻了峇峇娘惹……，偶爾也馬來食物、印度食物的。

　　新馬地方的客家菜館，經常會將來自不同祖籍的客家名菜，像是大埔客的算盤子，梅洲客的蘿蔔丸子、惠州客的炸肉以及河婆客的擂茶等，全數納入餐館的客家菜色。例如新加坡梅村酒家的網頁介紹：「『梅村』經過多年的蒐集和鑽研，集合大多數的客家菜，不論那一種的客家人，來到這裡都能常到他們的家鄉菜。」[9]馬來西亞迎客樓[10]的老闆娘除了推出當地各省籍的客家名菜之外，甚至將台灣客家菜的口味也一起帶了進來。值得注意的是，即使這些來自不同祖籍地、各有特色的客家菜進入餐館，納入了「客家菜」的內涵，然而各自的特殊性卻沒有消失，客家人依舊能夠清楚指認出那些是屬於他們（祖籍認同）的客家菜。

8　2011 年 4 月 20 日在馬來西亞沙登新村進行的客家婦女訪談資料（F3）。

9　梅村酒家網頁介紹 http://eat.omy.sg/index.php?articleID=161&option=com_article&cid=59&task=detail 取用日期 2013 年 4 月 30 日。

10　迎客樓網頁介紹 http://www.orientaldaily.com.my/index.php?option=com_k2&view=item&id=34058:&Itemid=241 取用日期 2013 年 4 月 30 日。

（3）小結

美國社會學者 Herbert Gans（2009: 128-129）指出象徵族群意識的概念是早期他在進行猶太社群研究多年後，發現社區裡其實有許多年輕的猶太裔夫妻，展現其猶太族群性（Jewishniss）並非透過參與猶太人的組織，或參與猶太教堂集會，而是透過尋求猶太族群的物質或非物質的象徵（symbol）。這樣的現象也見於義大利裔美國人群體，在這個基礎上，Gans 提出象徵族群意識（symbolic ethnicity）的概念，解釋第三代猶太人的認同意識。相對於積極活躍的族群性，象徵性族群意識毋寧是消極且被動的，最重要的因素不在對於族群文化有無操作實踐，也不在於該成員是否有積極參與族群組織，而存乎「意識」——隸屬於這個族群的感覺。也就是說，象徵性族群意識不需有功能性的團體與網絡，只需要一種對團體的忠誠，並且可轉換成物質或非物質的象徵以及簡單的文化實踐，甚至可以是閒暇時間的活動，並且以不影響個人日常生活的進行為優先。在現代化社會裡，象徵性族群意識提供人們一種原初情感連結的依附。

在象徵族群意識的理論假設下，Gans（1979: 15-18）指出猶太裔美國人族群兩種發展可能，一是其象徵族群意識會隨著文化涵化與同化的持續而漸漸衰微，最後融入在族群熔爐裡。另一種可能則是象徵性族群意識以一種穩定的狀態持續著，甚至可以延續到第五代、第六代。Gans 自己則很小心地假設象徵族群意識性的延續是可能的，但取決於未來主流社會對待族群的態度，以及族群成員為了展現族群、態度行動與族群認同所必須付出的成本，甚至作為一個族群成員能否因此獲得酬賞（award）。同時，象徵族群意識所預設的必須是最簡化並且能夠被操作的實踐，當族群的某些文化實踐要求會干擾到成員的其他生活面向，或者族群組織要求成員積極參與時，都會影響到象徵族群意識的未來存續。Gans 的理論引發後續許多關心族群研究者的對話討論與回應，無論如何，Gans 在將近半

世紀前所提出的理論，提供我們檢視當代客家現象時相當重要的切入點。

　　過去客家行動者對於客家社群既有的定義與想像的本質性論述，伴隨客家文化在面對工業化、都市化甚至是全球化變遷迅速的社會裡漸漸式微的焦慮，研究者提出一種新的看待文化的方式，挑戰客家族群本質化的定義與想像。當代的客家性並不僅是承自父祖輩而來的原初性情感，更有著對於所在之地的家想像實踐，伴隨客家人遷移到各地，各地所呈現的當代客家性即有所不同。換言之，對於客家論述，僅管我們無可否認渴望保有客家原真性的情感期待，但也必須看見當代客家人身處在變遷迥異的社會環境，面對不同的歷史命運採取的因應方式與能動性的展現。所謂客家文化特色其實是在特定的歷史條件中產生的，客家人所面對的社會環境，也造就當代客家的特殊性。

　　Gans 在 1979 年提出的象徵族群意識論述至今還是一個重要命題。或有論者對於當代客家性作為一種類似象徵族群意識的操作實踐的概念感到不夠滿意，如此的客家仍然是否仍是客家？當代客家社群是否會隨著代間延續而衰微？研究者認為，必須看見當代的環境結構與客家社群的現實處境，才能看見當代客家人的需要，以及未來行動發展的可能性。

（二）人人都可以是行動者──虛擬客家社群想像的可能

　　延續前面討論當代客家以一種象徵族群意識的操作實踐，接下來將從傳播媒介的技術革命、媒介變化對於社群形成的影響，討論全球客家社群想像在網路世界經營虛擬客家社群的可能。

1. 從社群（community）到虛擬社群（virtual community）

傳統社區（community）的基礎概念來自血緣（blood）與地緣（place）關係，強調一個地區內部的人群，與人群間面對面所產生的互動關係，人與人之間的情感關係是親近而密切的，社區的凝聚力即來自於此。但隨著當代網路社會崛起，網路使用者之間不再如過去面對面的接觸，跨越了空間限制，人們透過網路互相溝通聯繫，這種新興結合型態的網路社群即成為一種虛擬社群（廖經庭 2007：266-267）。虛擬社群（virtual community）讓人們跳脫實體聚會，透過網路虛擬空間的中介彼此溝通分享，形成友誼關係團體。Rheingold（2000）將「虛擬社群」定義為「透過電腦網路彼此溝通的人們，藉由彼此分享知識與資訊，相互關懷而有某種程度的認識，進而形成一種友誼關係的團體」，成員可以跳脫傳統社區需要固定的聚會時間或是實體聚會場所，透過網路中介，就能隨時隨地在任何地方進行資訊交流與分享（黃靜蓉 2017：79）。

當代傳播媒介技術的發達，讓全球客家人不再受到來自地理空間距離的限制，透過網站即可接收最新消息，使得以全球為範圍的人群想像方式成為可能。這種全球客家社群間的概念想像超越民族國家的地理界線，也與過去討論同一地域空間、人群面對面溝通的社群概念截然有別。然而，不管媒介技術再怎麼更新，「想像」仍是凝聚虛擬社群成為一個群體的核心。

近年來有相當多文獻處理虛擬網路世界裡全球客家想像形成的概念，當網路世界打破時間、空間與距離隔閡，超越傳統通訊媒介的限制，從電報到報紙、廣播到電視，乃至於近二十年來的網站、電子佈告欄（BBS）的發展。客家網路社群也在不同時代，利用當時的媒介技術，透過網路彼此交流。Eriberto（1998）探索 1990 年代客家全球網絡社群（Hakka Global Network, HGN）藉由電腦媒介通訊 CMC（computer mediated communication），傳遞客家認同的對話討論。當時海外客家人透過電子郵件建立客家全球網絡的互動網路群組，用以聯繫、討論客家事務，Eriberto 對電子郵件內文進行論述分析，認為客家全球網絡作為一個虛擬社群（virtual community）能夠為分散在世界客地的客家人，創造一種類似鄰里（neighborhood）的連結關係，這樣的社群能成為一個社群，在於它是保存以及推廣客家文化的平台，讓這個社群的人關心的事務（維持客家認同感）成為可能，平台裡的成員同時參與外面非網路社群的組織（如客家會館），透過在客家網絡社群平台裡交換意見，形塑離散客家認同。

　　王雯君（2005）觀察海內外客家網站，分析客家社群透過網站交流平台，藉由過去感、地方感、危機感、宿命觀與光榮感以及共時性的想像拉近彼此的距離，讓客家想像成為可能。廖經庭（2007：268；288-290）則認為，客家網站的使用者僅能「接收」客家想像元素，卻欠缺「傳送」、互動元素，因此從電子佈告欄（BBS）的 Hakka Dream 客家版著手，分析客家網路使用者的對話，探究網路 BBS 站客家社群想像的建構。發現一群原先互不相識、散居各地的客家人，原本不利於客家集體認同的產生，卻因為在網路上分享共同父祖來源與生活實作的集體記憶，僅管「客語」、「生活實作的記憶」在內部操作實踐各有差異，仍能在虛擬空間裡漸漸形成一個客家「想像共同體」的集體認同，顯示客家認同的情感性連結，是一種能超越內部差異的本質性創造。貫穿讓這些客家網友彼此認同、開心在網路社群上「相聚」的核心要素，其實在於「客家」想像，在網友的貼文分享裡，每個人的客家經驗都不太一樣，但是同屬「客家」的經驗與認同，就足以讓網路客家社群產生一種集體感。這群客家人甚至不需要透過「尋根」行動，或進行象徵族群意識的行動實踐（吃客家菜），只需要彼此分享客家記憶與元素，就算彼此存有差異，但作為對照比對自己的記憶，就足以喚起心裡的客家認同。

　　當代的客家創作，在音樂、文學、或是戲劇場域，其實有很大一部分是指向過去，訴諸人們過去的歷史記憶，召喚客家情感。以 2010 年獲得台灣原創流行音樂大獎客語組首獎的歌曲《介條河壩》為例，米莎（溫尹嬋）拿著一把吉他，溫婉地以客語唱出河壩（河流）與阿婆（祖母）的生命故事，畫面躍然紙上，餘音繞樑地召喚起人們對於家鄉、阿婆、以及客家的鄉愁與認同 [11]：

> 介條河壩日頭落山也流啊流
> 流過庄項伯公腳下
> 流到捱介大喬阿婆屋家
> 大喬阿婆 radio 唱著山歌子
> 碗筷洗淨淨總是等冇人來使
> 佢腳跡慢慢吶行過河壩脣
> 河壩水濃濃照到遠遠相思仔相思樹搖啊搖
>
> 介條河壩月光照路還流啊流
> 流過穹埔伯公个腳下
> 流到捱介大喬阿婆个屋家
> 大喬阿婆捱會快認毋出來咧
> 佢幾時又變做靚靚个細妹仔
> 佢腳跡惦惦行過河壩脣
> 河壩水闊闊照到金金个火搖啊搖

---

11 《个條河壩》歌曲 MV https://www.youtube.com/watch?v=CND7-fyXm0k 取用日期 2021 年 1 月 15 日。

　　隨著網際網絡發展，客家群體的認同與想像也從過去實體活動，加入網路的世界，網路作為一種技術，提供串聯世界各地客家人成為社群的媒介，但是人們如何能夠形成一個想像社群？經營網絡社群就變得十分重要。黃靜蓉（2017）考察全世界的客家網絡社群，發現很難有確切的統計數字，絕大部分的客家網站分佈在中國、香港、台灣與馬來西亞、美國加拿大等地。整體來說，台灣經營較好的客家網路社群多為網站和社群，中國則以論壇為主。馬來西亞主要是依附實體社團型，由實體社團的幹部負責網站或臉書社群的經營。但三方的網路社群主要都是靠自己的力量勉力支持，各國政府尚未意識到經營網路社群的重要性，即便是台灣的客委會，資源仍是以補助實體社團為主。隨著電子媒體、社群通訊軟體的日益發達，越來越多客家網路社群選擇使用臉書（Facebook）等社群媒體，許多網站與 BBS、Blog、論壇則呈現漸漸式微的態勢（黃靜蓉 2017：110）。

2. 全球客家想像與網路經營

　　從胡文虎時代漸漸形成的世界客屬客家想像，到當代台灣經驗影響下的全球客家想像，客家想像是全球客家人能夠形成想像共同體的重要基礎，儘管想像的內涵隨著行動者與組織與研究論述有所差異，但羅香林所創造出來的中原客家神話，仍是客家想像建構的重要黏著劑，透過人們不斷地論述、分享與傳遞，讓人們在族群互動接觸時，仍能維繫自身認同作為安身立命，成為客家「離而不散」的基礎。

　　當代全球客家想像建構，在科技媒體不斷變異的年代，能否利用網路分享客家想像論述，凝聚維繫年輕世代的客家認同；有效串聯世界各地的客家社團，甚至網路平台的使用有沒有可能超越類似客屬懇親大會的平台？儘管這裡涉及網路裡的虛擬社群是否能夠取代面對面的交往的網絡討

論，無庸置疑的是，網路是當代維繫傳遞客家想像，必須認真利用開發的重要媒介。海外客家社團間的聯繫與訊息交流向來是社團往來非常重視的部分，1990 年代在沙巴舉辦第十屆世界客屬懇親大會時，大會就曾通過由世界客屬總會負責編輯出版會訊，發行會刊的提案，以促進社團之間的訊息傳遞，加深彼此認識，輔助懇親大會兩年辦一次的聯繫功能不彰的困境。但世界客屬總會只有做到不定期的發行〈世客會訊〉，1999 年在馬來西亞時召開會議時，大會直接將聯繫工作轉交給梅州客聯會負責（後成立世界客屬秘書處）。海外客家社團相互交流更新訊息的心願，一直到 1995 年香港崇正總會發行〈崇正導報〉才實現，崇正導報定位為客家人的報紙，兩個月出版一次，扮演統整分享海外各地客家人消息的重要角色，可惜後來因為崇正會會務問題面臨停刊。

　　台灣客家委員會身為全球唯一中央層級的客家部會，曾有經營海外客家社團的企圖心，因此架構客家委員會網站時，同時架設一個海外客家網。期待藉由網站[12]促進國際客家社團交流與互動，及了解世界各地客家發展資訊」，發揮「凝聚共識，達成海內外客家一家親的目的」，可惜的是，原先設計提供使用者端的海外社團負責發布內容、經營網站，但張維安、邱淑如（2016）卻發現海外客家社團的使用率並不高，往往是透過客委會主動聯繫各社團，獲得資訊後再請廠商上傳更新。顯示客委會與海外社團對於網站想像與使用仍有落差，導致海外客家網很難達到凝聚海外客家社團，提供彼此即時交流互動的期待，只能扮演客委會負責更新訊息的傳統媒體特質。

　　客委會一直以來努力經營與國際客家的連結，期待能夠提升台灣客

12　客委會海外客家網成立宗旨，參見：https://global.hakka.gov.tw/cp.aspx?n=7417876E54B856F9 取用日期 2018 年 4 月 1 日。

家的能見度以及全球客家人對於台灣客家的認同，建設台灣成為全球客家文化研究與交流中心。在網路社群經營方面，張維安、邱淑如（2016）指出儘管客委會網站保存相當豐富的資料，並且提供客語教學的相關學習網站與教案，同時拓展許多海外客家社群的相關議題，但是客委會網站在社群經營方面，明顯較文化論述不足，顯示客委會對於網路社群經營仍欠缺想像，如同黃靜蓉（2017）所指出的，當前台灣客家網站或社群經營都以個人或是所屬團體出力為主，政府尚未意識到網路社群的重要性，隨著科技媒介技術的更新發達，如何經營網路社群，將年輕一代客家人納入建構全球客家想像的形成、凝聚客家社群的共識與認同，將會是客委會新的著力方向。

第 7 章

結論

　　本書考察 19 世紀以來逐漸發展形成的客家想像概念，指出「客家想像」的形成與內涵，受到來自客家知識界（客家研究）、重要行動者或組織（民間團體）以及國家力量競逐所影響。以下將分別討論跨國人群想像概念，並總結客家想像內涵長時段的變遷分析。

一、跨越國界的人群想像

　　現代族群作為政治社群，主要是預設在民族國家內部、具有明確國家界線的討論。王甫昌 2003 年提出「族群想像」的概念，指出「族群是一群具有共同來源、祖先、文化或語言，自認為或被認為是一個獨特社群的一群人」。對這個族群來說，共同祖先的真假並不重要，重要的是這個群體「認為自己有共同來源，就足以構成他們的想像」（王甫昌 2003：10-11）。因此，族群想像具有現代與傳統的兩個面向，「現代」指向在現代民族國家界線內，弱勢族群利用族群想像作為訴諸平等的族群對待與公民權利。「傳統」指的則是族群想像訴諸「共同祖先、來源或文化」的說法，作為設定族群界線，區分我群的標準，提供弱勢族群凝聚動員的手段（王甫昌 2003：167-168）。在王甫昌（2003：88-89）現代族群分類想

像的定義裡，有三項主要內涵：族群區分、族群平等、國家對族群的義
務。後兩項更強調從公民權的角度出發，追求國家承認賦予多元文化差異
的族群平等權。當代台灣「四大族群」概念下的「族群意識」來自於弱勢
族群的族群動員，現代族群想像即是奠基於弱勢公民群體所發展的族群
想像（王甫昌 2013）。藉由考察台灣客家族群意識變遷，王甫昌（2018：
281-283）發現北客與南客之間在腔調、文化乃至信仰、組織等差異，地
域認同甚至強於共同語言文化的認同，指出當代的客家意識其實與「共同
語言文化」較無關連，而與「共同不利社會位置」的集體認知較有關。認
為當代客家意識的內涵，其實經歷從文化認同、地域認同乃至族群意識的
轉變。

　　那麼，我們怎麼分析 1970 年代以來全球客家人跨越國界相互交流、
串連的現象以及當代浮現中的全球客家人群想像的意義？奠基在王甫昌的
族群想像基礎上，研究者認為當代跨越國界的客家人群想像有幾項不同的
層次內涵：

　　首先是王甫昌現代族群想像意義上的延伸擴展，王甫昌的族群想像
預設的是現代國家裡的弱勢族群，利用彼此擁有共同祖源或是文化語言，
凝聚我群想像，作為集體動員、爭取現代社會國家裡的公民權利，以獲得
族群平等對待的論述。研究者認為海外客家族群意識亦有相當類似的發展
過程，遷移至東南亞各地的客家人，來自中國東南沿海不同祖籍地，腔調
以及飲食生活習慣甚至也有相當的差異，海外的客家想像其實是經歷相當
的集體動員與論述逐漸形成的人群分類想像（現在仍有祖籍認同並存的現
象）。自 1850 年代以來，隨著西方各國向全球各地擴張，客家人即跟隨
著資本主義勞動力的需求，遷移到世界各地。隨著戰後殖民地獨立，新興
民族國家興起，客家人面臨國籍的認同選擇，轉向在地化、落地生根的華
人認同。全球化的時代，移動方式與科技溝通媒介的更新，讓海外客家人

藉由跨越國界的客家想像，更有能力去協商與動員所屬團體，但他所面對處理的，仍是傳統族群團體爭取的「所在國內的公民權力」。此時的「客家」類似象徵意識與符號，羅香林的中原南遷論提供「客家從何處來」的共同起源神話，成為客家人對內凝聚、向外連結的聯繫基礎。

　　也就是說，當代跨越傳統國家邊界、向外多邊聯繫動員的族群現象，其實沒有真正超越民族國家的界線。這群在各自所在國家內部屬於相對弱勢的客家人，藉由跨國客家社團網絡間的串聯行動，展現、提升客家的能見度，目的是讓其所在國內部的人「看見客家」，以爭取他在所在居住國內的政治、文化權利或是經濟資源，競爭權力所指向的其實還是各自的國家。以馬來西亞客家華人為例，他們在當地社會即承載著雙重層次的「共同不利社會位置」，一是相對於馬來人佔多數的華人少數群體，一是華人內部，相對於有錢有權的福建人與廣府人的弱勢群體身分。因此，馬來西亞客家華人揉雜著不同層次的認同與想像，一方面與當地華人共享華人身分，努力於馬來人佔多數的政治環境裡，爭取平等的公民權利。另一方面則是華人內部的客家身分，藉由跨越國界與中國及台灣客家組織等跨國力量聯繫與合作，加強整合馬來西亞客家團體的內部團結；欲求讓馬來西亞政府當局看見「客家人」，以爭取客家群體在華人團體內部的勢力，以及華人在馬來西亞國家的重要性。其客家想像內涵，同時受到來自其國內的族群政治，以及外在兩個「分裂的祖國」力量與資源競逐所影響。

　　印尼客家人藉由承辦世界客屬懇親大會，期待透過客家跨國社團串聯，讓印尼客家人在其國內「被看見」。甚至是在世界客屬總會跟中國競爭「祖國」失利的國民黨，近年來依然熱衷參與世界客屬懇親大會的活動，尤其是以世界客屬總會會長身分前往中國「協商」的吳伯雄，透過客家與中國交好的關係，讓他在國民黨內得到重要角色，「引介」國民黨官員前往中國開啟協商。換言之，這種想像是一種社會中弱勢者的集體意

識，藉由集結串聯行動，訴求在自己國家內部的團體權力，達到團結所在國內部客家團體的功能，例如馬來西亞客家人藉由創造參與回「客家祖地」參與祭祖大典（即便幾乎不是他們的祖籍地），團結馬來西亞本地因為祖籍認同分立的各個客家社團組織。成員看似跨越既有的民族國家地理空間邊界，但跨國作為手段，參與其中的成員所謀求爭取的是所屬族群團體在其國內的權力位置與資源。換言之，這是一種藉由結合串連外部資源以爭取內部權力位置的策略。

　　其次是全球化下客家跨國資本的循環積累，在人員、資訊、市場等越來越流通的全球化時代，隨著新一代中產階級移民的浮現，Ong（1999）討論跨國主義一群受過西方教育洗禮，具有技術資本的移民，所展現的兩種彈性（flexibility），一種是面對不同情境所需要的專業技術，其次則是兼具東西方的文化價值。這群人能夠在全球網絡之中移動、溝通，並隨著經濟上的成就，形成一種新的亞洲認同的中國性／華人性（Chineseness）。全球客家想像是一種新的跨國主義，有別於 Ong 所提到的彈性公民，各國客家人移入的時間可能更早，甚至已經成為在地生根的公民，他們不一定是出於西方教育洗禮，或具有專業的技術資本，但是透過與在地社會脈絡的連結，例如在地的政治精英階級，利用族群作為跨國結盟的動員，以達到吸納全球資本（global capital），並回流鞏固在地資本，達到資本循環累積的過程（劉瑞超 2017）。本書指出除了 1970 年代以來有能力參與跨國串聯行動的客家商業精英與政治人物之外，還有新的一批客家人加入跨國行列，在世界客屬想像（原鄉歸根）與全球客家想像（在地生根）兩種客家論述以及背後的國族統戰競爭下，客家學界也加入論述競爭與跨國串連的行動裡，同時，客委會另闢蹊徑從客家軟實力的行銷，提供台灣的客家音樂人來到東南亞，開創新的客家市場。換言之，跨國串連的行動者，也從過去的政界與商界精英，擴展到學者以及文化人。

客家也從過去政治經濟為主場的場域，擴展到學界與文化界的跨國交流。客家想像作為一個特殊歷史情境脈絡下所產生的現象，當代以客家為名的論述競爭也從政治經濟的場域擴散到文化場域，並且仍在形成當中。

　　最後是文本論述詮釋場域的競合。此處的文本包含客家學術研究社群、博物館的展示論述以及廣義客委會的電視節目、出版品等等。想像並不能無中生有，並且是客家能夠成為客家最重要的核心。客家研究提供的客家論述一直是客家想像的基礎，伴隨全球客家串聯熱潮，台灣、馬來西亞、新加坡以及中國等地客家學術社群的壯大，與客家社群之間的交流合作，各地客家博物館、文物館的興起，客家想像的浮現與蛻變，也提供文本論述百花齊放互利共生的平台。

二、客家想像長時段變遷分析

　　客家是個在特殊歷史過程中，逐漸從他稱轉向自稱的群體。客家想像是凝聚客家成為客家的核心元素，在不同的歷史階段與社會架構下，其動力與行動者及內涵都不一樣。從中原客屬想像到全球客家想像，研究者嘗試勾勒長時段客家想像的發展變遷歷程。客家在面臨外界指稱非漢的狀態下，19 世紀以來客籍文人與傳教士對於客家的定義與論述，以 1950 年羅香林編輯的《香港崇正總會三十週年紀念特刊》為里程碑，羅香林透過客家人口調查與繪製客家分布地圖，奠定客家想像的基礎。羅香林的客家中原論對於客家人的重要性，展現在羅氏藉由考證客家語音以及譜牒溯源的方式，將客家群體的源流安置在中原漢人系統裡，為當時的客家人找到一個安身立命的位置。此時，形塑中原客屬想像最重要的力量即在於客家研究。中原客屬想像論述的確立，更成為後續胡文虎以及香港崇正總會進一步推動各地客家人相互結盟、凝聚海外客屬想像的重要養分與基礎。

　　1920 年代初是客家從區域性分散的地緣性團體（如增城會館、嘉應會館等），聯合起來形成「客屬」組織的重要年代。這群來自不同祖籍地，彼此間的腔調及語言使用難以相互溝通的客家人並非理所當然形成一個想像群體，相反地，這需要一系列細緻的打造過程：人們必須要有團結串聯的需求，並且形成一套群體論述，實際到各地推動社團的組織行動，加上印刷報章作為傳遞媒介，凝聚群體共識，將人們成功地串聯在一起。客家人在土客衝突中意識到自己，為了抵抗外界污名，人們首度有了集結需求。在嚴苛的幫群競爭中，意識到團結的必要，透過跨域串聯，擴大群體力量。海外客屬想像即是在這樣的時代脈絡裡應運而生。

　　20 世紀初期的南洋華人社會，華人子弟多返回中國就學，或在當地就讀會館興辦中國學制學堂，傳播科技的發達，南洋報紙因此能夠同步更新中國新聞，加上民國成立後五四運動以來知識分子們推動改革白話文運動，新式學堂與華文教育，成為超越地域的統一語言，逐步讓中國國族意識在南洋華人社會擴散。胡文虎在 1939 年推動南洋客屬總會十週年紀念游藝籌賑祖國難民大會的活動，呼籲客屬團體團結一心，整體上是在抗戰脈絡下，展現華僑對祖國的支持行動，在這之中，身為中華民族之一支的客家想像論述自然是鑲嵌在中國國族論述裡的，除卻推動客家想像在海外的擴散，同時也鞏固胡文虎個人的客家網絡與企業資本積累。胡文虎以其優勢串聯起香港崇正總會與新加坡南洋客屬總會兩地組織，1930 年代號召建立各地客屬公會，將豐沛的資源投入客家社團，19 世紀以來開始的客家研究而由羅香林集大成的客家論述，加上胡文虎增添南洋元素，將南洋客家人接連上中原客家論述，再透過遍佈東南亞的星系報業系統與其推動的客屬社團網絡成功地將其傳遞給各地客家人，成功地塑造一個跨越省籍、國界，以客方言群認同為主的海外客家想像群體。儘管這個新形成的想像群體仍然相當脆弱，並且受到戰爭因素所中斷，戰後有些客屬公

會也未能成功復辦，客屬認同仍有與祖籍地緣認同並立的狀況（安煥然
2009：95）。但這個時代由客家社團、學者與富商所共同創造催生的新興
客家想像群體卻也成為日後推動世界客家想像連結的重要基礎。

　　1971 年世界客屬懇親大會開啟海外各個客家社團正式串連的機會，
也是國家力量逐漸介入的分水嶺。隨著二次戰後東南亞各國紛紛獨立，海
外客僑認同逐漸從「落葉歸根」轉換為在所在地國家「落地生根」的華
人。1970 年代也是全球化的開始，從跨域到跨國，各國客家人因應所在
國在地化發展下，彼此間已有相當國情文化上的距離。歷屆懇親大會裡例
行舉辦各國客家社團介紹所在國家的「鄉情報告」，因此有其重要性，透
過鄉情報告，讓各國客家人認識彼此不同的「鄉情」，這其實與 1950 年
代羅香林、胡文虎時代推動的海外客屬想像已有相當大的差異。展現在各
自追求所在國家的公民權利上，馬來西亞客家人努力參與當地華族的整合
運動，追求華族在馬來西亞嚴酷生存競爭下的權利。1964 年成立的沙巴
客屬總會開幕特刊裡所發表的共同宣言尤其明顯，強調客屬認同從殖民地
居民轉為獨立國民地位。台灣客家亦是在台灣本土化運動下，努力建構台
灣客家的認同意識，強調自己亦是台灣的主人。

　　客家本質上是個在地各異的團體，羅香林的論述提供凝聚客家社群
為一體的神話，成為超越地緣界線的存在。這是第一個層次的「跨域連
結」。對內，宣稱客族系出中原，有著共同遠祖脈絡的「客家」想像，幾
經遷徙來到新大陸拼手胝足，共同打拼的在地敘事以團結所在國境內的客
家人。對外，這群來自中原的漢族，因為戰亂五次南遷，後更移居南洋、
美洲甚至歐洲各地，則成為全球客家人的共同敘事。藉由「客家」想像
延伸「世界客家一家親」，成為全球化時代跨國串連的元素，用以跨出本
土，走向世界。因此，客家中原論的神話是否有據並不重要，儘管客家學
界對羅氏的客家中原論述已有許多新的觀點與意見，卻無法撼動羅香林的

中原神話在客家社團裡的重要性。

2000 年後，台灣自身的獨特處境，讓台灣客家致力於定義、論述強調本土、在地化台灣客家的概念，客家委員會的成立，來自於台灣內部族群政治的需求，但同時客委會的「客家使命」以及台灣外交需求，也承繼過去與海外客僑的聯繫關係，提供了推動全球客家想像的動力。在中華民國（臺灣）／中華人民共和國（中國）的對立框架裡，中國與台灣各自動用國家資源力量，促使客家族群得到最大的發展資源，展現在客家論述權的話語競爭─強調去中心化、在地化的全球客家想像對抗強調中心化、根源祖國的世界客屬想像。2018 年福建客家研究院院長林開欽新著《客家通史》[1]，駁斥客家非漢說以及文化認同論，重申「客家民系根在中原」。以台灣交通大學客家學院為首 邀請中央大學與聯合大學客家學院、新加坡國立大學、馬來西亞大學與日本大阪民族學博物館共同組成跨國的「客家研究聯盟」（Hakka Studies Consoritum），則強調從學術交流與研究資源的整合，提升客家知識體系的整體發展[2]。拓展了參與客家跨國行動的行動者面向。過去客屬懇親大會的參與者主要是客籍政治人物與商界鉅子（通常只有政商名流具有跨國移動資本），以政治經濟資源為主要目的跨國盛會，卻在國族主義與客家想像論述權競逐下延伸到文化面向，學者與客家藝文界人士同時加入跨國移動交流。

以下利用圖示搭配文字將客家想像區分為五個發展階段：

1　康曉青，2018，〈新時期客家研究的奠基之作──閩西客家聯誼會《客家通史》出版座談會綜述〉。http://hk.fjsen.com/2018-03/05/content_20785217.htm 取用日期 2021 年 1 月 15 日。

2　楊長鎮等，2017，《參加「馬來西亞國際客家文化交流活動」報告》。https://tinyurl.com/y2m94o34 取用日期 2021 年 1 月 15 日。

　　第一個階段，是各地分立的祖籍地緣社團，各縣人士以祖籍稱呼自己。第二個階段超越祖籍的客家想像（中原客屬想像）：超越以祖籍／地域稱呼自己的想像，開始以客家自稱。18、19 世紀以來經歷土客械鬥，為了對抗中國境內對於客家團體的污名化，所進行的客家串連行動，共同爭取客家人的尊嚴權益與地位。從 1815 年的《豐湖雜記》、1867 年的《客說》，以及傳教士郭士立 1838 年的專書《開放的中國》，稱客家為「kenjin people」，1868 年 Piton 的《客家源流與歷史》，1873 年 Eitel 的《客家歷史綱要》，到 1898 年《嘉應州志》的出版，客籍知識分子與傳教士共同奠定了中原客家論述的原型。

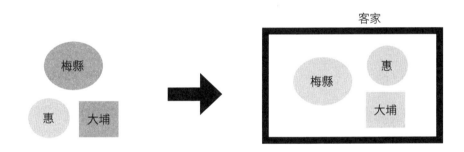

圖 7-1　從祖籍認同到客家認同家示意圖，此時祖籍認同並沒有消失，只是被包含在客家認同裡（研究者繪製）

　　第三個階段從中國客家到海外客家，空間層次從中國境內的客屬論述，推廣到海外客家會館，以客屬之名成立客屬公會連結。在中原客家論述的想像基礎下，1921 年成立的香港崇正總會，超越過去以祖籍、地理位置的結社方式，成立跨地域連結的客家組織。1923 年南洋客屬總會也在這股風潮思想中籌組（後因欠缺經費建館，直到胡文虎資助經費，始於 1929 年開館成立，並由胡文虎連任十屆會長）。過去東南亞客家會館所使用的都是祖籍地域的名字，如：惠州會館、大埔會館等等，尚未有客屬概

念。儘管南洋客屬總會於 1929 年成立，但客屬組織並沒有連結起來。在崇正總會暨南洋客屬總會會長胡文虎的推動下，從 1937 年開始在新馬各地推動成立客屬公會，大力推廣羅香林出版的《客家研究導論》，建立超越祖籍地緣層次的客家想像共同體。客家想像的範圍亦從中國華南地區擴散至海外。

　　第四個階段，世界客屬想像，1971 年在香港崇正總會理事長黃石華的積極串連下，世界各地客家人開始兩年一次的世界客屬懇親大會。戰後各國獨立以來，各國客家人的國族認同隨之轉換，客家想像的範圍因此上升到國家層次的客家想像。例如戰後馬來西亞客家人在 1978 年成立馬來西亞客屬公會聯合會，即屬國家層次的客家想像。祖籍地認同仍然是併存狀態。1974 年台灣國民黨政府成立世界客屬總會，以客家為名結合僑務與外交政策，積極拉攏世界客家作為外交突圍的策略。1988 年中國開始參與世界客屬懇親大會，挾著政治統戰資源與龐大經濟勢力，逐漸掌握世界客屬懇親大會的主導權。這個階段的想像在中國強勢深化祖地、尋根的概念，深化海外客屬鄉情與「心向中國」，認同想像指向原鄉。

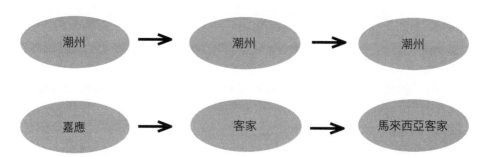

圖 7-2　潮州作為祖籍地域想像與從地域到國家層次的客家想像範圍變遷的對照（研究者繪製）

　　第五個階段，從 1988 年台灣客家運動以降，2000 年政黨輪替後，以

台灣客委會為首推動全球客家想像。隨著 1988 年以來本土論述與台灣國族主義，影響台灣客家意識的興起，強調在地性為全球的基礎，以「客家」作為全球客家的結盟交流。面對客家在現代化過程中作為一個在所在國內都屬於相對少數族群的集體命運的共同關心，以全球客家文化中心自許，作為一種文化性、精神性的存在。以客家為名的人群認同想像，就註定離祖籍、地緣越來越遠，全球客家想像的形成，代表著原鄉重要性弱化，儘管在這當中仍有想像的競爭，世界客屬想像與祖籍地域認同仍存在，來自中國原鄉力量也仍在拉扯中。

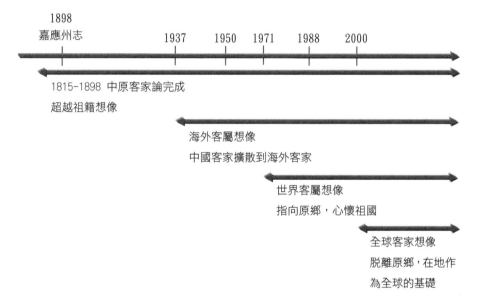

圖 7-3　四種客家想像典範階段圖示

三、走向應許之地（a promised land）

1980 年代以來，全世界華人社團舉辦各式各樣的懇親大會，串連

「世界網絡」，地緣性、血緣性的宗親團體不需要定義，也無需擔心他會「消逝」。祖籍地在那裏，地緣、血緣關係的認同永遠就在那裡，故鄉就是故鄉。惟有客家是以一種超越血緣、業緣、地緣的方式，運用語緣，承載著多元意涵政治性濃厚的載體。相較於姓氏與地緣團體的「具體」，客家作為方言群認同的人群想像顯得抽象，另外一方面，卻只有客家懇親會的規模、層次能夠越辦越盛大。

「以客家為名」的行動內涵，多了政治性、經濟性跟文化性的面向。政治性的部分，以台灣國內的兩黨對抗政治為例，身為台灣第二大族群的客家票源是選舉的關鍵票數，成為兩黨爭取的重要對象。客委會預算通常能夠得到兩黨立委的支持，2008 年國民黨甚至喊出預算加倍的口號。中國針對台灣的統戰，客家也成為重要佈局之一。以客家為名爭取海外客家華人經貿投資甚至觀光資源上，客家也成為中國地方政府近代的寵兒，中國境內的客家縣因此倍增、客家研究興盛，客家祖地、客家搖籃等，以客家為名的建設成為地方政府爭取中央預算的重要手段。經營客商的全球網絡是海外客商的發展重心。

從歷屆世界客屬懇親大會裡最重要的「鄉情報告」，海外各國客家代表團輪番分享所在國的特殊性與發展狀況，可以看出 1970 年代後彼此串連的這群客家人已有國家認同的差異，卻擁有「客家群體的共同想像」。儘管客家群體想像內涵會隨著時代變遷而有所變化：1930 年代的胡文虎、羅香林年代的客家人，基本上推動的僅是「跨域連結」，無論身在緬甸、新馬或是香港，都仍是在中國民族主義下的客家想像，大家都是「中國客家人」。隨著戰後局勢變遷、東南亞各國相繼獨立，中國鼓勵東南亞華僑落地生根成為「華人」開始，當人們從「華僑」身分轉換成「華人」身分，國族認同想像即隨之轉換，作為各國公民的公民意識亦逐漸顯明。客家想像當然不可能置外於全球脈絡的變化，自然也必須在認同變遷的過程

中調整對於國家與客家想像的概念。

　　但是當中國開始參與世界客屬懇親大會，站在祖國位置召喚同宗一家親，邀請全世界的客家人返鄉參與祭祖大典、「認祖歸宗」，閩西寧化石壁是客家祖地，汀州的母親河、贛州是客家族群形成的搖籃等等這些新興地標，紛紛在海外客家人回鄉尋根謁祖的過程中被創造出來。另一方面，1960 年代後全球各地客家人經歷在地化過程下長成的新一代客家人的認同想像，其實與過去 1930 年代以來胡文虎推廣羅香林的中原客屬想像內涵有代間落差。例如范佐雙（2013：395-401）曾在 2012 年聯合北台灣的范姜族人參與廣東、江蘇兩省的掃墓祭祖活動，發揚「合族同祭，崇本念祖」的精神，范佐雙慨嘆祭祖團欠缺中壯年、青少年的參與，甚至擔憂將來「掛紙祭祖」只會是老人的專利。然而即便是少壯輩客家人返鄉參與「祭祖大典」，也可能發現所謂「祖國」其實是如此陌生，甚至連客語都不一定相通；Jessica Leo（2015: 9-10）分享她在中國參與「尋根之旅」的經驗，即表示以「尋根」名之，對她而言並不是很適切，她對中國僅存在著一種遺產、歷史感的連結，她的「根」很清楚地定著在馬來西亞。當她拜訪永定土樓時，她分析自己感覺既陌生卻又親切，土樓儼然是客家文化象徵，她感到身為客家人的「與有榮焉」，卻不覺得土樓於她有個人的親近性，當她嘗試使用客語與當地人溝通時，發現彼此無法理解，最後仍需要以華語交流。身為馬來西亞移出的二次移民，她的「祖國」是馬來西亞，她是馬來西亞客家人。全球客家其實就是在地各異的客家，透過互動交流，越能認識彼此間的歧異性與獨特性。

　　相較血緣、地緣性的社團，客家想像的認同層次顯得複雜許多，從18、19 世紀以來，客家知識分子們一直努力於定義客家，因為客家沒有明確的疆界，語言腔調殊異、更難以純正血緣論定。那麼客家能夠如何被標誌？尤其在當代，客家語言急速流失，客家人湧入都市、甚至四處

遷移，全球化的世代，客家究竟是什麼？台灣制定的《客家基本法》[3] 第二條定義客家人：「具有客家血緣或客家淵源，且自我認同為客家人者。」換言之，當血統、語言、祖源都難以定義時，客家最重要的核心即在於認同。1930 年代由羅香林集大成，強調客家是中原漢人民系之一支的論述，儘管客家人是否為純種漢人的討論在當代也許已不再重要，陳明惠等（2017）甚至嘗試另闢蹊徑從科學基因考證客家血緣，陳明惠充滿困惑與挫折的田野筆記，如此困難操作的科學研究在當代的意義，毋寧更證實血統論的迷思，確認客家為文化群體概念。然而不可否認的是，羅香林以降所奠定的中原客家神話，透過世界各地客家組織的宣傳，已經是全球客家人共同分享的客家想像。

Smith（1992）討論族群團體的存續（survive），提到一個族群即使沒有政治自主性、沒有自己母國，甚至沒有共通語言，但是只要有族群的記憶、象徵、價值、神話與傳統，就能夠經歷長時間而仍然存續。其中神話佔據了最重要的位置，尤其是被賦予某種道德義務的「被選擇的族群」神話，最富有動員社群的力量，並能確保族群團體長期的存續。Smith 列舉提出幾個有效的神話範式，像是：(1) 改朝換代、被迫流亡的遺族；(2) 在神聖土地上被征服的人民；(3) 帶著神話離開家鄉，遷移到新故鄉、建立新社群的人群；(4) 離散族群，被放逐的族群心寄家鄉，渴望回歸母國。

羅香林歸結 18 至 19 世紀以來傳教士與客籍學者們對於客家的定義與討論做為其論述基礎，將客家定義為來自中原士族的漢族民系，提出客家五次遷徙說。指認這支出自中原的貴冑民系，保存中原古音，有其優良傳統特質，正符合神話的第一個範式。羅香林創造的中原神話，藉由胡文

3　全國法規資料庫，2018，《客家基本法》http://law.moj.gov.tw/LawClass/LawAll.aspx?PCode=D0140005 取用日期 2018 年 4 月 1 日。

虎 1938 年在南洋的大力推動，並且經胡文虎的再詮釋下，南洋客家人成為一批帶著中原神話離開家鄉，到異地胼手胝足開創新故鄉的先賢，對國家社會家鄉維持關懷與貢獻。

　　換言之，胡文虎襲用羅香林的神話作為基礎，更創造南洋客家人身為中原貴冑的後裔，挾著優良傳統來到南洋開創新天地的新神話範式。就如同王明珂所謂憑藉著「相信為漢」、強化優秀漢族的歷史記憶，「炎黃子孫」成為漢人不證自明的想像神話一樣，中國為海外客家神話的起源地，儘管晚近學術界逐漸拋棄純種漢人論的論述，但這都無法影響客家人深信自己「系出中原貴冑」的神話想像，這是客家成為客家的想像基礎。此時國家概念尚未明晰，仍類似區域概念，人們都是「海外客僑」。

　　然而神話與祖地（祖國）畢竟是不同的，我們可以說中國是孕育客家神話的起源地，隨著戰後民族國家紛紛獨立建國，落地生根新一代長成的客家人，成為在地華人、各國公民甚至再移民的跨國華人同時，「祖地」認同亦可能隨之變化。通常只有父母輩、甚至祖父母輩來自中國的那一代，對於中國有祖地認同。但隨著移民落地生根或是二次移民，移民所認同母國則是所在國了。神話作為一種精神上的原鄉認同，在尋找精神原鄉的過程，伴隨著行動者追尋一個更好的物質生活基礎，這同時不免涉及政治操作與資源競逐，國族主義獲得運作空間。羅香林的神話曾經是串連世界各地客家人的重要想像基礎，彷彿《出埃及記》的暗喻，在這個過程中，不斷地經由中原漢族敘事建立客家認同，但是卻選擇離開原鄉尋找新的應許之地（a promised land）。它是一個在精神上歸返，但是卻也在他鄉 尋找安身立命的物質基礎。它既是回去，又是新生的實踐。

參考書目

中文書目

Braudel, Fernand 著、曾培耿、唐家龍譯，2002，《地中海史》。台北：台灣商務。

Karla, Virinder S., Kaur, Raminder and Hutnyk, John 著、陳以新譯，2008，《離散與混雜》。台北：韋伯。

約翰‧雷克斯（John Rex）著、顧駿譯，1991，《種族與族類》。台北：桂冠。

丁新豹，1988，《1841-1870 香港早期之華人社會》。香港：香港大學中文系博士論文。

尹瑤，2016，〈複製抑或再造：《南洋總匯商報》和《中興日報》論戰新探〉。《華僑華人歷史研究》1：83-90。

王力堅，2010，〈南洋客總與抗戰前期的中國——以《新加坡南洋客屬總會十週年紀念特刊》為研究中心〉。行政院客家委員會獎助客家學術研究計畫。

王力堅，2012，《新加坡客家會館與文化研究》。新加坡：新加坡國立大學中文系、八方文化創作室。

王宏仁、郭佩宜編，2009，《流轉跨界：跨國的台灣、台灣的跨國》。台北：中研院人文社會科學研究中心、亞太區域研究專題中心。

王甫昌，2001，〈民族想像、族群意識與歷史——《認識臺灣》教科書爭議風波的內容與脈絡分析〉。《臺灣史研究》8（2）：145-208。

王甫昌，2002，〈第八章：台灣的族群關係研究〉。頁 233-274，收錄於王振

寰編《台灣社會》。台北：巨流。

王甫昌，2003，《當代台灣社會的族群想像》。台北：群學。

王甫昌，2008，〈台灣族群分類概念與內涵的轉變〉，論文發表於「台灣社會學會年會：解嚴二十年台灣社會的整合與分歧」。台北：中央研究院社會學研究所、台灣社會學會，民國 97 年 12 月 13 日至 14 日。

王甫昌，2013，〈台灣弱勢族群意識發展之歷史過程考察〉。《台灣文學研究》4：59-79。

王甫昌，2016，〈由「地域意識」到「族群意識」：論台灣外省人族群意識的內涵與緣起，1970-1989〉。頁 181-256。收錄於蕭阿勤、汪宏倫編《族群、民族與現代國家──經驗與理論的反思》。台北：中央研究院社會學研究所。

王浩威編，1997，《醫望雜誌》21：14。

王雯君，2005，〈從網際網路看客家想像社群的建構〉。《資訊社會研究》9：155-184。

王慶成，2001，〈客家與太平天國起義〉。頁 46-66。收錄於邱權政編《客家與近代中國》。台北：武陵出版社。

世界客屬第二次懇親大會實錄編輯委員會編，1974，《世界客屬第二次懇親大會實錄》。台北：世界客屬總會。

世界客屬第十次懇親大會實錄籌備委員會編，1990，《世界客屬第十次懇親大會紀念特刊》。亞庇：沙巴客屬公會。

世界客屬第十三屆懇親大會紀念特刊出版委員會編，1998，《世界客屬第十三屆懇親大會紀念特刊》。新加坡：新加坡南洋客屬總會。

世界客屬總會秘書處，1976，《世界客屬第三次懇親大會手冊》。台北：世界客屬總會。

世界客屬總會編，1984，《世界客屬第七次懇親大會暨世界客屬總會成立十

週年紀念大會》。台北：世界客屬總會。

丘權政，1997，《客家與香港崇正總會》。北京：中國華僑。

古鴻廷，1994，《東南亞華僑的認同問題：馬來亞篇》。台北：聯經。

古鴻廷、曹淑瑤，2005《南向政策的探討》。頁1-38。收錄於古鴻廷、莊國
　　土編，《當代華商經貿網絡：台商暨東南亞華商》台北：稻鄉。

古鴻廷、莊國土編，2005，《當代華商經貿網絡：台商暨東南亞華商》。台
　　北：稻鄉。

石炳祥，1997，〈香港崇正總會的創立及其貢獻〉。《嶺南文史》4：53-55。

全球客家、崇正會聯合總會編，2005，《全球客家、崇正會聯合總會第三屆
　　代表大會紀念特刊》。香港：全球客家、崇正會聯合總會。

安煥然，2009，〈馬來西亞柔佛客家人的移植及其族群認同探析〉。《台灣東
　　南亞學刊》6(1)：81-108。

朴基水，2005，〈清中期廣西的客民及土客械鬥〉《中國社會經濟史研究》4：
　　59-74。

何義麟，2006，〈跨越國境線——近代台灣去殖民化之歷程〉。台北：稻香。

余達忠，2012，〈文化全球化與現代客家的文化認同——兼論寧化石壁客家
　　組地的建構及其意義〉《贛南師範學院學報》1：7-12。

吳紅勤、鄒路、姚娃、華萍、李葉明，2009，〈新老移民一家親——老會館
　　與新移民：永定會館是家鄉外的第二個家〉《源》。新加坡：新加坡宗鄉
　　會館聯合總會。頁14-15。

吳華，1980，《馬來西亞華族會館史略》。新加坡：東南亞研究所。

吳詩怡，2008，《博物館展示與客家記憶》。桃園：中央大學客家社會文化
　　研究所碩士論文。

吳德芳，2001，《從落葉歸根到落地生根——蕉風椰雨客家情》。馬來西亞：
　　馬來西亞客家公會聯合會、梅州市華僑博物館、馬來西亞展廳基金會。

吳德芳，2006，《馬來西亞客家文物館落成紀念特刊》。馬來西亞：馬來西亞客家公會聯合會。

吳慧娟，〈獨立前後新加坡南洋客屬總會的作用〉。頁 93-131。收錄於黃賢強主編《新加坡客家文化與社群》。新加坡：新加坡國立大學中文系、新加坡南洋客屬總會、新加坡茶陽（大埔）會館。

吳曉婷，2008，〈新加坡茶陽（大埔）會館的發展歷史〉。頁 132-152。收錄於黃賢強主編《新加坡客家文化與社群》。新加坡：新加坡國立大學中文系、新加坡南洋客屬總會、新加坡茶陽（大埔）會館。

宋德劍、李小燕、周建新、馮秀珍，2005，〈擦亮"世界客都"的文化品牌〉。頁 124-143。收錄於譚元亨編《梅洲：世界客都論》。廣州：華南理工出版社。

巫秋玉，2008，〈論世界客屬懇親大會——與中國客家僑鄉〉《華僑華人歷史研究》1：46-57。

李文良，2011，《清代南台灣的移墾與「客家」社會（1680~1790）》。台北：台大出版中心。

李威宜，1999，《新加坡華人游移變異的我群觀：語群、國家社群與族群》。台北：唐山。

李玲，2017，〈晚清客家中心區的客家中原論：以嘉應菁英的族群論述為中心〉《全球客家研究》8：39-74。

李恭忠，2006，〈客家：社會身份、土客械鬥與華南地方軍事化——兼評劉平著《被遺忘的戰爭》》《清史研究》。(1)：115-124。

李培德，2012，〈華商跨國網絡的形成、延伸和衝突——以胡文虎與陳嘉庚競爭為個案〉。《華人研究國際學報》4(1)：53-74。

李喬，1991，〈客家人的政治立場〉。頁 31-32。收錄於鍾肇政編《新介客家人》。台北，台原。

李業霖，1997，《吉隆坡開拓者的足跡：甲必丹葉亞來的一生》。吉隆坡：
　　華社研究中心。

李道緝，2007，〈建構新「祖國」：鄭彥棻時期（民國 39-47 年）的僑務工
　　作〉。《中央大學人文學報》31：181-208。

汪芳紅，2008，〈改革創新，與時俱進——新加坡豐順會館歷史變遷之研
　　究〉。頁 153-177。收錄於黃賢強 主編《新加坡客家文化與社群》，新加
　　坡：人文出版企業。

沈儀婷，2007，〈客家人的文化企業——胡文虎的星系報業研究〉。頁 112-
　　126。收錄於黃賢強主編《新加坡客家》。桂林：廣西師範大學。

沈儀婷，2013，《譜寫虎標傳奇》。新加坡：八方文化創作室。

沙巴客屬總會，1964，《沙巴客屬總會會刊》第一期。沙巴：沙巴客屬總會。

馬來西亞客家公會聯合會編，1999，《世界客屬第 15 屆懇親大會紀念特刊》。
　　馬來西亞：馬來西亞客家公會聯合會。

周東郎，1974，〈臺北市中原客家聯誼會沿革史〉。頁 549-552。收錄於世界
　　客屬第二次懇親大會實錄編輯委員會編，《世界客屬第二次懇親大會實
　　錄》。

周婉窈，1994，〈從比較的觀點看台灣與韓國的皇民化運動〉。《新史學》。
　　5(2)：117-157。

房學嘉，1994，《客家源流探奧》。廣東：高等教育。

林正慧，2013，〈華南客家型塑歷程之探究〉。《全球客家研究》1：57-122。

林吉洋，2007，《敘事與行動：台灣客家認同的形成》。新竹：國立清華大
　　學社會所碩士論文。

林怡君等、徐正光主編，1998，《台北客家街路史：通化篇》。台北：臺北
　　市政府民政局。

林開世，2014，〈對台灣人類學界族群建構研究的檢討〉。頁 217-250。收錄

於林淑蓉、陳中民、陳瑪玲編《重讀台灣：人類學的視野——百年人類學回顧與前瞻》。新竹：清華大學。

林開忠，2011，〈日常生活中的客家家庭：沙拉越石山與沙巴丹南客家家庭與日常生活〉。頁 403-443。收錄於蕭新煌主編《東南亞客家的變貌：新加坡與馬來西亞》。台北：中研院人社中心亞太區域研究專題中心。

林開忠、李美賢，2006，〈東南亞客家人的認同層次〉。《客家研究》，1：211-238。

林開忠、蕭新煌，2008，〈家庭、食物與客家認同：以馬來西亞客家後生人為例〉。頁 57-78。財團法人中華飲食文化基金會編，《第十屆中華飲食文化學術研討會論文集》，台北：財團法人中華飲食文化基金會。

林開欽，2015，〈總結建館經驗，開創用館未來〉。《客家》107：7-10。

林瑞明，1996，《台灣文學的本土觀察》。台北：允晨文化。

林滿紅，1998，〈「大中華經濟圈」概念之一省思——日治時期台商之島外經驗〉。《中研院近代史研究所集刊》29：47-101。

林滿紅，1999，〈日本政府與台灣籍民的東南亞投資（1895-1945）〉。《中研院近代史研究所集刊》32：1-56。

林滿紅，2001，〈日本殖民時期台灣與香港經濟關係的變化——亞洲與世界關係調動中之一發展〉。《中研院近代史研究所集刊》36：45-115。

河合洋尚，2013，〈日本客家研究的軌跡：從日本時代的台灣調查到後現代主義視角〉。《全球客家研究》1：123-162。

邱松慶，1994，〈略論胡文虎創辦星系報的動機及其效果〉。《華僑華人歷史研究》3：57-62。

施拉德（Wilhelm Schlatter）著、戴智民（Richard Deutsch）、周天和譯，2008，《真光照客家：巴色差會早期來華宣教簡史，1839-1915》。香港：基督教香港崇真會。

施添福，2013，〈從「客家」到客家（一）：中國歷史上本貫主義戶籍制度
　　下的「客家」〉。《全球客家研究》1：1-56。

施添福，2014，〈從「客家」到客家（二）：粵東「Hakka. 客家」稱謂的出
　　現、蛻變與傳播〉《全球客家研究》2：1-114。

施添福，2014，〈從「客家」到客家（三）：台灣的客人稱謂和客人認同〉。
　　《全球客家研究》3：1-110。洪永宏，1984，《出洋記──陳嘉庚外傳》。
　　福州：福建人民。

胡文虎，1950，〈香港崇正總會三十週年紀念特刊序〉。收錄於羅香林主編
　　《香港崇正總會三十週年紀念特刊》。香港：香港崇正總會。

胡文虎，1951，〈胡序〉。收錄於梁樹齡等編《霹靂客屬公會開幕紀念特刊》。
　　霹靂：霹靂客屬公會。

胡慧玲，2013，《百年追求：台灣民主運動的故事》（卷三：民主的浪潮）。
　　台北：衛城。

苑舉正，1998，〈典範社會學的限制〉。《台灣社會學研究》2：173-200。

范佐雙，2013，《客家與國家發展之研究》。新北市：台會客家筆會。

范雅梅，2011，〈去祖國：二次戰後國民黨誤政策中的地緣政治〉。《台灣社
　　會研究季刊》82：137-177。

韋伯著、康樂、簡惠美譯，1999，《經濟行動與社會團體》。台北：遠流。

香港崇正總會，1969，《香港崇正總會四十九週年特刊》。香港：香港崇正
　　總會。

香港崇正總會，1971，《香港崇正總會金禧紀念特刊》。香港：香港崇正總
　　會。

香港崇正總會，1973，《香港崇正總會出席世界客屬第二次懇親大會報告
　　書》。香港：香港崇正總會。

香港崇正總會秘書處，1971，〈崇正總會五十年大事紀〉。《香港崇正總會金

禧紀念特刊》。香港：香港崇正總會。

唐曉濤，2010，〈清中後期村落聯盟形成及其對地方社會的意義——以"拜上帝會"基地廣西潯州府為例〉《清史研究》3：90-105。

唐曉濤，2011，〈神明的正統性與社、廟組織的地域性——拜上帝會毀廟事件的社會史考察〉。《近代史研究》3：4-26。

唐曉濤，2013，〈客商與地方土著的衝突與調適——清初至太平天國前潯州府社會面貌探討〉《廈門大學學報》1：105-114。

夏春濤，1998，〈客家人與太平天國農民運動〉《東南學術》5：85-90。

徐正光編，1991，《徘徊於族群和現實之間：客家社會與文化》。台北：正中書局。

徐承恩，2015，《躁鬱的城邦——香港民族源流史》。香港：圓桌文化。

徐承恩，2016，《城邦舊事——十二本書看香港本土史》。香港：青森文化。

祝家豐，2010，〈國族建構與公民社會的形成：華團的角色〉。頁 487-514。收錄於文平強編《馬來西亞華人與國族建構——從獨立前到獨立後五十年下冊》。馬來西亞：華社研究中心。

馬丁．N. 麥格著、祖力亞提、司馬義譯，2007，《族群社會學》。北京：華夏。

崇正總會，《崇正工商總會議案簿》第一冊到第六冊。（1921～1940）。香港：香港崇正總會。

崇正總會特刊編輯委員會，1958，〈辦莊行業（工商座談）〉。收錄於《崇正特刊》。香港：香港崇正總會。頁 91-93。

康吉父，1984，《胡文虎傳》。香港：龍門文化。

張侃，2004，〈社會資本與族群意識之間：以胡文虎為中心〉。收錄於石亦龍、郭志超主編《文化理論與族群研究》。合肥：黃山書社。

張侃，2004，〈從社會資本到族群意識——以胡文虎與客家運動為例〉。《人

文社會科學報》1：73-77。

張容嘉，2013，〈當代客家性——以新馬客家會館組織與飲食文化為例〉。2013 年台灣的東南亞區域研究年度研討會「東亞區域經濟整合下的台灣與東南亞」。宜蘭：佛光大學社會科學暨管理學院，民國 102 年 5 月 31 日至 6 月 1 日。

張維安、邱淑如，2016，〈網際網路與客家想像社群的建構：客家委員會的客家社群經營〉《華僑華人文獻學刊》2：70-82。

張維安、張翰璧，2005，〈東南亞客家族群認同與族群關係：以中央大學馬來西亞客籍僑生為例〉。《台灣東南亞學刊》2(1)：127-154。

張維安、劉堉珊，2015，《國家政策、客家族群與台灣社會》。頁 219-252。收錄於張維安等《客家族群與國家政策：清領至民國九〇年代》。南投：國史館台灣文獻館；新北市：客家委員會。

張維安等，2016，〈全球客家形成的研究：台灣經驗與多層次族群想像的浮現〉《人文與社會科學簡訊》18(1)：85-91。

張維安等，2017，《我們不談「政治」，台「中」關係下的族群動員：打造「客家」的符號價值：以「世界客屬懇親大會」中的台「中」象徵鬥爭關係為例》。科技部補助專題研究計畫成果報告（期末報告）計畫編號：MOST 105-2420-H-009-007-MY2。

張翰璧、張維安，2011，〈馬來西亞浮羅山背的客家族群分析〉。頁 195-216。收錄於黃賢強主編《族群、歷史與文化：跨域研究東南亞和東亞》。新加坡：八方文化創作室。

張應斌，2007，〈客家研究的起源——從宋湘、黃遵憲到羅香林〉《嘉應學院學報》25(5)：5-10。

曹雲華，2008，〈遞嬗與保持：東南亞客家人的文化適應〉。《世界民族》，4：63。

梁純菁、張克潤主編，1998，《世界客屬第十三屆懇親大會紀念特刊》。新
　　加坡：南洋客屬總會。

梅家玲，2010，〈戰後初期台灣的國語運動與語文教育——以魏建功與台灣
　　大學的國語文教育為中心〉。《台灣文學研究集刊》7：125-159。

許維德，2013，《族群與國族認同的形成——台灣客家、原住民與台美人的
　　研究》。桃園：中央大學出版中心；台北：遠流。

許德發，2007，〈華人、建國與解放：馬來西亞獨立 50 週年的再思考〉，《思
　　想》6：233-246。

陳承寬，1950，〈香港崇正總會三十週年紀念特刊序〉。序文 3-4。收錄於羅
　　香林主編《香港崇正總會三十週年紀念特刊》。香港：香港崇正總會。

陳明惠等，2017，〈台灣客家人尋蹤：「客家基因溯源與疾病關聯性分析」：
　　社會學與生物學的對話田野紀要〉。《全球客家研究》9：207-248。

陳春聲，2006，〈地域認同與族群分類，1640-1940 年韓江流域民眾客家觀
　　念的演變〉。《客家研究》1：1-43。

陳運棟口述、劉澤明、江孟雲整理，2015，《文化研究尖兵——陳運棟校長
　　訪談錄》。台北：國史館、台灣文獻館。

陳麗華，2005，〈香港客家研究綜述〉。頁 1-24。收錄於劉義章主編《香港
　　客家》。桂林：廣西師範大學。

陳麗華，2011，〈談泛台灣客家認同——1860-1980 年代台灣「客家」族群
　　的塑造〉。《臺大歷史學報》48：1-49。

陳麗華，2014，〈香港客家想像機制的建立：1850-1950 年代的香港基督教
　　巴色會〉。《全球客家研究》3：139-162。

傅兆書，2014，〈苗栗客家文化園區介紹〉。《全球客家研究》2：373-382。

彭兆榮等著、陳支平編，2006，《邊際族群：遠離帝國庇佑的客人》。合肥：
　　黃山書社。

曾玲，2002，〈認同型態與跨國網絡——當代海外華人宗鄉社團的全球化初探〉《世界民族》6：45-55。

馮邦彥，2014，《香港產業結構轉型》。香港：三聯書店。

黃子堅，2011，〈馬來西亞基督教巴色教會與沙巴州的客家族群〉。頁367-402。收錄於蕭新煌主編《東南亞客家的變貌：新加坡與馬來西亞》。台北：中研院人社中心亞太區域研究專題中心。

黃子堯訪談稿，陳玉苹紀錄，1990，《台灣客家族群史產經篇訪談紀錄》。南投：台灣省文獻委員會。

黃石華，1965，《香港客家人士之貢獻與成就》。收錄於香港崇正總會編，《香港崇正總會金禧紀念特刊》。香港：香港崇正總會。

黃石華信件。1990年代。香港崇正總會收藏。

黃孝康編，1994，《世界客屬第十二屆懇親大會紀念特刊》。梅州：廣東畫報社；梅州市新聞圖片社。

黃厚銘，2016，〈典範轉移、理論教學與師徒傳承〉。《台灣社會學通訊》84：32-36。

黃宣衛，2010，〈從認知角度探討族群：評介五位學者的相關研究〉。《臺灣人類學刊》8（2）：113-136。

黃英哲，2005，〈魏建功與戰後台灣「國語」運動（1946-1968）〉。《台灣文學研究學報》1：79-107。

黃賢強，2002，〈客籍領事與檳城華人社會〉。頁213-227。收錄於鄭赤琰編《第三屆國際客家學研討會專輯——客家與東南亞》。香港：三聯。

黃賢強，2011，〈族群、歷史、田野：一個客家集團的跨域研究〉。頁55-69。收錄於黃賢強編《族群、歷史與文化：跨域研究東南亞和東亞》。新加坡：新加坡國立大學中文系、八方文化工作室。

黃靜蓉，2017，〈客家網路社群資源之比較：以台灣、中國和馬來西亞為

例〉。《全球客家研究》8：75-116。

楊長鎮，1991，〈社會運動與客家人文化身份意識之甦醒〉。頁 184-197。收錄於徐正光編《徘徊於族群和現實之間：客家社會與文化》。台北：正中書局。

楊長鎮，1997，〈民族工程學中的客家論述〉。頁 17-35。收錄於施正鋒編，《族群政策與政治》。台北：前衛出版社。

楊長鎮，2007，〈族群關係篇〉。頁 389-413。收錄於徐正光編《台灣客家研究概論》。台北：台灣客家研究學會。

楊進發，1990，《陳嘉庚：華僑傳奇人物》。新加坡：八方文化工作室。

楊聰榮，2002，〈香港的語言問題與語言政策——兼談香港語言政策對客語族群的影響〉。頁 609-648。收錄於施正鋒編《多元文化與族群平等》。台北：前衛出版社。

葉日嘉，2006，《兩岸客家研究與客家社團之政治分析——以世界客屬懇親大會為例》。台北：中國文化大學碩士論文。

葉石濤，1990，《走向台灣文學》。台北：自立晚報。

葉菊蘭，2003，〈主委序〉。頁 1-2。收錄於《2002 全球客家文化會議會議實錄》。台北：行政院客委會。

詹鄞森，2016，〈兩岸同根閩台一家——記海峽客家（上杭）族譜文化風情節〉。《環球客家》2：128-129。

廖經庭，2007，〈BBS 的客家族群認同建構：以 PTT「Hakka Dream」版為例〉。《資訊社會研究》13：257-293。

劉佐泉，2005，《太平天國與客家》。河南：河南大學。

劉宏，2003，《戰後新加坡華人社會的嬗變：本土情懷、區域網絡、全球視野》。廈門：廈門大學。

劉宏，2013，〈跨國華人社會場域的動力與變遷：新加坡的個案分析〉。《東

南亞研究》4：56-67。

劉宏、張慧梅，2007，〈原生性認同、祖籍地聯繫與跨國網絡的建構：二戰後新馬客家人與潮州人社群之比較研究〉。《台灣東南亞學刊》4（1）：65-90。

劉堉珊，2015，〈當代台灣客家族群對東南亞客家論述發展的可能影響〉。頁255-287。收錄於張維安編，《客家文化、認同與信仰：東南亞與台港澳》。桃園：中央大學出版中心；台北：遠流。

劉堉珊、張維安，2017，〈閩西客家博物館田野紀要〉。《全球客家研究》8：195-222。

劉娟，2008，〈虎豹家族事業──胡文虎一族與星系報業〉。頁46-58。收錄於黃賢強主編《新加坡客家文化與社群》。新加坡：新加坡國立大學中文系、新加坡南洋客屬總會、新加坡茶陽（大埔）會館。

劉瑞超，2017，《「客家」過程：在地與跨國視野下的沙巴》。台北：台灣大學人類學博士論文。

劉儀賓，1951，〈漢族與客家〉。頁1-110。收錄於梁樹齡等編《霹靂客屬公會開幕紀念特刊》。霹靂：霹靂客屬公會。

慧娟、郁藍，2008，〈葉對根的情思──記世界客屬總會（台灣）會長、中國國民黨主席吳伯雄〉。《客家人》3(15)：31-36。

蔡明賢，2014，〈解嚴前後台灣母語運動的發起〉。《中興史學》16：33-65。

蕭阿勤，1999，〈民族主義與台灣一九七〇年代的 "鄉土文學"：一個文化（集體）記憶變遷的探討〉。《台灣史研究》6(2)：77-138。

蕭新煌，2018，〈台灣客家研究的典範移轉〉。《全球客家研究》10：1-26。

蕭新煌、張維安、范振乾、林開忠、李美賢、張翰璧，2005，〈東南亞的客家會館：歷史與功能的探討〉。《亞太研究論壇》28：285-219。

蕭新煌、黃世明，2008，〈台灣政治轉型下的客家運動及其對地方社會的影

響〉。頁 157-182。收錄於張維安、徐正光、羅烈師主編《多元族群與客
　　家：台灣客家運動 20 年》。新竹：台灣客家研究學會。

賴郁如，2013，〈客籍人士的中國——南洋互動：以饒芙裳研究為中心〉。
　　頁 286-303。收錄於林開忠主編《客居他鄉：東南亞客家族群的生活與
　　文化》。苗栗：客家委員會客家文化發展中心。

龍田男，2016，〈高度認同，深入人心〉。《客家》112：3。

戴國煇，2011，《戴國煇全集一、境界人的獨白》。台北：遠流。

謝佐芝，1997，〈由客家人說到創建南洋客屬總會〉。《東南亞研究》6：58-
　　59。

謝重光，2008，《客家文化述論》。北京：中國社會科學。

鍾春蘭，1988，〈第九屆世界客屬懇親大會記實〉《客家風雲》14：21-23。

鍾肇政，2004，〔鍾肇政全集 31〕《訪談集　台灣客家族群史總論》。桃園：
　　桃園縣政府文化局。

簡宏逸，2016，〈歐德理與他的傳教士民族誌：客家研究的德意志起源〉。
　　《全球客家研究》7：1-40。

藍正厚，2008，〈序二〉。頁 iii。收錄於黃賢強主編《新加坡客家文化與社
　　群》。新加坡：新加坡國立大學中文系、新加坡南洋客屬總會、新加坡
　　茶陽（大埔）會館。

顏清煌，2017，《海外華人世界：族群、人物與政治》。新加坡：新加坡國
　　立大學中文系&八方文化工作室。

楊昊，2012，〈再探跨國主義：理論化與區域化的檢視〉。《國際關係學報》
　　34：65-106。

瀨川昌久，2013〔1993〕，《2013 客家：華南漢族的族群性及其邊界性》。（河
　　合洋尚、姜娜譯、蔡文高校譯）。北京：社會科學文獻。

羅英祥、崔灿、陳千華，2005，〈客都，在世界客僑的心中〉。頁 100-123。

收錄於譚元亨編《梅州：世界客都論》。廣州：華南理工出版社。

羅香林，1950，〈客屬海外各團體之組織及發展〉。收錄於羅香林主編《香港崇正總會三十週年紀念特刊》。香港：香港崇正總會。

羅香林，1950，〈客屬海外各團體之組織及發展〉。收錄於羅香林主編《香港崇正總會三十週年紀念特刊》。香港：香港崇正總會。

羅香林，1950，〈香港崇正總會史〉。頁 1-21。收錄於羅香林主編《香港崇正總會三十週年紀念特刊》。香港：香港崇正總會。

羅香林，1965，《乙堂文存》。香港：中國學社。

羅香林，1992，《客家研究導論》。台北：南天。

羅懿，1987，〈我所知道的胡文虎生平〉。《龍岩師範學報》1：46-53。

白偉權、張翰璧，2018，〈由小團結而大團結：星洲客屬總會與南洋客家意識的傳播與維繫（1923-1957）〉。頁 83-114。收錄於黃賢強編《會館、社群與網絡：客家文化學術論集》。新加坡：新加坡國立大學中文系、新加坡茶陽（大埔）會館客家文化研究室、茶陽（大埔）基金會、八方文化創作室。

王慶成，2001，〈客家與太平天國起義〉。頁 22-36。收錄在邱權政編《客家與近代中國》。台北：武陵。Banton, Michael, 2007, "Max Weber on 'ethnic communities': a critique." *Nations and Nationalism* 13(1):19-35.

英文書目

Barth, Fredrik, ed., 1969, *Ethnic Groups and Boundaries: The Social Organization of Cultural Difference*. Boston: Little, Brown And Company.

Brass, Paul, 1991, "Ethnic Groups and Ethnic Identity Formation." Pp.18-26 in *Ethnicity and Nationalism: Theory And Comparison*. Edited by Paul Brass.

London: Sage.

Cohen, Abner, 1969, *Custom and politics in Urban Africa*. Berkeley: University of California Press.

Cohen, Robin, 1997, *Global Diasporas*. London: Routledge.

Constable, Nicole, 1994, "History and the Construction of Hakka Identity." In *Ethnicity in Taiwan: Social, Historical, and Cultural Perspectives*, Chen Chung-min, Chuang Ying-chang and Huang Shu-min, eds. pp.75-89. Taipei: Institute of Ethnology, Academia Sinica.

Eriksen, Thomas Hylland, 1993, *Ethnicity and Nationalism—Anthropological Perspectives*. London: Pluto Press.

Gans, Herbert J, 1979, "Symbolic ethnicity: The future of ethnic groups and cultures in America", *Ethnic and Racial Studies* 2(1): 1-20.

Gans, Herbert, J. 2009, "Reflections on symbolic ethnicity: A response to Y.Anagnostou." *Ethnicities*. 9: 123-130

Geertz, Clifford, 1963, "The integrative revolution." Pp.105-157 in *Old Societies and New States*. edited by Clifford Geertz. New York: Free Press.

Glazer, Nathan and Moynihan, Daniel p., eds, 1975, *Ethnicity: Theory and Experience*. Cambridge, Massachusetts, and London, England: Harvard University Press.

Hechter, Michael, 1976, "Response to Cohen: Max Weber on Ethnicity and Ethnic Change." *American Journal of Sociology* 81(5): 1162-1168.

Hutchinson, John and Smith, Anthony D., eds., 1996, *Ethnicity.* Oxford: Oxford University Press.

Kuhn, Thomas, 1970, *The Structure of Scientific Revolution*. Chicago: The University of Chicago Press.

Kymlicka , Will, 1995, *Multicultural Citizenship*. NY: Oxford University press.

Leo, Jessica, 2016, *Global Hakka*. Leiden & Boston: Brill.

Leong, Sow-Theng, 1997, *Migration And Ethnicity In Chinese History: Hakkas, Pengmin, and Their Neighbors*. Edited by Wright. Stanford: Stanford University Press.

Levitt, Peggy and Jaworsky, B. Nadya, 2007, "Transnational Studies : Past Developments and Future Trends." *Annual Review of Sociology* 33: 129-156.

Lozada, Jr. Eriberto Patrick,1998, "A Hakka Community in Cyberspace: Diaspora Ethnicity and Internet." Pp.149-182. In *On the South China Track*, edited by Sidney C. H. Cheung. Hong Kong: The Chinese University of Hong Kong Press.

Malešević, Siniša, 2004, *The Sociology of Ethnicity*. London: Sage.

Nash, Maning, 1989, *The Cauldron of Ethnicity in the Modern World*. Chicago and London: University of Chicago.

Okamura, Jonathan Y., 1981, "Situational ethnicity." *Ethnic and Racial Studies* 4(4): 452-465.

Ong, Aihwa, 1997, *Ungrounded Empires: The cultural politics of modern Chinese transnationalism*. NY: Rouledge.

Ong, Aihwa, 2006, *Flexible Citizenship: The Cultural Logics of Transnationality*. Durham & NC: Duke University Press.

Paden, John N., 1970, "Urban Pluralism, Integration and Adapation of Commual Identity in Kano, Nigeria." in *From Tribe to Nation in Africa: Studies in Incorporation Processes*. Edited by R. Cohen and J. Middleton. Scranton, NJ: Chandler Publishing.

Portes, Alejandro, Luis Eduardo Guarnizo, and Patricia Landolt, 2017,

"Commentary on the Study of Transnationalism: Pitfalls and Promise of an Emergent Research Field." *Ethnic and Racial Studies* 40(9): 1486-1491.

Reisman, David, 1953, "Some Observation On Intellectual Freedom." *The American Scholar* 23(1): 9-26.

Schiller, Nina Glick, Basch, Linda and Blanc-Szanton, Cristina eds, 1992, *Towards a Transnational Perspective On Migration: Race, Class, Ethnicity, and Nationalism Reconsidered*. New York: The New York Academy of Science.

Shibutani, Tamotsu and Kwan, Kian M., 1965, *Ethnic Stratification: A Comparative Approach*. New York: Macmillan.

Shils, Edward, 1957, "Personal, primordial, sacred, and civil ties." *British Journal of Sociology* 8: 130-134.

Skinner, G. William ,1968, "Overseas Chinese Leadership: paradigm for a paradox." In Gehan Wijeyewardene, ed., *Leadership and Authority: A Symposium*. Singapore: University of Malaya Press.

Smith,Anthony, 1992, "Chosen peoples: why ethnic groups survive." *Ethnic and Racial Studies* 15(3): 440-449.

Sollors, Werner, 1986, *Beyond Ethnicity: Consent and Descent in American Culture*. New York, and Oxford: Oxford University Press.

Tokin, Elisabeth et al., 1989, *History and Ethnicity*. London: Routledge.

Waldinger, Rogor and Fitzgerald, David, 2004, "Transnationalism in Question." *American Journal of Sociology* 109 (5) : 1177-1195.

Waldinger, Roger, 2013, " Immigrant transnationalism." *Current Sociology* 61(5-6): 756-777.

Weber, Max, 1978, "Ethnic groups." Pp.389-395. in *Economy and Society*. Edited by Guenter Roth and Claus Wittich. Berkeley and Los Angeles: University of California Press.

電子媒體

白偉權，2018，〈海山大哥與港大系主任：賴際熙與馬來亞的聯繫〉（上）（下）。《當今大馬》：https://www.malaysiakini.com/columns/435453

《介條河壩》歌曲 MV https://www.youtube.com/watch?v=CND7-fyXm0k 取用日期 2018 年 4 月 1 日。

《全球客家研究期刊》發刊詞 http://ghk.nctu.edu.tw/about02.asp 取用日期 2021 年 1 月 15 日。

E 南洋，〈黃新發：活化芙蓉老街　你善用會館空間助創業〉。https://reurl.cc/e99RoR 取用日期 2021 年 1 月 15 日。

中央通訊社，2011，〈客家青年文化訪問團開訓　才藝五花八門　能量蓄勢待發〉。https://reurl.cc/dVVNbq 取用日期 2021 年 1 月 15 日。

《世界日報》，2017，〈龍岡親義總會喜迎世界龍岡親義總會〉。http://www.udnbkk.com/article-237081-1.html 取用日期 2018 年 3 月 25 日。

外交部新南向政策資訊平台，〈羅思容與孤毛頭　臺客尬馬唱山歌慶元宵〉。https://reurl.cc/kVVxjq 取用日期 2018 年 4 月 2 日。

交大客家學院，2014，《第三屆台灣客家研究國際會議「全球客家的行程與變遷：跨域研究的視野」》會議主題說明 https://hkcghk.weebly.com/26371356962002738988.html 取用日期 2018 年 3 月 15 日。

交通大學客家學院，2016，〈拉曼大學首次客院移地教學　讓學生深入客家文化〉。https://reurl.cc/AggVep 取用日期 2021 年 1 月 15 日。

交通大學客家學院，2017，〈台灣聯合大學系統 2017 移地課程　東南亞華人

社會與文化——成果發表會〉。https://reurl.cc/zbb3Rp 取用日期 2018 年 3 月 17 日。

全國法規資料庫，2018，《客家基本法》http://law.moj.gov.tw/LawClass/ LawAll.aspx?PCode=D0140005 取用日期 2018 年 4 月 1 日。

江彥震，2009，〈2009 世界客屬和平大會——馬總統肯定「世客」對兩岸和 平的 貢獻 〉http://www.webrush.net/lan1322-2/p_20091106151148298646 取用日期 2018 年 3 月 30 日。

自由時報，2018，〈揚眉國際！比利時尿尿小童換裝 首度穿上台灣客家裝〉。 http://news.ltn.com.tw/news/life/breakingnews/2359063?from=P&R 取用日 期 2018 年 4 月 8 日。

行政院，2016，〈「新南向政策推動計畫」正式啟動〉https://reurl.cc/0DDAqM 取用日期 2018 年 4 月 2 日。

行政院，2017，〈新南向政策〉資源共享說明 https://achievement.ey.gov.tw/cp.a spx?n=53E4AD5EA2AE7FA6&s=849BAC4DCC8F5C44 取用日期 2018 年 4 月 2 日。

行政院客家委員會九十一年度施政目標與重點 http://web3.hakka.gov.tw/ ct.asp?xItem=60&ctNode=2391&mp=1 取用日期 2018 年 2 月 22 日。

吳三連台灣史料基金會，《台灣文化協會的成立》。http://www.twcenter.org. tw/g03_main/g03_00 取用日期 2018 年 2 月 5 日。

吳良生，2015，〈客家與廣府族群資源的建構和運作比較——基於世客會與 廣府珠 璣巷後裔聯誼會的研究〉。https://reurl.cc/nnnag2 取用日期 2018 年 3 月 20 日。

李耀祥，2012，《浮羅建客家土樓？陳耀威：太刻意，不要！》。https://reurl. cc/E22x5g 取用日期 2018 年 3 月 30 日。

周建新，2004，〈族群認同與文化生產 關於世界客屬懇親大會的人類學研

究〉http://www.mz186.com/culture/yjiu/2015/0514/11388.html 取用日期：2018 年 3 月 20 日。

欣音樂，2016，〈在新加坡聽臺灣音樂是文青行為？ Freshmusic 年度大獎名單及媒體短訪〉。https://solomo.xinmedia.com/music/80123-FreshmusicAwards2016 取用日期 2018 年 4 月 2 日。

迎客樓網站 http://www.orientaldaily.com.my/index.php?option=com_k2&view=item&id=34058:&Itemid=241 取用日期 2013 年 4 月 30 日。

《南洋商報》1938.12.16，p.8：〈客屬總會決組織各地分會派丘子夫范長峯往各埠接洽該總會并發表告客屬同人書〉。https://reurl.cc/nnna8e 取用日期 2021 年 1 月 15 日。

客委會，《2002 全球客家文化會議大會宣言》http://ihakka.hakka.gov.tw/ihakka_new2004/3.htm 取用日期 2018 年 3 月 15 日。

客委會，《海外客家人奮鬥故事》系列：〈以千秋之筆為馬來西亞寫歷史 —— 謝詩堅〉http://www.randl.com.tw/hakka/pro.php?offset=2&main_id=1&mid_id=19&cate_id=56 取用日期 2018 年 4 月 1 日。

客委會，2010，〈2010 海外客家社團負責人諮詢會議台北登場〉。https://www.hakka.gov.tw/Content/Content?NodeID=34&PageID=28694 取用日期 2018 年 3 月 10 日。

客委會，2011，〈「2011 全球客家懇親大會」11 月 15 日邀請海外客家社團共襄盛舉〉。https://www.hakka.gov.tw/Content/Content?NodeID=34&PageID=27895 取用日期 2018 年 3 月 10 日。

客委會，2015，〈「2015 全球客家發展會議」大器登場，客籍僑領齊聚為全球客家貢獻心力〉https://www.hakka.gov.tw/Content/Content?NodeID=34&PageID=25295 取用日期 2018 年 3 月 10 日。

客委會，2017，〈客庄南向國際交流合作成果豐碩 李永德期

許以客家為基底永續交流〉。https://www.hakka.gov.tw/Content/Content?NodeID=34&PageID=39450 取用日期 2018 年 4 月 2 日。

客委會《作客他鄉》http://www.hakkatv.org.tw/progra m/14-0 取用日期 2018 年 3 月 10 日。

客委會《作客他鄉》第 100 集〈法國布列塔尼〉。https://www.youtube.com/watch?v=wx8FZfbJW3U 取用日期 2018 年 3 月 10 日。

客委會《作客他鄉》第 50 集〈馬來西亞砂拉越 - 河婆客作客〉。https://www.youtube.com/watch?v=wtFw616IAsQ 取用日期 2018 年 3 月 10 日。

客委會海外客家網 https://global.hakka.gov.tw/Default.aspx 取用日期 2018 年 3 月 10 日。

客委會海外客家網成立宗旨，https://global.hakka.gov.tw/cp.aspx?n=7417876E54B856F9 取用日期 2018 年 4 月 1 日。

客委會舉辦歷屆海外客家活動列表 https://global.hakka.gov.tw/News4.aspx?n=E1F3E30FD0507774&csn=36A0BB334ECB4011 取用日期 2018 年 3 月 10 日。

客家委員會中程施政計畫（106 至 109 年度）頁 28-3。https://reurl.cc/mqq8gW 取用日期 2018 年 3 月 10 日。

客家委員會簡介 https://www.hakka.gov.tw/Content/Content?NodeID=439&PageID=33588&Lan guageType=CH 取用日期 2018/3/30。

胡長安，2008，〈新加坡永定會館九十年〉。《永定鄉訊》131 期。http://www.fjhb.net.cn/web/qkxx_detail.asp?vid=324&catalogid=88 取用日期 2013 年 4 月 30 日。

梅村酒家網站 http://eat.omy.sg/index.php?articleID=161&option=com_article&cid=59&task=detail 取用日期 2013 年 4 月 30 日。

彭全民、廖紅雷，2014，〈江瑞英一家：深圳著名的僑領家族〉。《深

圳特區報》，6月18日。http://sztqb.sznews.com/html/2014-06/18/content_2911656.htm，取用日期2017年1月13日 。

葉倫會，2006，《溫送珍回憶錄——上》（稿）。http://ylh515.pixnet.net/blog/post/1751546，取用日期2018年1月18日。

劉平，2005，〈開平碉樓形成的社會歷史原因〉http://www.iqh.net.cn/info.asp?column_id=10762 取用日期2017年1月13日。

蔣理容，2008，〈「台灣文化協會」務實的啟蒙與播種〉。http://www.peoplenews.tw/news/dfb5be01-3295-4ecc-9098-36b8d07cc36b，取用日期2018年1月6日。

蕭新煌，2016《解讀「國家級客家知識體系」》。http://www.peoplenews.tw/news/925ecedf-7d3c-44ab-9340-55fb03720444 取用日期2018年3月15日。

謝詩堅，2008，《檳城浮羅山背：馬來西亞第一個客家村》。http://www.penanghakkaheritage.com/datocheah.asp 取用日期2018年3月30日。

數位典藏資料

《星州日報的先聲》，1929，收錄於東南亞華人歷史文獻。新加坡國大中文圖書館數位典藏。

《總匯新報》，1938.11.28，收錄於東南亞華人歷史文獻。新加坡國大中文圖書館數位典藏。

《總匯新報》，1939.8.19-28，收錄於東南亞華人歷史文獻。新加坡國大中文圖書館數位典藏。

《南洋商報》，1938-1939，收錄於 National Library Board。新加坡政府數位典藏。

《星洲日報》，1938.12.16，收錄於 National Library Board。新加坡政府數位典藏（膠卷）。

《星洲日報》，1939.8.23，收錄於 National Library Board。新加坡政府數位典藏（膠卷）。

《星洲日報》，1939.8.26，收錄於 National Library Board。新加坡政府數位典藏（膠卷）。

Oral History Project. title:Chinese Dialect Groups.Accession No.2910.（胡冠仁）